ÉTICA MÍNIMA
Introdução à filosofia prática

Adela Cortina

ÉTICA MÍNIMA
Introdução à filosofia prática

Prólogo
JOSÉ LUIS L. ARANGUREN

Tradução
MARCOS MARCIONILO

Martins Fontes

© 2009 Martins Editora Livraria Ltda., São Paulo, para a presente edição.
© Adela Cortina, 1986.
© Editorial Tecnos (Grupo Anaya, S.A.), 2008.
O original desta obra foi publicado com o título
Etica minima – Introducción a la filosofia práctica.

              Publisher *Evandro Mendonça Martins Fontes*
     Produção editorial *Luciane Helena Gomide*
      Produção gráfica *Sidnei Simonelli*
 Projeto gráfico e capa *Joana Jackson*
        Diagramação *Ana Paula Siqueira*
          Preparação *Carolina Hidalgo Castelani*
              Revisão *Denise Roberti Camargo*
                         Dinarte Zorzanelli da Silva
                         Huendel Viana

               1ª edição 2009
Impressão e acabamento Imprensa da Fé

Dados Internacionais de Catalogação na Publicação (CIP)
(Câmara Brasileira do Livro, SP, Brasil)

Cortina, Adela
    Ética mínima : introdução à filosofia prática Adela Cortina ; prólogo José Luis L. Aranguren ; tradução Marcos Marcionilo. – São Paulo : Martins Martins Fontes, 2009. – (Coleção Dialética)

ISBN 978-85-99102-92-3

1. Ética I. Título. II. Série

09-09165   CDD-170

Índices para catálogo sistemático:
1. Ética : Filosofia   170

Todos os direitos desta edição no Brasil reservados à
Martins Editora Livraria Ltda.
R. Prof. Laerte Ramos de Carvalho, 163
01325-030 São Paulo SP Brasil
Tel.: (11) 3116.0000   Fax: (11) 3115.1072
info@martinseditora.com.br
www.martinseditora.com.br

Sumário

Prólogo por José Luis L. Aranguren 11
Prefácio às edições segunda e terceira 17
Prefácio à décima terceira edição 21

Introdução 29

I. O ÂMBITO DA ÉTICA
1. Ética como filosofia moral 35
1. O que não corresponde à ética fazer 35
2. Ética como filosofia moral 38
3. Ética como vocação 40
4. O tema de nosso tempo 46
2. Panorama ético contemporâneo: tempos de ética domesticada? 49
3. Por uma ética filosófica 65
1. O âmbito da ética 65
2. O objetivo da ética: a concepção da moralidade 66

3. O objeto da ética: a forma de moralidade 67
4. A ética como parte da filosofia 68
5. A filosofia como sistema 68
6. Os métodos da ética 69
   6.1. Métodos inadequados 69
   6.2. Métodos adequados 72
7. Vantagens do método sistemático 76
8. Urgência e dificuldade de uma fundamentação racional da moral 77

II. O PROBLEMA DA FUNDAMENTAÇÃO
4. A questão do fundamento 83
1. O âmbito moral 84
   1.1. "Fundamentação da ética" ou "fundamentação da moral"? 84
   1.2. Características da dimensão moral 87
2. A questão do fundamento 92
   2.1. A rejeição cientificista da fundamentação moral 92
   2.2. A repulsa do racionalismo crítico a toda tentativa de fundamentação última, tanto do conhecimento como da moral 99
   2.3. A não univocidade do termo "fundamentação" 102
      2.3.1. Fundamentação lógico-sintática e fundamentação filosófica. A crítica de K. O. Apel à noção de "fundamentação" do racionalismo crítico 102
      2.3.2. Diversos níveis lógicos da noção de "fundamento" 105

5. Fundamentar a moral 111
1. Permanência e universalidade do moral. Diversidade de morais 111
2. O "amoralismo" é um conceito vazio 113
3. A evolução dos termos "moral" e "fundamentação" 114
4. Fundamentação da moral dialógica 130
5. Fundamentar a moral 134

III. ÉTICA E POLÍTICA. UMA MORAL PARA A DEMOCRACIA

6. A moral civil em uma sociedade democrática 145
1. Do Estado confessional ao Estado laico. Réquiem pelo monismo moral 145
2. Rei morto, interregno 146
3. O Iluminismo: um projeto moral fracassado 148
4. O pós-universalismo moral 152
5. Da necessidade, virtude? O projeto de uma moral civil 155
6. Alegrias e obscuridades da moral civil 157

7. Concórdia ou estratégia? Uma moral para nosso tempo 163
1. Pluralismo moral e ética aplicada 163
2. "Se Deus não existe, tudo é permitido" 164
3. Pragmatismo e desmoralização 168
   3.1. Pluralismo sadio ou vazio moral? 168
   3.2. Des-moralização como des-ânimo 171
4. Concórdia ou estratégia? Uma moral para uma "nova esquerda" 173

8. **A justificação ética do direito como tarefa prioritária da filosofia política 179**
    1. Um problema urgente para a filosofia política 179
    2. Justificação "prática" dos princípios da justiça *versus* justificação epistemológica 183
    3. O conceito de "pessoa" como chave jurídica 188
    4. A autonomia como fundamento moral do direito legítimo 190
    5. Autonomia e condições ideais de legitimidade 193
    6. Reconstrução da racionalidade prática 198
    7. Uma justificativa empírico-prática do direito legítimo 201

IV. ÉTICA SEM RELIGIÃO?

9. **Razão iluminista e ideia de Deus 207**
    1. O que é o Iluminismo? 207
        1.1. A razão crítica diante do obscurantismo dogmático 208
        1.2. Razão libertadora e razão interessada 211
        1.3. Razão autônoma 213
    2. *Ethos* ilustrado e religião revelada 214
        2.1. Supressão da religião revelada? 214
        2.2. O deísmo teórico 216
        2.3. A religião natural 219
        2.4. A teologia moral 221
    3. O desafio do Iluminismo à religião revelada 223
    4. Crítica da razão iluminista 227

10. **Racionalidade e fé religiosa: uma ética aberta à religião 231**
    0. Introdução 231
    1. Caráter problemático do termo "racionalidade" 236

1.1. Racionalidade ou racionalidades? 236
1.2. A fé, inovação e crítica da razão 237
2. Fé religiosa e racionalidade como coerência 239
   2.1. Necessidade de um marco de racionalidade que supere as insuficiências dos demais modelos 239
   2.2. Racionalidade como coerência 241
   2.3. Nível lógico no qual se insere o dado "Deus" 244
      2.3.1. Os diversos usos da razão 244
      2.3.2. A racionalidade teórica 245
         2.3.2.1. As provas teóricas da existência de Deus 246
         2.3.2.2. Crítica às provas da racionalidade teórica 248
      2.3.3. A racionalidade prática 252
         2.3.3.1. Caracterização da racionalidade prática 252
         2.3.3.2. O fim do agir humano 254
         2.3.3.3. O problema da fundamentação do ponto de partida 258
   2.4. A inserção de Deus no âmbito prático 264

EPÍLOGO: Virtude ou felicidade? Em favor de uma ética de mínimos 267

1. Virtude *versus* felicidade 268
2. Crítica à cisão dos dois lados do fenômeno moral 275
3. O triunfo do camelo: ética de mínimos 281

Bibliografia 285
Índice de autores 295

Prólogo

José Luis L. Aranguren

Faz mais de meio século, o professor Manuel Garcia Morente, coetâneo e estreito colaborador de Ortega y Gasset, escrevia sobre *A mulher e a filosofia*, prenunciando o advento de uma dedicação das mulheres a essa solitária disciplina. Foi, com efeito, à época em que María Zambrano se deu a conhecer e na qual Rosa Chacel mostrou um interesse, depois não mantido, pelas questões filosóficas. Hoje, com mais razão que naquela época, poderíamos dizer o mesmo: o número e a qualidade das mulheres que atualmente se dedicam à filosofia na Espanha são excepcionais. Também é verdade que, se depois de fazer essa afirmação nos perguntarmos o motivo, inevitavelmente responderemos a nós mesmos que, por viverem hoje – como uma delas, Victoria Camps, afirma –, em uma época de "cultura pós-filosófica", o fenômeno surge como normal: as ocupações e profissões que os varões abandonam tendem a ser assumidas e exercidas pelas mulheres. Mas para nós que pensamos que, de todas as maneiras, o filosofar é inseparável da condição humana, é muito grato ver mulheres espanholas dedicadas a essa atividade.

Mesmo que o tema do presente livro não seja a filosofia em geral, mas a ética, também vale para a teoria ética o que se afirma, em geral, da filosofia que hoje se faz: sobriedade, rigor e, na acepção plural da palavra, "formalidade", em uma "época de 'neos' explícitos ou implícitos", como escreve aqui mesmo Adela Cortina; época de tendência à "redução da ética a um capítulo da filosofia do direito", como escreveu Javier Muguerza; época de "ética fragmentária", como a chamou Victoria Camps ou, para retomar às palavras da própria Adela Cortina, normativa, sim, mas "pouco", de "mínimos" ou minimalista, fundamentadora de uma moral que se conforma com o consenso fático para a solução pragmática dos conflitos. E que, quando se decide levantar o véu, se diz "ética que não é deste mundo", que requer – sem excessiva vontade, claro – o sacrifício da própria alma à "comunidade ilimitada", à laica e irreal "comunhão do santos", como inventivamente a classificou Javier Muguerza; época, para ele próprio, de "razão sem esperança", de "desmoralização", no duplo sentido da palavra, à qual me referi em outra ocasião; época, enfim, de uma razão neoiluminista, e não apenas pura razão, fria e desvitalizada, mas também reducionista, positiva e meramente procedimental.

A atitude, simultaneamente filosófica e humana, com que Adela Cortina reage a essa situação epocal é, como veremos, duplamente elogiável. Por um lado, ela se dá perfeitamente conta, seguindo K. O. Apel, do "primado substancial" da práxis cotidiana, do "mundo da vida", sobre o discurso; e, para além de Apel, nota a carência, na reflexiva de máximos atual, de sua dimensão *antropológica*, da pergunta pela "vida boa" e pela felicidade, do estudo do *ethos*, das atitudes e das virtudes, do *genus* da moral em toda a sua amplitude, e não exclusivamente em sua dimensão deontológico-formal; e, ainda, da ética da razão prudencial, concreta, situacional, com seu momento de decisão – não irracionalmente decisionista – da vontade; e, não menos, do estudo da sensibilidade, da emoção, da avaliação e da vocação morais. Em suma, o repertório inteiro do sistema da ética clássica, hoje, aparentemente abandonado por uma situação que ela espera ser provisória ou, como diz tão expressivamente, de "rei morto", não rei posto, mas "interregno"; de esperança ou, quando menos, de espera da esperança.

Mas, por outro lado, Adela Cortina, percebendo tudo isso, atém-se neste livro à abordagem atual, ao neokantismo no qual já aludimos, que toma como referências fundamentais Habermas e, sobretudo, K. O. Apel, de quem ela é tradutora e a maior estudiosa espanhola. Por que Apel e não, como até ela era tendência entre nossos jovens e não tão jovens filósofos, Habermas? Por sua procedência – a Escola de Frankfurt –, Habermas não é filósofo puro, mas sociólogo, e até mesmo um sociólogo politicamente comprometido; e, ainda que excelente, acho que ele é um "sapateiro remendão" (como Ortega classificou N. Hartmann) de todas as concepções, filosóficas e não filosóficas, alheias. Com Apel, filósofo de origem, formado em Heidegger e Gadamer, na filosofia linguístico-pragmática e, no fundo, em Kant – *pragmática transcendental* é a definição de seu sistema –, Adela Cortina encontra, então, sua "afinidade eletiva" máxima. Ao prolongá-la, ela esclarece, suprime repetições e valoriza aqui, por escrito, a capacidade comunicativa que, afinal, possui oralmente por conta de seus admiráveis dotes professorais.

Na primeira parte deste livro, ela leva a cabo a delimitação do campo da ética, que não é toda a concepção clássica, à qual nos referíamos antes, tampouco a moral deontológica, isto é, o conjunto de normas ou prescrições, códigos morais ou "recomendações", que está o tempo todo aí – *Faktum* –, precedendo nossa reflexão, pois constituem o conteúdo do "saber prático" em que consiste aquilo que, em nossa linguagem comum, chamamos de a moral; que não consiste nisso, mas na *forma* disso, na forma da moralidade; não no que devemos fazer, mas no porquê. O porquê, ou a *fundamentação* da moral, e o critério para a preferência racional entre os diversos códigos morais serão estudados na segunda parte.

A terceira parte consagra-se à ética e à política, tema sobre o qual escrevi e falei amplamente a partir de outras perspectivas, parte que se desenvolve em três tópicos: moral para a democracia, diante do minimalismo que atualmente se costuma chamar de "moral civil"; afirmação de uma moral solidária diante do mero acordo estratégico, e o problema – atualmente tão debatido entre nossos filósofos morais e nossos filósofos do direito – da legitimação ética do direito e da autonomia moral como fundamento da desobediência – e da obediência – ao direito.

Por fim, a quarta parte é dedicada à ética e à religião. Partindo de Kant – e aqui é necessário mencionar o excelente livro de José G. Caffarena, elaborado, como está indicado em cada passo do texto, em diálogo e, naquilo que aqui nos diz respeito, em diálogo com Adela Cortina –, faz-se a proposta de "ir além de Kant", para o que se faz necessário a distinção de racionalidades ou usos da razão: razão histórica, distinta, mas não separável da razão sistemática, com a qual deve ser sempre confrontada. A contribuição da razão histórica é essa "inovação" que chamamos de "revelação", revelação de Deus. Assim se constitui o "nexo sintético" Deus-pessoa-moralidade: o fim prático kantiano, a pessoa, não é inteligível por si mesma, dado que a mediação do que seja ela exige a mediação de Deus. Naturalmente, não se trata de uma "demonstração": na ordem da práxis, dentro da qual nos movemos, é essencial o momento da opção da vontade e do ato de liberdade. Trata-se da reconstrução, rumo à sua origem e validez, do que hoje nos manifesta como um saber secularizado. Para dizê-lo com as próprias palavras da autora, como tradutora de Apel, "a secularização não é, sem mais, uma categoria do desmascaramento próprio da crítica das ideologias, mas antes uma categoria que resgata hermeneuticamente o 'aparecer' (E. Bloch) da verdade".

Dito isso, compreende-se que é para mim uma grande satisfação escrever este prólogo a um livro tão válido, honrado, bem redigido e esperançoso. Sua autora, às vésperas do último Natal, escreveu-me uma carta na qual, entre outras coisas, me pedia, como aos Reis Magos, que escrevesse a "continuação dessa ética do *ethos* e da felicidade" de trinta anos atrás. Mas nossos Reis Magos somos nós mesmos, cada um de nós tem de ser – vale aqui também o princípio de autonomia – seu próprio rei. É ela, que não é uma "menina pobre", mas rica em estudo e ideias, quem há de sair com seus próprios pés do "interregno". Como? Eu diria que prolongando, *para dentro*, essa ética dialógica. Todos esses filósofos, de Heidegger a Apel, não gostam de dizer, repetindo Hölderlin, que somos um diálogo? Cada um de nós o é. Junto à *ética intersubjetiva*, deve-se abrir espaço para a *ética intrassubjetiva*, para o diálogo no qual cada um de nós consiste. Em outros tempos, a ética por antonomásia, que se chamava ética geral, era ética individual; a outra, a social, vinha depois e se denominava ética especial. Hoje as coisas mudaram e parece que não há mais ética válida, a não ser a social e a comunitária. Não estará chegando a hora de voltarmos a atenção para o diálogo intrassubjetivo, para a ética narrativo-hermenêutica, da qual eu mesmo falei?

Contudo, cada dia tem sua labuta. A de hoje foi plenamente cumprida por Adela com este belo livro.

Prefácio às edições segunda e terceira

Há alguns anos veio à luz pela primeira vez *Ética mínima*. Tentava adentrar esse domínio – moral, jurídico, político e religioso – que, por ter filosoficamente a ver com o agir humano, recebe o nome de filosofia prática. E queria fazê-lo a partir de uma medida humana, e não só animal.

Uma meta inspirava o trabalho: esboçar os traços de uma moral possível para a cidade secular.

Porque – pensava e pensa a *Ética mínima* –, depois do retrocesso das imagens religiosas do mundo como forma sociologicamente legitimadora da moral, uma tarefa reclama nosso esforço com urgência: construir, a partir de nossas tradições, de nossos condicionamentos políticos e econômicos, de nossa práxis e reflexão, as linhas de uma moral para a cidade secular. E seria triste que, diante de tal tarefa, rechaçássemos com Nietzsche a moral do camelo (a moral do *eu devo*), renunciássemos temerosos à moral do leão (a moral do *eu quero*), recusássemos a brincadeira das crianças por misteriosa e estética (a moral do *eu sou*), para acabar encarnando a moral do camaleão (a moral do *eu me adapto*). Triste coisa seria completar dessa forma a iconografia nietzschiana a partir dessa *autonomia* pela qual se diz que nós homens gozamos de uma dignidade especial.

À altura de tal autonomia – à altura humana – encontra-se hoje – pensava e pensa *Ética mínima* – uma *ética dialógica*, que busca fazer justiça ao ser *autônomo* e *dialógico* do homem e, por isso, exige, sem preciosismos, um *mínimo moral*: que só sejam consideradas justas as normas que tenham sido queridas pelos envolvidos, depois de um diálogo celebrado em condições de simetria. Com isso, ingressamos nas fileiras das chamadas "éticas kantianas", por serem elas deontológicas e universalistas.

Tratava-se, pois, de desenhar o perfil – a forma – de algumas normas moralmente legítimas e também a atitude necessária para criá-las: o respeito pela *autonomia* pessoal e pela *solidariedade* com a urdidura social, a partir da qual é possível reconhecer-se a si mesmo como pessoa. Porque é inumano, porque é irracional, tratar de outro modo seres autônomos que só vêm a ser pessoas pela trama dialógica.

Nossa ética certamente já nasceu competindo com outras propostas filosóficas para dar conta do fenômeno da moralidade e, é necessário dizer que, diferentemente delas, se mostrava sumamente modesta. Mas sua modéstia não lhe foi de nenhuma valia na hora de evitar disputas, que hoje continuam a dominar o campo da filosofia moral.

Diante do universalismo das éticas kantianas, o comunitarismo aristotélico propõe o retorno ao calor da comunidade, onde os indivíduos adquirem a própria identidade e aprendem a desempenhar o papel que dá sentido a suas vidas e orientação a suas virtudes; enquanto o pragmatismo radical afirma a irredutibilidade do etnocentrismo – ninguém pode escapar da sua tradição, assim como ninguém pode fugir de sua sombra –, e o pensamento pós-moderno recorda a heterogeneidade dos jogos da linguagem.

Por sua vez, utilitaristas e aristotélicos retornam obstinadamente aos foros da *felicidade*, como chave do fenômeno moral, diante das éticas kantianas da justiça, que parecem esquecer que o homem é propenso à felicidade. Os nietzschianos insistem no caráter degenerado dessa moral de escravos, dessa moral dos iguais, que trava o heroísmo da moral dos senhores. Os neo-hegelianos acusam de abstrata uma ética, a seu ver, fundamentada na moralidade kantiana, incapaz de encarnar-se nas instituições, algo que Hegel defendia. E as éticas da benevolência orgulham-se de quebrar o pretenso universalismo das éticas da justiça, recordando que a moral também tem algo a ver com a benevolência para com o próximo – não só com a aplicação ao contexto – não apenas questão de princípios –, com a compaixão pelo próximo.

E como não recordar, para dar fim ao amontoado de críticas, as últimas palavras de Aranguren no próprio prólogo da *Ética mínima*? Aranguren ali retomava os foros de uma moral individual, outrora senhora do reino ético, hoje serva silenciosa de uma prepotente moral social. Em face do risco de coletivismo inumano que tal domínio da ética intersubjetiva engendra, é necessário – apontava nosso autor – abrir espaço para a ética intrassubjetiva, para o diálogo em que cada um de nós consiste.

E Aranguren não carecia de razão. Como não carecem comunitaristas, utilitaristas, eudemonistas, as éticas da benevolência e os paladinos da compaixão, que propõem um retorno à virtude, e todos aqueles que se esforçam para encarnar os princípios em instituições e atitudes. Talvez nossa ética, herdeira – é o que acredito – do direito político moderno, mais que da filosofia moral da modernidade, conserve esse ranço de *jurisdicismo abstrato*, que convida insistentemente a superá-la.

Renunciar ao discurso da virtude pelo da norma; ao da atitude cotidiana pelo do princípio; ao do *télos* pelo do *déon*; ao do valor pelo da exigência é, não há dúvida, reduzir excessivamente a capacidade da filosofia em sua reflexão sobre o moral. Eu a considero capaz de também dar conta da virtude e do valor, da atitude e do *télos*. Por isso, faz tempo, ando empenhada na tarefa de recuperar para a moral elementos tão vitais, mas – isso sim – a partir de uma ética discursiva como a que se expressa na *Ética mínima*.

Porque não são os hábitos comunitários nem a benevolência ou a felicidade alicerces sólidos sobre o qual construir o edifício moral, e sim esse *mínimo de ética* que protege a *autonomia solidária* do homem e que é, portanto, a base firme para o direito justo, para a política legítima e para uma religião que se submete com gosto à crítica da razão. Em virtude disso, *Ética mínima* volta a ser publicada, com a mesma meta que a inspirou, mas com uma atualização das notas exigida pelas novidades que foram surgindo sobre essa matéria tão apaixonante.

Valência, junho de 1989/janeiro de 1992.

Prefácio à décima terceira edição

Quando a *Ética mínima* volta a ser disponibilizada ao público em sua décima terceira edição, estamos atravessando os umbrais do século XXI. Passaram-se já vinte séculos desde o nascimento de Cristo.

Desde o prefácio até a terceira edição, ali por volta de 1992, a filosofia prática viu suas terras serem ocupadas por um sem número de disputas, curiosamente unidas pela mesma pergunta com que a *Ética mínima* se confrontava. Como é possível – continua a ser a grande questão – conceber ofertas de filosofia moral, política e de religião que permitam conciliar as inescapáveis exigências de universalismo ético com a rica pluralidade das éticas de máximas; como é possível pensar e viver adequadamente exigências universais de justiça e chamados à felicidade, projetos de sentido para a vida e a morte, enraizados em culturas, tradições e histórias diversas?

Esse vem sendo o cordão umbilical que une sutilmente as preocupações da década passada com, pelo menos, quatro das mais animadas discussões que ocupam o campo da filosofia prática na última década. Refiro-me à tão movimentada batalha entre *liberais* e *comunitários*, ao singular destaque alcançado pela ética aplicada, que tem, como é natural, seus detratores, às dificuldades de esboçar um conceito de *cidadania multicultural* e, por fim, ao grande debate sobre o fenômeno da *globalização*, que, desde que sabiamente conduzido, pode fazer as pessoas concretas crescerem em humanidade e, conduzido de maneira egoísta e estúpida, pode levar boa parte delas à miséria e à exclusão.

No que diz respeito às *disputas entre liberais e comunitários*, presentes até a saciedade em publicações, congressos e jornadas, é necessário reconhecer que perderam toda a agressividade e vão gerando esses híbridos, tão comuns na história dos enfrentamentos intelectuais, que tentam conservar o melhor de ambos. Fala-se de "comunidade liberal", ventila-se a existência de "virtudes liberais", não apenas de direitos, e acabam concordando uns e outros que é impossível renunciar à *autonomia pessoal*, com a qual sonhou o mundo moderno, mas uma autonomia que só é conquistável com outros, no seio de uma *comunidade*. As diferenças vão passando a ser de intensidade, porque o liberal afirma que "a comunidade é indispensável, mas sempre que respeita a autonomia", e o comunitário insiste em que "a autonomia é irrenunciável, mas só pode ser alcançada em comunidade". Por seu lado, os liberais apreciam acima de tudo os vínculos que livremente contraem e podem livremente romper, ao passo que os comunitários recordam a importância decisiva dos laços pelos quais já nascemos: familiares, vizinhança, nacionais e religiosos.

O híbrido, aceito tanto por uns como por outros, é – como tentei mostrar em *Ciudadanos del mundo* (Madri, 1997) – esse *cidadão*, que se sabe simultaneamente responsável por sua comunidade local, mas digno de ser respeitado por ela em suas necessidades econômicas de autonomia, cidadão de sua comunidade política e cidadão do mundo.

O segundo grande acontecimento desses últimos tempos é o fortalecimento das *éticas aplicadas* e sua envolvente implantação na vida social e filosófica. Setores profissionais, como médicos e enfermeiras, empresários, jornalistas e trabalhadores dos meios de comunicação, biólogos, farmacêuticos, engenheiros e arquitetos, foram trabalhando, junto com "eticistas", na elaboração dos princípios éticos de suas profissões, na detecção dos valores éticos fundamentais, na criação de códigos e comitês éticos, tanto no plano local como nos planos nacional e transnacional. E foi esse conjunto de realidades sociais que tornou necessário pesquisar o estatuto da ética aplicada e adentrar os mundos apaixonantes em que ele se ramifica: bioética, genética, ética econômica e empresarial, ética da engenharia, da arquitetura, das profissões, ética dos meios de comunicação, infoética, ética da administração pública, ética dos políticos (Gracia, 1991; Lacadena, 2002; Conill, 2004; García-Marzá, 2007; Cortina & Conill, 2000; Conill & Gonzálvez, 2004; Lozano, 2004; Siurana, 2005).

Os filósofos, alguns dentre eles pelo menos, sentiam-se convidados a articular as aulas acadêmicas tradicionais, nas quais explicam o pensamento de Aristóteles ou o de Kant sem ter de justificá-los, com esse arregaçar as mangas para trabalhar com profissionais de outros mundos sociais, com os quais não dá para se refugiar nas citações filosóficas autorizadas, mas aos quais é preciso mostrar de fato a fecundidade da reflexão filosófica; é preciso utilizar a própria razão, deixar para lá os andadores da referência qualificada – "disse Rousseau", "disse Locke" – e caminhar livremente pelo mundo, sem rede, extraindo aquilo que um saber tão antigo quanto o saber filosófico tem de fecundo para as pessoas.

Mas essas éticas aplicadas também estão unidas por esse conjunto de valores compartilhados pelas sociedades pluralistas, que compõem os "mínimos éticos", acervo comum que lhes permite não viver como reinos fragmentados, como bandos, e ao mesmo tempo modular em cada âmbito esses valores segundo sua natureza e exigências (Cortina, 1993; Cortina & García-Marzá, 2003).

O *terceiro* grande desafio foi o da multiculturalidade. Sem dúvida, a humanidade sempre foi multicultural, na medida em que, desde as origens, houve convivência entre as diversas culturas; contudo, os últimos tempos trouxeram acontecimentos que põem sobre a mesa a questão do multiculturalismo de forma nova. Em sociedades liberais – e esse é o primeiro acontecimento –, que se propõem explicitamente defender a igual cidadania de todos os seus membros, como permitir que alguns dentre eles se sintam ligados a uma cultura diferente da liberal imperante? Ciganos, amish, muçulmanos, mórmons, que consideram sua cultura como parte inalienável de sua identidade, serão discriminados de fato em uma sociedade liberal se essa sociedade não assume explicitamente a defesa de seus direitos culturais.

Desde que C. Taylor trouxe para a cena filosófica seu ensaio "El multiculturalismo y la política del reconocimiento" (1992), foram feitos muitos trabalhos, congressos e jornadas sobre o tema, com uma pergunta compartilhada, mais ou menos explícita: como construir uma *cidadania multicultural*? (Cortina, 2002).

Mas a questão da convivência de culturas diversas ultrapassa, e muito, os limites das comunidades políticas, os limites dos Estados nacionais, porque o princípio do século vem recordando que a história do universo é escrita a partir de culturas distintas. A cultura ocidental, de tradição judaico-cristã, é uma, mas para tecer uma história universal devem ser contadas todas as histórias, as dos países muçulmanos, do Oriente Médio, da Índia, da desconhecida África e dos mundos da América Latina.

O motor da história futura – anunciava S. P. Huntington em "¿Conflicto de civilizaciones?" (1993) – não será mais a luta de classes, e sim a luta de civilizações, cada uma das quais tem em seu substrato uma concepção religiosa, uma concepção do sentido da vida e da morte, de como orientar a existência pessoal e social. Evitar o conflito exige pôr em diálogo as distintas culturas, tratando de evitar que alguma delas sufoque a voz das demais: *o multiculturalismo não é apenas uma questão nacional, mas também mundial.*

E com isso abrimos a porta para a última questão chave dos anos 1990, que estendeu uma ponte para o século atual. Podemos dizer, sem receio de nos equivocar, que se há um vocábulo ouvido e escrito no âmbito da filosofia prática, no âmbito da moral, da religião, da economia, da política e do direito, é a palavra "globalização". O avanço da informática, na última década, vem tornando possível a conexão instantânea entre distintos pontos da Terra, que já não é mais apenas um globo físico, mas também humano, porque a comunicação é global.

É verdade que os pontos em comunicação não são todos nem sequer a maior parte, mas foi desencadeado um processo irrefreável, que é preciso canalizar por rotas muito diversas. A comunicação possível entre todos os lugares da Terra pode servir para criar, finalmente, as redes sonhadas, desde o mundo estoico, de uma cidadania cosmopolita, ou pode ser instrumentalizada a serviço de interesses grupais, deixando na sarjeta os abandonados, não tanto da sorte, mas homens com nome e sobrenome.

Como tantas vezes na história, e como nunca antes, depois de dois mil anos do nascimento de Cristo, a humanidade se encontra em uma encruzilhada, em um desses cruzamentos de rotas nos quais a tradição medieval do Ocidente sempre instalava um Lúcifer pronto a desviar os passos para o caminho equivocado. Só que, em uma sociedade secularizada, não é regra as pessoas culparem o diabo pelas más escolhas e é de lei que se disponham a escolher bem. Mas o que significa escolher bem? Quem está autorizado a indicar qual é o critério do bom?

O critério do bom, em uma sociedade plural – dizíamos na *Ética mínima*, por ocasião de sua primeira edição –, tem pelo menos dois lados. Um deles é o dos valores éticos que uma sociedade pluralista pode exigir com justiça, outro é o das propostas de felicidade e sentido a que convidam as diversas éticas de máximos. Os "mínimos éticos" – lembremos – não são "minimalistas", não consistem em uma espécie de moral de liquidação pós-natalina. Antes, surgem da consciência de que socialmente só podemos exigir uns dos outros esses mínimos de justiça, aos quais já demos nosso assentimento ao menos verbalmente e que têm seu fundamento em uma razão senciente. Os máximos não podem ser exigidos, mas são eles o solo nutriente dos mínimos, a eles se pode convidar e só devem fazer esse convite aqueles que realmente creem que eles são uma resposta ao afã de felicidade (Cortina, 1998, 2001 e 2007).

Curiosamente, com o tempo, vieram desembocar nessa ideia, matizada de um modo ou de outro, o liberalismo político – lançado por J. Rawls e tão amplamente divulgado –, o Parlamento das Religiões Mundiais – que, mesmo tendo uma história centenária, elaborou em sua reunião de Chicago (1993) uma declaração com os princípios e valores éticos comuns a todas as religiões e a partir dos quais é possível um acordo universal – e também autores como M. Walzer, que descobre em 1993 as possibilidades de alguns mínimos universais.

E, na passagem de século, ninguém quer renunciar, ao menos verbalmente, o desenho e a institucionalização de uma justiça global que permite erradicar as situações de opressão, no grosso e no varejo. Ninguém quer renunciar, ao menos verbalmente, a construção de uma cidadania cosmopolita, impossível sem *cosmo-polis*, sem uma comunidade que alcance os confins da Terra, inclusive as gerações futuras (Cortina, 2002).

Forjar uma cidadania universal – um reino de Deus, dos Fins, dos homens –, na qual todos os seres humanos se sintam e se saibam cidadãos, continua a ser urgente mais de vinte séculos depois do nascimento de Cristo.

Valência, novembro de 1999/janeiro de 2008.

Introdução

Adentrar no âmbito da filosofia prática – moral, jurídica, política e religiosa – é sempre uma aventura. Mas uma aventura irrenunciável para toda sociedade que deseja enfrentar a si mesma com medida *humana* – não apenas animal – no decorrer cotidiano da vida.

Disso dá testemunho nossa já longa tradição ocidental que, junto com o saber pelo saber, transformou em alvo de sua preocupação o saber *para* e a *partir* do agir: o "saber prático".

Nele se inserem, por direito próprio, três perguntas que só podem ser caladas se houver desistência da humanidade: as perguntas pela felicidade, pela justiça e pela legitimidade do poder. A essas três perguntas, nas quais se confundem a filosofia moral, jurídica e política, tratou de responder a filosofia do ser, quando o ser era objeto da filosofia; a elas tentou responder a filosofia da consciência, quando esta atraiu o interesse filosófico; a elas se dedica a filosofia da linguagem, que, em nosso tempo, conquistou o âmbito filosófico, e está ampliando suas preocupações à tríplice dimensão linguística.

Contudo, na altura da Idade Moderna, quando Deus deixou de ser um dado indiscutível para a filosofia teórica; quando sua existência já não era mais objeto de certeza teórica e, portanto, abandonou a tarefa de legitimar socialmente normas morais e jurídicas, a filosofia prática viu suas fileiras se encorparem. Desde então, não são os "cientistas" que têm de se enfrentar com a realidade de Deus, mas os filósofos "práticos", preocupados com o valor irrenunciável dos homens e com a esperança nessa pátria que – contava Bloch – "a todos nos brilhou ante os olhos na infância, mas onde ninguém esteve ainda". Pelo sim ou pelo não, para afirmar, negar ou cair na perplexidade, a filosofia prática se abre por sua própria natureza à religião.

Moral, direito, política e religião são, então, dimensões desse âmbito filosófico que tem a ver reflexivamente com a felicidade e a justiça, com a legitimidade e a esperança.

É isso o que muitos de nós espanhóis aprendemos dessa tradição – simultaneamente alemã e hispânica, que se iniciou com a obra de Ortega e, por meio da antropologia zubiriana, alcançou em Aranguren sua configuração ética. A "moral pensada" – a ética ou a filosofia moral –, infinitamente respeitosa da "moral vivida", tenta refletir até onde a moral constitutiva do homem a leve; de um homem que é, por natureza, político e está aberto – para o sim, para o não ou para a dúvida –, pela própria natureza, à transcendência. Nenhuma pergunta sobre a vida boa, sobre o certo ou sobre o legítimo pode ser alheia à filosofia prática, porque ela está entranhada na estrutura moral do homem.

Com esse regresso à antropologia como chave de uma moralidade entendida na acepção ampla de suas possibilidades, Aranguren renovou entre nós uma tradição secular, que se ocupa do *ethos* mais que dos atos puros; que se ocupa da atividade vital do homem e de sua inevitável tendência à felicidade, em vez de refletir sobre a sujeição ao dever. Portanto, uma filosofia prática orientada para o *ethos* e para a felicidade, e não tanto para o dever e para as normas.

E, contudo, a "solução" metafísica para o problema concreto da vida feliz não se demonstrou muito satisfatória, para o próprio

Aranguren, a ponto de ele tê-la abandonado. Pois o tema da felicidade é um assunto muito complexo, para o qual não cabe uma resposta unânime: quem pode hoje pretender possuir o segredo da vida feliz e comprometer-se em estendê-la universalmente como se conviesse a todos os homens o mesmo modo de vida boa?

Talvez seja esse o motivo pelo qual outras tradições de filosofia prática, mesmo aceitando a centralidade do *ethos* na vida moral, deixaram em segundo plano a preocupação com a felicidade, e orientam seus esforços para a vertente do fenômeno moral que possui a rara virtude da universalidade: a vertente do dever, das normas.

Porque, ao término de nossa reflexão, chegamos a uma descoberta tão conhecida e tão nova quanto detectar dois lados no fenômeno moral. Atendendo a um deles, a própria natureza do moral exclui o pluralismo; atendendo ao outro, a própria natureza do moral exige obstinadamente o pluralismo. O primeiro lado é o das normas; o segundo, o da vida feliz.

Quando falamos de moral, tendemos hoje a estender o pluralismo ao fenômeno em sua totalidade, mas, não obstante, essa extensão procede *contra natura*. Boa mostra disso é que, apesar de nossa vontade tolerante, somos intolerantes com a tortura, com a calúnia e a opressão, ao passo que exigimos – sem admitir posição contrária alguma – que se respeite e se potencie a liberdade e a igualdade. A chave dessa contradição prática está, a meu ver, no fato de que o fenômeno moral contém dois elementos que exigem tratamento diferenciado: as normas, baseadas na descoberta de que todo homem é intocável e que, portanto, exigem um respeito universal (nesse sentido, a moral é monista); e a felicidade, que depende dos contextos culturais e tradicionais, inclusive da constituição pessoal. No âmbito da felicidade, o monismo é ilegítimo, e ninguém pode impor a outros um modo de ser feliz.

Por isso este livro, que caminha antes pela senda da admiração diante da vertente universalista do fenômeno moral, inscreve-se no terreno das éticas deontológicas para as quais a pergunta pela norma antecede a pergunta pela vida feliz. E não porque a felicidade seja um tema secundário, mas porque nosso trabalho deseja modestamente assegurar, a partir da reflexão, os mínimos normativos – o repúdio universal à tortura, à exploração e à calúnia – antes de adentrar no tão apaixonante assunto da felicidade humana.

As propostas filosóficas seguidas em nosso trabalho são duas, ambas de inegável enraizamento kantiano. A primeira delas, partindo da fundamentação kantiana do dever e da consequente concepção da filosofia como sistema, vê na filosofia moral de Hegel uma conservação e superação da oferta kantiana. A partir dessa primeira perspectiva, entendemos a filosofia como sistema e a verdade como coerência. A segunda das linhas seguidas também tem seu início em Kant, mas, transformando dialogicamente a lógica transcendental kantiana, discorre pelo caminho aberto pelas éticas do diálogo. A filosofia é agora discurso teórico sobre as regras de um discurso prático legitimador de normas morais e jurídicas, assim como da forma política: a verdade é agora muito mais validade prática.

A tarefa de conjugar ambas as linhas reflexivas, completando a coerência com o diálogo, permanece aberta a partir deste trabalho como projeto de futuro. Assim como permanece "em rascunho" outro projeto secreto: retomar uma *antropologia do felicitante* que repare o que há de rígido e árido na filosofia prática das normas; uma antropologia do felicitante que substitua o camelo, carregado de pesados deveres, pelo homem desperdiçador de vida criadora desde a abundância de seu coração (Cortina, 2007).

I
O ÂMBITO DA ÉTICA

1
Ética como filosofia moral[1]

1. O que não corresponde à ética fazer

Mesmo que pareça um tanto forçado, gostaria de começar este trabalho dizendo que, em meu entender, a ética é uma incompreendida, e que essa incompreensão a está deixando sem tarefa, isto é, sem nada para fazer. Simplesmente porque ninguém sabe claramente o que fazer com ela.

A ética surgiu há muito pouco tempo nos cursos de ensino médio como uma disciplina tortuosa, em competição com a religião, uma espécie de "moral para descrentes", mesmo não sendo nada disso[2]. Naturalmente, ela não era chamada de moral, para não ser confundida com uma moral determinada ou com prescrições referentes ao sexto mandamento; mas o conteúdo do programa seria

---

[1] Reelaboração de "El quehacer ético", *Diálogo Filosófico* (Madri, n. 1, 1985), p. 35-44.

[2] Na época do curso (1985-86), essa era a situação da disciplina chamada "Ética" no ensino médio. Projetos posteriores de reforma do ensino médio planejavam um futuro menos confuso para ela: sua eliminação. Talvez por não se darem conta de que a ética é filosofia moral e que a moral democrática não é uma alternativa à religião, e sim um modo de enfrentar a vida que requer aprendizado. Por último, agora em 2008, a disciplina "Educação ético-cívica" figura no 4º curso do ensino secundário obrigatório, sem entrar em competição com a religião. O currículo inclui tanto a abordagem de problemas morais como temas de ética, isto é, de filosofia moral.

explicado com gosto por um moralista, porque se dividia em uma série de problemas diante dos quais parece que o aluno deveria aprender determinadas atitudes.

Despertar atitudes diretamente porque elas são consideradas mais humanas ou mais cívicas que outras é, inveteradamente, uma tarefa moral e se configura com base em uma concepção do homem, seja ela religiosa ou secular. Mas o temor às confusões supramencionadas, ou o medo de confessar que nas sociedades pluralistas certos modos de enfrentar a vida nos parecem mais próprios do homem que outros, sugeriu "a quem de direito" a engenhosa ideia de substituir o termo "moral" por esse outro, que parece mais científico, cívico e secular, "ética". É uma pena ter de acrescentar "mais inadequado" aos três "mais" citados porque, para bom entendedor, a tarefa científica não se identifica com o que, aparentemente, se esperava do professor de ética e que era muito ligado àquilo que passou a ser chamado de "ética cívica", mesmo que se trate de uma "moral democrática".

Faz todo o sentido que uma sociedade democrática e pluralista não queira incutir em seus jovens uma imagem de homem admitida como ideal só por algum dos grupos que a compõem, mas tampouco faz sentido que ela renuncie a transmitir-lhes atitudes sem as quais a convivência democrática é impossível. E realmente a solução não consiste em mudar o rótulo de "moral" pelo de ética no programa escolar correspondente, mas em explicitar os *mínimos morais* que uma sociedade democrática deve transmitir, porque aprendemos, no decorrer da história, que são princípios, valores, atitudes e hábitos aos quais não podemos renunciar sem renunciar, ao mesmo tempo, à própria humanidade. Se uma moral semelhante não pode responder a todas as aspirações que comporiam uma "moral de máximos", mas tem de se conformar com ser uma "moral de mínimos" partilhados, esse é definitivamente o preço que ela tem de pagar por pretender ser transmitida a todos. Mas mudar o título "moral" por "ética" não resolve as coisas; o que resolve é perceber que a moral democrática é uma moral de mínimos e que a ética é *filosofia moral*.

Em meio a esse amontoado de confusões, há bem pouco tempo, a ética fazia sua entrada triunfal no ensino médio. Não é de estranhar que nas reuniões de professores fossem expressas as opiniões mais variadas: desde exigir sua supressão dos currículos até propor um iluminar-inculcar atitudes, passando por deixar que os alunos simplesmente falassem ou por pedir que os professores de filosofia se recusassem a dar a matéria.

Infelizmente, nossa disciplina não tem melhor sorte nos cursos universitários. Alguns alunos esperam do professor de ética que, posando de moralista, aborde temas morais candentes e tente prescrever como agir em tais casos; enquanto isso, bom número de professores, consciente de que não é o ético quem deve dirigir a ação, refugia-se na útil, mas muito limitada, análise da linguagem moral, perde-se assepticamente nos rincões da história da filosofia, acumula um amontoado de doutrinas sem crítica alguma ou reduz o fenômeno moral a outros mais facilmente explicáveis. Tudo, menos prescrever a ação, para não ser confundidos com moralistas.

Certamente, não devemos permitir que nos confundam com moralistas, porque não é tarefa da ética indicar aos homens o que devem fazer de modo imediato. Mas, por outro lado, não podemos permitir que nos identifiquem com o historiador (mesmo que façamos a história da ética), com o narrador descomprometido com o pensamento alheio, com o asséptico analista da linguagem ou com o cientista. Mesmo que não possa, de modo algum, prescindir da moral, a história, a análise linguística ou os resultados das ciências, a ética tem sua tarefa própria, que só pode levar a cabo como filosofia: e apenas como filosofia moral.

2. Ética como filosofia moral

É claro que, em princípio, a ética se distingue da moral por não estar presa à determinada imagem do homem, aceita como ideal por um grupo concreto; mas também é certo que a passagem da moral para a ética não pressupõe transitar de uma moral determinada a um ecletismo, a um amálgama de modelos antropológicos; nem tampouco passar hegelianamente para a moral já expressa nas instituições: a ética não é uma moral institucional. Pelo contrário, o trânsito da moral para a ética implica uma mudança de *nível reflexivo*, a passagem de uma reflexão que dirige a ação de *modo imediato* para uma *reflexão filosófica* que só pode orientar o agir de modo *mediato*; pode e deve fazê-lo. Situada entre a pretensa "assepsia axiológica" do cientista e o compromisso do moralista com determinado ideal de homem, a ética, como teoria *filosófica da ação*, tem uma tarefa específica a cumprir.

Em princípio, a ética tem de se haver com um fato peculiar e irredutível a outros: o fato de que nosso mundo humano se torna incompreensível se eliminamos a dimensão que chamamos de *moral*. Ela pode se expressar por meio de normas, ações, valores, preferências ou estruturas, mas certo mesmo é que suprimir ou reduzir a *moral* a outros fenômenos supõe mutilar a compreensão da realidade humana. E não será porque filósofos e cientistas de todos os tempos e cores não tentaram obstinadamente dar conta do moral a partir da biologia, da psicologia, da sociologia ou da economia; toda ciência que começa a ter relativo prestígio tenta absorver em seus métodos o fato da moralidade. Contudo, os repetidos fracassos dessas tentativas vêm atestando que "o moral não se rende", antes retorna repetidamente em busca de seu lugar do modo mais insuspeitado.

Portanto, a ética, diferentemente da moral, tem de se ocupar do moral em sua especificidade, sem se limitar a uma moral determinada. Mas, em face das ciências empírico-analíticas, e até mesmo das ciências compreensivas que repudiam todo critério de validade[3], tem de dar a *razão filosófica* da moral: como reflexão filosófica, vê-se obrigada a justificar teoricamente por que há e é necessário haver moral, ou a confessar que não há razão alguma para que ela exista. Se esse primeiro momento, que trata de detectar as características específicas do fenômeno universal da moralidade é importante, o segundo momento, de sereno distanciamento e elaboração filosófica, situa-nos no âmbito dos argumentos que podem ser universalmente aceitos. Naturalmente, ninguém pretende que esses argumentos sejam manipulados, na vida cotidiana, como moeda de troca para influenciar nas decisões diárias: provavelmente, nem a leitura de *O capital* nem a da *Crítica da razão prática* levarão um operário socialista a se incorporar à greve ou a furá-la; no mundo da vida, são as preferências, as tradições, os modelos que inspiram confiança ou as instituições fáticas que movem a atuação humana, e apenas em poucas ocasiões uma reflexão explicitamente argumentada dirige o agir[4]. Mas mesmo sendo certo que em assuntos morais o mundo da vida ostenta o primado substancial, mesmo sendo certo que a reflexão filosófica só levanta voo ao anoitecer, não é menos

---

[3] Refiro-me, obviamente, aos hermeneutas gadamerianos de observância estrita. Para o procedimento de uma ética hermenêutica desse tipo, cf. Gadamer, 1977, p. 344-60; Gadamer, 1981, p. 59-81. Para a polêmica entre hermenêutica radical e hermenêutica crítica, cf. Álvarez Gómez, 1982, p. 5-33; Cortina, 1985a, p. 83-114; Conill, 1988, caps. 6, 7 e 12; 1991, cap. 4; 2006.

[4] Nesse sentido, creio que a distinção entre moral e ética (ou filosofia moral) é semelhante à distinção que Aranguren estabelece entre "moral vivida" e "moral pensada". Na moral vivida, caberia discernir uma estrutura moral e alguns conteúdos morais, enquanto a moral pensada refletiria sobre ambos (cf. Aranguren, 1968, p. 71ss.). O papel conferido por Habermas, nos últimos tempos, ao mundo da vida está levando Apel a preveni-lo das consequências indesejáveis que poderiam ter a tentativa habermasiana de fundamentar normativamente uma teoria crítica da sociedade (cf. Apel, 2004, p. 33-91; Conill, 2006).

certo que apenas um distanciamento providencial com relação ao mundo cotidiano, destinado a construir uma fundamentação serena e argumentada, permite aos homens assenhorear-se amplamente de si mesmos, superar a vontade do escravo que, segundo Hegel, "ainda não se sabe livre e é por isso uma vontade desprovida de vontade" (1975, p. 61).

A tarefa ética consiste, pois, a meu ver, em *acolher o mundo moral em sua especificidade e em dar reflexivamente razão dele*, no propósito de que os homens cresçam em saber acerca de si mesmos e, consequentemente, em liberdade. Semelhante tarefa não tem incidência imediata na vida cotidiana, mas sim o poder esclarecedor, próprio da filosofia, que é insubstituível no caminho para a liberdade.

Não obstante – e aqui está nosso maior problema – para enfrentar tarefa semelhante, exige-se uma vocação peculiar, da qual nem sempre dispõe quem posa de eticista. Que traços configuram o perfil do homem que pode ter vocação ética?

3. Ética como vocação

A tarefa ética sustenta-se sobre dois pilares, sem os quais perde seu objetivo: *o interesse moral* e a *fé na missão da filosofia*. Eticista por vocação é o homem que se preocupa verdadeiramente com o bem dos homens concretos e que confia no fato de a reflexão filosófica poder contribuir essencialmente para alcançar esse bem. Sem um vivo interesse pelos homens e sem fé na tarefa filosófica, o eticista profissional pode ser tudo, menos um vocacionado para a ética, e abandona sem escrúpulo a missão que está exclusivamente reservada a ela. Ou ainda, desconfiando da fecundidade da filosofia, limita-se a comunicar suas convicções morais, rejeitando a possibilidade de alcançar níveis mais universalmente compartilháveis e fundamentados; ou então, por desinteresse, contenta-se com "justificativas" do moral, assim entre aspas, incapazes de dar razão à consciência moral alcançada em determinado momento. Nesse sentido, creio que seja necessário concordar com Kant e com a Escola de Frankfurt, especialmente com seus últimos representantes, quando afirmam que a razão não é neutra, que, em cada âmbito do saber, ela se põe em exercício movida por um interesse objetivo, sem o qual confunde suas metas[5]. Quem não entra na comunidade dos cientistas movido – pelo menos também – pelo interesse na verdade, mas apenas por motivos subjetivos, renuncia a seguir a lógica da ciência; o eticista que não se preocupa com o bem dos homens se recusa a descobrir a lógica da ação. Certamente, é possível penetrar no mundo ético por motivos subjetivos, tais como a necessidade, a oportunidade da situação, o afã de prestígio ou a pura casualidade; mas se apenas esses objetivos é que são os motores da reflexão, é impossível que o pretenso filósofo dê razão da realidade moral, que é inseparável da lógica da ação.

Nessa ordem de coisas, não posso deixar de recordar a dolorida e dolorosa réplica de um representante da ética da libertação dirigida ao Wittgenstein do *Tractatus*:

> Se o eticista segue o lema "aquilo que não se pode falar, melhor é calar", é preciso que o camponês salvadorenho cale-se diante do napalm que lançam sobre ele para impedir sua libertação. É possível que a aristocracia vienense – da qual o grande lógico fazia parte – possa ser cética e falar de poucas coisas. Mas esse ceticismo se torna eticamente cínico quando é necessário gritar

---

[5] "A toda faculdade de ânimo (*Gemüth*) pode-se atribuir um interesse, isto é, um princípio que encerra a condição sob a qual só o exercício da mesma é favorecido". Kant, *Kr. P. V.*, v, p. 119. (Citarei as obras de Kant, como é costume, pela edição da Academia de Berlim, com exceção da primeira, *Crítica*, para a qual me referirei à paginação dos originais kantianos, como também é habitual.)

– não apenas falar – contra o sistema por sua horrível perversidade e formular positivamente o que é necessário para a libertação. (Dussel, 1982, p. 599)

Também não posso esquecer a insatisfação a que o cientificismo e o positivismo de todos os tempos submeteram a razão prática. Com sua insuficiência, vieram demonstrar que o mundo moral não é o mundo do irracional, contudo tem sua lógica peculiar; mas, para descobri-la, não são suficientes a razão formal nem a razão tecnocientífica, porque se faz necessária uma razão plenamente humana, que só pode ser interessada e sentimental. Unicamente uma razão compassiva ou compadecente, posta de pé pela vivência do sofrimento, incitada pela ânsia de felicidade, assombrada pelo absurdo da injustiça, tem força suficiente para desvendar a lógica que corre pelas veias desse âmbito misterioso, sem se contentar com qualquer justificação aparente[6]. A razão moralmente desinteressada rapidamente se cansa em suas tentativas investigatórias, e qualquer solução lhe parece satisfatória, desde que se situe na linha do interesse subjetivo por aquilo que se desencadeou[7]. A meu ver, isso explica o fato de propostas tão injustas com a realidade moral de nosso tempo, como o ceticismo e o relativismo extremos, o emotivismo, o silêncio ético, o "realismo" conformista ou os reducionismos, tenham podido ser formulados e defendidos, ao que tudo indica, a sério.

Não há dúvida de que a consciência que nossa época tem da moralidade não é unitária. Por meio dela, expressam-se avaliações

---

[6] Das peculiaridades dessa razão interessada e sentimental, em conexão com a filosofia prática kantiana, ocupei-me em Cortina, 1981b; "Dignidad y no precio. Más Allá del economicismo" (Guisán, 1988a, p. 140-66).

[7] Essa preguiça da razão ética não costuma beneficiar os fracos, e sim os poderosos. Como recorda Carlos Díaz em relação àquilo que chama de a "lei do cansaço", à qual parece nos submeter o sentimento de impotência para transformar as coisas: "As pessoas, ao alegarem cansaço, se esquecem de que o poder nunca vai lhes dar trégua, nem sequer no cansaço, e que além do mais o poder goza com o absenteísmo alheio" (C. Díaz, 1984, p. 225).

diversas que, em certas ocasiões, parecem raiar a disparidade e situar o eticista nas portas do relativismo. Não apenas os mundos "primeiro" e "terceiro" geram necessidades e preferências distintas, como também as diversas faixas etárias, as categorias profissionais e uma ampla gama de corporações esboçam diferentes ideais de vida. Como falar, em situação semelhante, da "consciência moral alcançada por nosso tempo"?

A meu ver, e apesar de todas as heterogeneidades, apesar do tão celebrado "direito à diferença", existe uma base moral comum à qual nosso momento histórico não está disposto a renunciar de modo algum e que, por sua vez, justifica o dever de respeitar as diferenças. Na altura em que vivemos, a base da cultura que vai se ampliando de forma irrefreável, a ponto de se poder considerar como sustento universal para legitimar e deslegitimar instituições nacionais e internacionais, é o reconhecimento da dignidade do homem e de seus direitos; e o teto de qualquer argumentação prática continua sendo a afirmação de Kant segundo a qual:

> O homem, e em geral todo ser racional, existe como fim em si mesmo, não apenas como meio para usos, seja dessa ou daquela vontade; deve em todas as suas ações, não apenas as que se dirigem a si mesmo, mas também as que se dirigem aos demais seres racionais, ser considerado sempre, ao mesmo tempo, como fim (*Grundlegung*, iv, p. 428).[8]

Mesmo quando os desrespeitos aos direitos humanos sejam contínuos e apesar de os discursos que justificam esses desrespeitos manifestarem na maior parte dos casos um cinismo

---

[8] É interessante destacar o fato de que dois eticistas muito próximos entre si, como Muguerza e Heller, coincidam em propor como ponto máximo de todo diálogo possível a defesa do homem como fim em si mesmo, na mesma linha de Kant.

estratégico, o certo é que, atualmente, a premissa irrenunciável de qualquer raciocínio em torno dos direitos e deveres é o reconhecimento da dignidade da pessoa.

Diante de uma realidade moral semelhante (a realidade moral só pode ser medida pela consciência alcançada pela humanidade), apresentam-se como pobres e limitadas as justificações de qualquer razão desinteressada do direito dos homens concretos ao bem. O ceticismo ou o relativismo, aparentemente tão aristocráticos e engenhosos, são na verdade insustentáveis na vida cotidiana, porque ninguém pode agir crendo realmente que não existam algumas opções que são preferíveis a outras, ou que a maldade do assassinato e da tortura dependem das diferentes culturas. O ceticismo e o relativismo, levados a extremos, são as típicas posições "de salão", abstratas, construídas de costas para o real; em sua versão moderada, tentam uma maior aproximação com a realidade moral, mas não alcançam a altura mínima requerida – a do reconhecimento dos direitos humanos – que constitui um sonoro desmentido a toda pretensão cética e relativista séria.

Por sua vez, o emotivismo destaca, com todo mérito, o papel da sensibilidade no mundo moral diante do intelectualismo e do excessivo racionalismo, dominantes em correntes éticas de grande audiência; contudo, não justifica o respeito "ao longínquo", àquele do qual nada nos dizem, às emoções individuais, nem esclarece como agir diante daqueles que nos provocam uma autêntica rejeição. A questão se complica ainda mais se, aceitando a sensibilidade como única guia, pretendemos identificar o bem; com a beleza, pois pode perguntar se está ao alcance de todos os homens julgarem o estético. Enquanto um único homem estiver morrendo de fome ou se angustiando diante da ameaça da tortura; enquanto a incerteza do desemprego ou o risco de uma guerra nuclear continuar "gritando contra o sistema por sua injustiça"; enquanto a realização dos direitos dos homens estiver tão longe da proclamação de seu conceito, continuará a ser eticamente impossível – se não eticamente cínico, para seguir com Dussel – não apenas calar, mas também julgar o belo.

Por fim, os reducionismos, com sua aparência de cientificidade, com esse sentimento de superioridade diante dos ignorantes que ainda creem na missão específica da filosofia e no direito dos homens ao bem, empenham-se em explicar o *deve* moral na base do *é o que há*. Com isso, vêm desembocando em um "realismo" conformista, que hoje se traduz na aceitação acrítica de que a razão prática se reduz à razão estratégica, porque não existe mais "deve" e sim "é o que há", e o que há são homens movidos por interesses egoístas. Desde a última sofística, passando muito especialmente por Maquiavel e Hobbes, esse "realismo", radicalmente injusto com a realidade, continua a recordar que podemos explicar e predizer comportamentos morais desde que conheçamos os fatores biológicos, psicológicos ou sociológicos que compõem a razão estratégica. A moral, a rigor, deve ser limitada a um catálogo de conselhos que se revistam da forma do imperativo hipotético kantiano: se queres x, faz y. As teorias contemporâneas da decisão e dos jogos constituem um exemplo paradigmático e, mais que isso, formalizado e matematizado (o *non plus ultra*) de semelhante código moral.

Felizmente, o "realismo" de raiz maquiavélica e hobbesiana profunda é míope diante da realidade. Não apenas porque os homens nem sempre agem estrategicamente por motivos subjetivos, mas porque "o que há" não é tudo e elevar a razão estratégica à posição de razão prática pressupõe cometer uma injustiça no que se refere a nossa realidade moral. Apesar de nós, os homens, sermos claramente diferentes; apesar de parecer que, nas relações cotidianas, nos consideramos mais como meios do que como fins, não foi sem consequência que o cristianismo, o kantismo, o socialismo e a atual pragmática não empírica tomaram corpo em nossa cultura. É claro que é a razão estratégica que prospera abertamente na vida pública; nisso M. Weber tem toda a razão, porque os técnicos e os especialistas parecem estar dispostos a dirigir nossa vida e nós, a aceitar sua direção. Isso é verdade, mas não é toda a verdade. Descobrir essa parcela de verdade que não se dobra à razão dos especialistas e sem a qual é impossível compreender o grau de consciência moral alcançado pela humanidade em sua história constitui, a meu ver, na tarefa ética por excelência, no tema ético de nosso tempo.

4. O tema de nosso tempo

O interesse pelo bem dos homens concretos, motor objetivo inveteradamente da ética, foi se expressando de diversos modos no decorrer da história, mas, a meu ver, são duas as grandes perguntas que traduzem a preocupação ética: a pergunta pelo bem positivo "que *podemos* fazer para sermos felizes?"; e a pergunta pela indispensável manutenção do bem positivo "que *devemos* fazer para que todo homem se encontre em situação de alcançar a felicidade?"

A primeira questão, surgida no mundo oriental, percorre a ética grega em seu conjunto e continua dando sentido à reflexão medieval e ao utilitarismo de todos os tempos. O que, definitivamente, importa para a ética é a *vida feliz*. Mas a convicção fundada em razões de que o esboço da vida feliz não pode ser idêntico para todos os homens *desloca o centro da filosofia moral para o âmbito do dever*. Se todo homem possui uma constituição psicológica diferente, sua plenificação também será diferente; portanto, naquilo que diz respeito à felicidade, só cabe *aconselhar* determinadas condutas a partir da experiência e carece de sentido prescrever universalmente. Não era sem razão que Aristóteles deixava a felicidade em mãos da razão prudencial, mesmo que estivesse errado em achar que existe uma função própria do homem, cujo exercício supõe o bem supremo para todo homem: a felicidade, diríamos com Kant, não é um ideal da razão, e sim da imaginação (Kant, *Grundlegung*, IV, p. 418). Mas, para torná-la possível, é necessário um passo anterior, que marcou o rumo das éticas deontológicas de inspiração kantiana, entre as quais se situam hoje as filosofias morais mais relevantes: é preciso esclarecer quem tem e por que tem direito à felicidade e traçar o marco normativo dentro do qual quem ostenta esse direito pode vê-lo respeitado e fomentado.

A resposta kantiana, na qual a humanidade não renunciou, é bem conhecida. Contra o utilitarismo, que defende a satisfação das aspirações de toda a criação senciente, é preciso lembrar que a sobrevivência de alguns seres exige irremediavelmente o sacrifício de outros; que existe apenas um ser cuja *autonomia* é fundamento de *deveres* universalmente exigíveis: só as pessoas, por força de sua autonomia, *têm de ser* universalmente respeitadas e assistidas em seu anseio de *felicidade*.

Contudo, atualmente, o eixo da reflexão ética foi deslocado outra vez, visto que não se reduz à felicidade ou ao *dever*; antes tenta conjugar ambos por meio do *diálogo*. Mesmo que o elemento vital da moralidade continue a ser a *autonomia* da pessoa, essa autonomia deixou de ser entendida como exercida por indivíduos isolados, mas como factível por meio de diálogos *intersubjetivos*, tendentes a esclarecer qual seja nosso bem, porque é errado conceber os homens como indivíduos capazes de chegar solitariamente à verdade e ao bem. Os homens somos – para falar como Hölderlin – um diálogo e só pela mediação do diálogo podemos desentranhar nossa felicidade.

Como meio apropriado para expressar a autonomia humana, o diálogo permite à ética situar-se a meio caminho entre o *absolutismo*, que defende unilateralmente um código moral determinado, e o *relativismo*, que dissolve a moralidade; entre o *utopismo*, que garante a vinda iminente de um mundo perfeito, e o *pragmatismo*, que elimina toda dimensão utópica, perdendo-se na pura estratégia presente ou, o que dá no mesmo, na imoralidade[9]. Talvez por essas razões as filosofias morais mais importantes de nosso momento, tanto "liberais" (Rawls, racionalismo crítico) como "socialistas" (Apel, Habermas, Heller), centrem sua atenção no diálogo.

Todavia – e aqui se apresenta o tema candente de hoje —, que sentido tem apelar para o diálogo como realizador da autonomia humana, se os homens não podemos trazer para ele mais que uma razão estratégica e calculadora, como quer o "realismo" conformista, uma trama de emoções, como propõe o emotivismo, ou se somos incapazes de acordo, como sugerem o ceticismo e o relativismo? *O que* da razão humana, *o que* do homem se expressa por meio do diálogo, que põe verdadeiramente em exercício essa autonomia pela qual temos dignidade e não preço?

Entre o absolutismo e o relativismo, entre o emotivismo e o intelectualismo, entre o utopismo e o pragmatismo, o tema ético de nosso tempo consiste, a meu ver, em esclarecer se o homem é capaz de algo mais que estratégia e visceralismo. Se é capaz de *comunicarse*. Se é capaz de se *compadecer* (Cortina, 2007).

---

[9] Cf. Apel, 1988, p. 103-53. Ocupei-me do esboço de uma ética da responsabilidade solidária, situada entre o utopismo e o pragmatismo, em Cortina, 1989b.

2
Panorama ético contemporâneo: tempos de ética domesticada?[1]

Em princípio, contemplar o panorama ético de nossos dias produz, a meu ver, certa sensação de alívio. A ética analítica da linguagem deixou de causar furor. Os eticistas – também chamados "filósofos morais" – já não se empenham tenazmente em reduzir sua tarefa a descobrir o que as pessoas fazem quando utilizam essa linguagem que denominamos de moral: se com ela tentamos aconselhar, prescrever a conduta, expressar sentimentos ou persuadir. Poucos eticistas se comprometeriam hoje incondicionalmente com a já célebre afirmação de Hare: "A ética, tal como eu a concebo, é o estudo lógico da linguagem da moral" (1964, p. III). E isso produz uma sensação de alívio, depois da obsessão "metaética" da era imediatamente anterior à nossa. Certamente, não faltam vantagens à ética analítica da linguagem. Por um lado, ela tenta esclarecer o significado dos termos morais "bom", "reto", "justo" etc., dissolvendo os pseudoproblemas que surgem simplesmente pela falta de clareza em seu emprego. Por outro lado, impede que os filósofos morais confundam sua tarefa com a dos moralistas e se dediquem a prescrever à totalidade dos mortais o que devem fazer.

---

[1] Reelaboração de "Tendencias dominantes de la ética en el mundo de hoy", *Laicado* (n. 63, 1983), p. 9-21. Para uma visão mais ampla e detalhada das éticas contemporâneas, cf. Cortina, 1990, caps. 1, 2, 3 e 4; 1991, cap. 13; 1998, caps. IV e V.

A filosofia, inclusive em sua vertente ética, não tem como missão dirigir diretamente a conduta, porque essa tarefa é da alçada da moral e da religião.

Contudo, e aceitando plenamente essas duas contribuições da análise linguística, a realidade do moral no mundo humano não deixa de representar para a filosofia uma provocação que não se satisfaz com a investigação do significado do termo "bom" ou desencavando as peculiaridades da argumentação moral. Por isso, um grande número de filósofos morais renunciou a considerar a análise da linguagem como o objeto da ética e a utiliza como um instrumento, como elemento indispensável para saber do que vamos falar, mas na sequência se introduz no terreno da *ética normativa* que, mesmo não prescrevendo *diretamente* o que devemos fazer, o faz *indiretamente*. A partir do momento que a ética pretenda justificar o fato de falarmos de bem e de mal moral, e tente determinar quem detém legitimidade para decidir o que é moralmente bom ou mal, está assentando as bases para indicar o que se deve fazer. Encontramo-nos, portanto, em uma época de *éticas normativas*, em confronto com a "ética descritiva" do momento anterior.

Não obstante, um olhar para o atual panorama ético pode dar a impressão de que nos encontramos em uma época de ética normativa, porém *pouco* normativa; que os filósofos morais dos diferentes países se limitam a registrar a moral ali existente, a justificá-la teoricamente e a devolvê-la à sociedade quase com a mesma carga crítica com que a receberam; que a ética se resigna a ser a coruja de Minerva e simplesmente conceitualiza o que já existe, o que o público já está preparado para ouvir.

A meu ver, essa impressão poderia ser suscitada pelo fato de que o "mapa ético" de nossos dias "felizmente" coincide com o traçado dos mapas geográficos sociopolíticos. A ética marxista-leninista era imposta, até bem pouco tempo, naqueles que eram chamados de "países do Leste"; nos anglo-saxônicos, o *utilitarismo* e o pragmatismo "grassam"; na América Latina, a ética da libertação continua expondo suas exigências, ao passo que na Europa ocidental a ética do diálogo continua ocupando os primeiros lugares, pretendendo recolher em seu seio as conquistas da hermenêutica e do marxismo humanista.

Exceção feita à ética da libertação, que exige para os países latino-americanos nos quais surge e para toda situação de opressão uma mudança pessoal e sociopolítica radical, as demais tendências não parecem dizer em seus respectivos países nada além do que o público pode ouvir sem choques. No final das contas, não parece propriamente estranho que o utilitarismo perdure como consciência ética nos países de democracia liberal e nos países "do bem-estar", ao passo que a ética dialógica triunfa em países que se dizem inclinados à socialdemocracia e até mesmo à democracia radical. Acho que dispensa comentários o fato de o marxismo-leninismo ter se constituído como ética do oriente europeu.

Certamente, essa coincidência ética-geográfica-social-econômica e política pode causar a impressão de que nossa ética é, em boa medida, uma ética domesticada; mais coruja de Minerva que anúncio de uma nova manhã. Contudo, também é bastante expressiva de um fato que eu gostaria de enfatizar: o fato da unidade da vida humana, em virtude da qual torna irracional desprezar um só fator como irrelevante; as diversas vertentes vão se configurando reciprocamente ao longo da história, até o ponto de hoje já ser impossível, por exemplo, determinar se o mundo anglo-saxônico é democrata-liberal por ser utilitarista e pragmatista ou se sua moral utilitarista e pragmatista é a justificação de sua democracia liberal. Aquele que desejar realmente conceituar o mundo humano não pode descuidar nem dos fatores "materiais" nem dos fatores "ideais". Penso que essa é uma das lições aprendidas pelas éticas de nosso tempo e que, em maior ou menor medida, elas desfrutam como patrimônio comum.

E digo que se trata apenas de uma das leituras, porque é assustador ver até que ponto as tendências éticas que dominam atualmente nosso mundo foram adquirindo "certo aspecto de parentesco", certa semelhança na diferença. Se, ao longo da história, elas foram nascendo como tentativas diferentes de explicar por que a moral existe e por que deve existir, se é possível delinear os traços que caracterizam cada uma delas em comparação com as demais, não é menos certo que elas foram se aproximando umas das outras na tentativa de dar conta da realidade moral.

Acredito que a verdadeira característica do mundo de hoje, no que diz respeito à ética, não é o surgimento de novas correntes; ao contrário, parece-me que vivemos em uma época de "neos" explícitos e implícitos. A novidade está mesmo, a meu ver, no fato de que as diversas tendências foram adotando atitudes semelhantes em pontos cruciais. Por isso, neste breve capítulo, em vez de tentar expor exaustivamente os aspectos constitutivos de cada uma das principais tendências éticas atuais – coisa que é física e metafisicamente impossível —, esboçarei um sucinto esquema de cada uma delas, destacando as características que desfrutam juntas e que, portanto, configuram algo como a atmosfera ética de nosso momento. Começaremos pelas concepções que têm uma história mais extensa.

O *utilitarismo* é a mais antiga das doutrinas citadas, dado que nasceu na Grécia de Epicuro[2]. Em uma época de crise sociopolítica como foi o final do século IV a. C., não é estranho que a pergunta moral se identificasse com a pergunta pela *felicidade individual*: que há de fazer um homem para ser feliz? Essa pergunta não é,

---

[2] A bibliografia existente sobre o utilitarismo é assombrosa, mas muito adequado para levar a conhecer essa corrente é o livro de Smart & Williams (1981), bem como a defesa do utilitarismo feita por Guisán, 1989, p. 27-36.

evidentemente, exclusiva do epicurismo, mas a resposta é característica dessa escola: dado que aquilo que realmente leva qualquer homem a agir é o desejo de prazer e a fuga da dor, a *felicidade* se identifica com o *prazer*, a bondade de uma ação é medida pela quantidade de prazer que ela pode proporcionar. Desse modo, o utilitarismo epicurista se configura como um hedonismo individualista, cuja fundamentação repousa em uma constatação psicológica: o móvel da conduta dos seres vivos é o prazer, e disso se infere que a felicidade consiste no máximo prazer possível.

Essa constatação psicológica, esse fato empírico, a partir do qual o epicurismo constrói sua teoria moral, é um dos pilares fundamentais do utilitarismo inglês que, reelaborado por uma imensa multidão de autores a partir do século XVIII, permanece vigente em nossos dias.

Por outro lado, o próprio fato de não considerar que o moral consiste na realização da qualidade mais excelente do homem, ao estilo de Aristóteles ou de Nietzsche; o fato de não identificar o âmbito moral com o âmbito da realização do "ideal de homem", constitui uma característica do utilitarismo de todos os tempos e, além disso, uma peculiaridade das éticas dominantes em nosso tempo. No momento de justificar o moral, nenhuma delas pretende recorrer a uma concepção especial do homem que deva ser levada à plenitude: a antropologia metafísica não é a chave da ética. Muito mais modestas, as éticas de hoje, assim como o utilitarismo de todos os tempos, se limitam a constatar em princípio um fato irretorquível sobre o qual fundamentar o mundo moral: o fato de os homens – e inclusive todos os seres vivos – nascerem com desejos ou aspirações, preferências, interesses (marxismo e éticas do diálogo) ou necessidades (jovem Marx, Agnes Heller). Em nosso tempo, a tarefa moral não consiste na "tarefa do herói", que leva a própria humanidade ao máximo. Nossa ética não é "ética da perfeição"³, mas a"da satisfação", do máximo de satisfação possível no que diz respeito a desejos, necessidades, interesses e preferências, que são um fato incontornável.

Esse afã generalizado de fundamentar a moral em fatos, fugindo de antropologias que destaquem as excelências humanas e reivindiquem para o homem o valor único dentro do contexto cósmico, surge de diferentes causas, entre as quais destacaremos duas por enquanto: a consciência de "naturalização" e de "finitização", e o desejo de encontrar para a moral um fundamento objetivo, que não seja mera questão de gostos e sobre a qual se possa argumentar.

A consciência de "naturalização"surge da comprovação de que o homem não é um ser dotado de características quase sobrenaturais em comparação com os demais viventes, e sim um ser natural entre outros, limitado como eles, originário, assim como todos os demais, do mecanismo da evolução. Se, em última instância, todo homem surge contingentemente por evolução, não se podem aduzir razões absolutas para legitimar suas solicitações: seu direito repousa no fato de ter aspirações e interesses. Maximizar a satisfação dessas aspirações e desses interesses constitui a tarefa moral. Por que devemos maximizar os desejos de quantos tenham desejos e quem tem de decidir como maximizá-los são dois pontos que distinguem entre si as distintas respostas éticas de nosso tempo, como veremos. Mas todas elas concordam em afirmar que a moral se ocupa de maximizar, não a satisfação individual, mas a social.

Essa segunda característica – o caráter social do bem moral – é um ingrediente adicionado pelo utilitarismo inglês ao utilitarismo

---

³ Por "éticas da perfeição" geralmente se entende – como expõe Rawls (1978, p. 44) – as teorias éticas que destacam uma qualidade do homem como humana por excelência e consideram que a tarefa moral consiste em levá-la ao máximo. Entre as éticas de perfeição, Rawls seleciona como paradigmáticas as de Aristóteles e as de Nietzsche. Para uma inédita e sugestiva visão da proposta de Nietzsche, cf. Conill, 1997; para a versão orteguiana, cf. Aranguren, 1994, p. 503-40.

epicurista e, por sua vez, uma das características comuns às éticas de nosso tempo. Para qualquer uma das éticas mencionadas (marxismo-leninismo, éticas do diálogo, marxismo humanista e ética da libertação), é inconcebível uma meta moral que não inclua o restante dos homens e, em alguns casos, inclusive os demais seres vivos.

Justamente essa característica faz do utilitarismo anglo-saxônico um hedonismo social, não individual, que se constrói a partir de dois fatos psicológicos: a constatação de que o que os seres vivos desejam é o prazer (hedonismo) e a constatação de que nos homens não existem apenas sentimentos egoístas, mas também altruístas; sentimentos sociais dos quais, uma vez cultivados, um homem não poderia prescindir e que lhe indicam como fim último não o prazer individual, mas o social. A satisfação dos sentimentos altruístas constitui um dos maiores prazeres para quem os cultiva devidamente. Essa é a razão pela qual o Princípio de Utilidade reza o seguinte: "Alcançar a maior felicidade do maior número". Um utilitarista responderia do seguinte modo à pergunta "por que existe a moral?": porque os seres vivos nascem com desejos e aspirações e porque um homem saudável goza de sentimentos altruístas que foram se fortalecendo no decorrer da evolução social. É facilmente compreensível que a aplicação do critério de utilidade para a organização sociopolítica tenha como resultado o Estado benfeitor das democracias liberais.

Naturalmente, um utilitarista tem de conviver hoje em dia com mais de uma pedra no sapato. Deixando de lado disputas mais técnicas, poderíamos assinalar duas pedrinhas incômodas. A primeira delas consistiria na tentativa de organizar os desejos e aspirações de todos os homens, e até mesmo dos seres vivos, buscando o maior bem possível e tendo em conta que os desejos de uns e outros, de fato, estão em conflito. No entender do utilitarismo, o "ponto de vista moral", a perspectiva a partir da qual se realizaria satisfatoriamente essa tarefa, deveria ser assumido por um observador dotado de características sobrenaturais: a simpatia, que lhe permite por-se no lugar de qualquer homem e saber o que lhe provoca prazer; a imparcialidade, que permite uma distribuição justa de utilidades; a informação, em virtude da qual ele pode saber o que realmente é possível para cada um, e a liberdade de agir.

Contudo, o defeito desse espectador reside em seu caráter ideal; na realidade, é o Estado benfeitor que assume essa tarefa, e é preciso reconhecer que ele está muito longe de *gozar* as características citadas. Por isso o utilitarismo se vê em grandes dificuldades com um dos conceitos que a ética de nosso tempo não pode relegar: o conceito de justiça. Apesar das arrojadas tentativas do utilitarismo de conciliar seus princípios com a justiça, o que se tem é uma conciliação bastante complicada. Como John Rawls indica em seu livro *Uma teoria da justiça,* a aplicação do utilitarismo à organização sociopolítica supõe a ampliação da prudência individual à sociedade, mas essa virtude, perfeitamente adequada para dirigir a vida dos indivíduos, aplicada à sociedade, produz injustiças[4].

Efetivamente, um indivíduo pode utilizar a prudência para distribuir como queira, ao longo de sua vida, as possibilidades de prazer e de dor, de modo a ter a mais prazerosa existência possível. Mas, mesmo assim, na hora de aplicar esse princípio à sociedade, é preciso dar-se conta de que o prazer e a dor se dividem entre indivíduos distintos, não entre distintos momentos da vida de um único indivíduo. É isso o que permite alcançar uma distribuição ótima, uma distribuição de utilidades que proporcione globalmente a maior felicidade possível, mas que, não obstante, divida os prazeres e as dores entre os indivíduos de um modo desigual.

---

[4] Cf. Rawls, 1978, p. 40-6. Esse processo "socializador" ao qual a ética parece se submeter em nosso tempo não leva em conta dimensões antropológicas como as que são recordadas por Alvarez Turienzo (1983).

A solução benthamiana, segundo a qual cada indivíduo "vale por um e nada mais que um", não se desprende realmente do princípio de utilidade[5]; na verdade, ela é antes um acréscimo que possibilita incorporar o conceito de justiça.

Naquilo que diz respeito a esse conceito, as demais concepções éticas citadas parecem situar-se nos antípodas do utilitarismo, porque consideram a justiça como um dos elementos angulares da construção moral. Para permanecer fiéis ao fio condutor adotado na exposição, continuaremos com a filosofia moral que parece preceder temporalmente as demais: o marxismo-leninismo. Digo "que parece preceder" porque, apesar de os fundamentos da ética marxista virem à luz no século XIX com o aparecimento do materialismo histórico e, particularmente, do socialismo científico, como concepção ética, ele só vem a se configurar em meados do século XX.

Apesar de o marxismo adquirir sentido por sua referência à liberdade futura e apesar de seu melhor legado constituir possivelmente uma provocação moral em prol da justiça e da construção da utopia, Marx e Engels não pretendiam, de modo algum, elaborar uma técnica comunista, muito menos situá-la nos fundamentos do materialismo histórico. O saber marxista não é sabedoria moral, mas ciência da história que exclui todos os tipos de juízos de valor. Portanto, não existe separação entre o que é (objeto da ciência) e o que deve ser (objeto da moral): as leis ou tendências da história, descobertas pela ciência marxista, mostram que a utopia vai se realizar graças ao desenvolvimento das forças produtivas e às contradições internas do sistema capitalista. Então, por que falamos de uma ética marxista-leninista?

---

[5] Cf. os meritórios esforços realizados por Mill (1984, cap. v) para incluir a justiça no princípio de utilidade, e os de Guisán (1982, p. 553-8; 1985, p. 63-82; 1986, especialmente p. 283ss).

Depois das tentativas neokantianas de conjugar a ciência marxista com a ética kantiana[6], tentativas que sempre foram repudiadas pelos marxistas clássicos, em meados do século XX são forjados os fundamentos escolásticos de uma ética que trata de dar conta da realidade moral, conferindo-lhe um *status* que não é o da mera ideologia[7].

Mesmo quando não existe acordo entre os marxistas-leninistas com relação ao problema da *origem da moral*, a versão mais aceita a situa em uma mudança histórica simultaneamente objetiva e subjetiva. Os primeiros estágios da sociedade vivem uma moral gregária, à qual corresponde inteiramente um ponto ínfimo de liberdade, porque o homem, obrigado a depender quase totalmente da natureza, encontra-se quase completamente determinado por ela. Uma mudança objetiva – o desenvolvimento das forças produtivas e o nascimento da divisão do trabalho – inaugura o valor e o significado do homem como indivíduo: o homem já não necessita do grupo para sobreviver fisicamente e, portanto, surge a divisão do trabalho. Essa mudança no lugar objetivo do indivíduo produz, ao mesmo tempo, uma mudança subjetiva, uma mudança em sua consciência. Aparece o sentimento de individualidade – a capacidade de se aproximar analítico-criticamente da realidade e de avaliar. Essa nova situação comporta uma nova necessidade social: conciliar a conduta do indivíduo com os interesses do todo social, como necessidade de superar a contradição entre os interesses do indivíduo e do todo. Uma resposta a essa necessidade social é a moral que,

---

[6] Cf. as recompilações do socialismo neokantiano de Zapatero (1980). Para a presença do socialismo neokantiano no pensamento de Ortega, cf. Salmerón, 1984, p. 111-93.

[7] Podemos encontrar uma interessante exposição da história da ética marxista-leninista, fundamentalmente na União Soviética, assim como colaborações de seus principais representantes (Schwarzman, Titarenko, Schischkin e Archangelski) em Chartschew & Jacowlew (1976). Para esse tema, é sempre revitalizadora a leitura de Aranguren (1968) e de Alberdi & Belda (1986).

nascida em uma época determinada, só pode desaparecer quando também desaparecerem as contradições entre personalidade e sociedade. Isso significa que a moral é pura ideologia, destinada a desaparecer na sociedade comunista, no reino da liberdade, quando os interesses do indivíduo se identificarem com os do gênero?

A resposta que os teóricos do marxismo-leninismo dariam a essa pergunta na atualidade não seria, a meu ver, majoritariamente positiva. Pelo contrário, segundo a resposta majoritária, é possível rastrear junto à moral das classes dominantes, que definem os interesses de classe, uma moral que defende os interesses da espécie humana e que está representada pela moral dos trabalhadores ao longo da história: a moral comunista. Para conhecer seu conteúdo, a especulação teórica não é primariamente necessária, porque a verdade se busca e se realiza na práxis e é revelada pela classe que luta pelo socialismo. Ela defende os ideais de liberdade, igualdade e fraternidade, mas despojando-os de deformações, porque os interesses dessa classe coincidem com os da humanidade.

A ética do marxismo-leninismo coincide, portanto, com as demais éticas dominantes em nosso momento, porque é normativa, porque busca a satisfação dos interesses sociais, porque identifica os interesses morais com os interesses objetivos, e estes, por sua vez, com os interesses intersubjetivos. Mas essa concepção ética também encontra dificuldades. De um lado, todas as dificuldades que atingem o materialismo histórico (de que ciência se trata, se o fator econômico explica suficientemente como determinante a estática e a dinâmica social; se é possível hoje em dia analisar a realidade social em virtude de duas classes, como discernir qual é o sujeito da revolução, até que ponto são teorias econômicas aceitáveis as do valor-trabalho e a mais-valia etc.?) e, por outro, as dificuldades específicas do ponto de vista moral. Entre os problemas, podemos esclarecer dois, que talvez tenham provocado nos eticistas do marxismo-leninismo mais dores de cabeça do que qualquer outro: o problema da liberdade e o problema do acesso à verdade moral.

Essas duas questões, estreitamente unidas entre si, não recebem o mesmo tratamento por parte de todos os eticistas marxista-leninistas. Uma interpretação mecanicista do materialismo histórico levaria a afirmar que a consciência (fator subjetivo) é determinada pelo lugar involuntariamente ocupado no processo produtivo (fator objetivo), caso no qual a verdade moral – quais são os interesses do gênero humano e não de uma classe – tem de ser determinada pela classe trabalhadora a todos os que descubram que o processo histórico segue os passos descobertos pela ciência marxista. Para uma concepção não-mecanicista do marxismo, a consciência não seria apenas reflexo da realidade material, mas são os especialistas em ciência marxista que deveriam desvelar quais são os interesses objetivos, enquanto não chegarmos à fase em que os produtores livremente associados é que decidirão.

Em conformidade com a primeira interpretação, a classe trabalhadora decide quais são os interesses objetivos, mas a liberdade como possibilidade de optar fica anulada; no segundo caso, é possível optar pela necessidade histórica, mas são os especialistas que determinam os interesses intersubjetivos. O fato de um grupo determinar o que a espécie deseja permite entrever um ranço de dogmatismo, no qual os países do Leste europeu parecem ter caído. Se disséssemos que o Estado benfeitor do utilitarismo, na falta de um espectador ideal, dificilmente evita a injustiça, o grupo de especialistas, na falta de produtores livremente associados, não consegue se livrar do dogmatismo.

Essa é uma das muitas razões pelas quais surgiram, no interior do próprio marxismo, reações diversas à ética marxista-leninista, originárias do "marxismo humanista", de um bom número de "revisionistas" e de grupos como a Escola de Frankfurt, que deixaram marcas tão profundas na ética do ocidente europeu. Contudo, dada a brevidade do espaço, não podemos nos ocupar dessas correntes nem dos últimos representantes da tradição personalista francesa. Nós nos limitaremos a considerar, muito esquematicamente, a concepção que vai se impondo na região geográfica e sociopolítica da Europa ocidental, concepção que pretende fundamentar a democracia integral a partir de um ponto de vista ético: a ética dialógica.

A ética dialógica, que afirma estar enraizada na tradição do diálogo socrático, coincidirá com as éticas já citadas no fato de ser uma ética normativa, que não tem problema algum em tentar encontrar um fundamento para o fato de a moral existir e ter de existir. Tal fundamento, da mesma maneira como nas éticas aludidas, não consistiria em uma antropologia metafísica; portanto, em sua perspectiva, o dever moral não seria impelido pelo afã de realizar um ideal de humanidade nem pela necessidade racional de respeitar o que é absolutamente valioso. Termos como "valor absoluto" talvez soem como excessivamente metafísicos e ambiciosos aos ouvidos de nossos países civilizados, conscientes da finitude e da contingência humanas. Por isso, as éticas do diálogo também falam de necessidades e de interesses a satisfazer, recuperando o valor do sujeito por outro caminho: como interlocutor competente em uma argumentação.

Efetivamente, as necessidades e os interesses dos homens constituem o *conteúdo* da moral; mesmo assim, não fica claro com isso qual é a *forma* da moral, como decidir moralmente que interesses devem ser prioritariamente satisfeitos, qual é o critério que determina se uma decisão a respeito de algo é moralmente correta.

No caso de os diferentes grupos humanos terem de decidir segundo seus interesses particulares e segundo seu poder de pressão na sociedade, a ética dialógica seria subjetiva, admitindo que não há o que argumentar em questões morais, e tudo depende da decisão individual arbitrária. Mas o subjetivismo – ao contrário do que possa parecer – não é uma característica das éticas de nosso tempo. Ao contrário, as éticas mais ampliadas consideram que os problemas morais são *objetivos*: é possível discuti-los e encontrar argumentos que sejam superiores a outros.

Isso posto, tampouco as éticas do diálogo concordam com o *objetivismo*, segundo o qual se pode comprovar a verdade dos juízos morais confrontando-a com a *realidade humana*, e é um grupo de especialistas que tem de decidir se eles combinam ou não. O inconveniente do objetivismo apoia-se em que pode haver um grande descompasso entre o que os especialistas revelam como típico da realidade humana e o que os não especialistas experimentam em si mesmos acerca de sua própria realidade. Por isso, as éticas dialógicas, incorporando as contribuições da hermenêutica, consideram que são os sujeitos humanos que têm de configurar a objetividade moral. A objetividade de uma decisão moral não consiste na decisão objetivista por parte de um grupo de especialistas (espectador imparcial, vanguarda da classe operária, intérpretes privilegiados do direito natural), mas na *decisão intersubjetiva* de todos os que se veem afetados por ela. Justamente por ser sujeitos da decisão é que posteriormente se pode exigir que eles se responsabilizem por ela.

São, portanto, os envolvidos que têm de decidir quais interesses devem ser primariamente satisfeitos. Todavia, para que essa decisão possa ser racional, argumentável, não dogmática, o único procedimento moralmente certo para alcançá-la será o *diálogo*, que deve culminar em um *consenso entre os envolvidos*. Dito isso, um diálogo pode ser manipulado ou os participantes podem estar alienados; nesse caso, interesses particulares seriam acatados como se fossem universais. Por isso, as éticas dialógicas têm de supor como critério da verdade moral uma situação ideal de diálogo, expressiva de uma forma ideal de vida, da qual se exclua a sistemática desfiguração da comunicação, na qual sejam simetricamente distribuídas as oportunidades de escolher e de realizar atos de fala e se garanta que os papéis no diálogo sejam intercambiáveis. Essa situação serviria como garantia de que é possível um consenso no qual se reconheçam os interesses universais e como critério de comprovação da correção dos consensos fáticos.

Não há certeza quanto a alcançar ou não essa meta. Ela é exigida pela possível racionalidade de nossos consensos e pela esperança humana, mas só o crescimento técnico e, sobretudo, o progresso moral tornarão sua realização efetiva. Diante daqueles que entendem a emancipação humana como consequência do desenvolvimento das forças produtivas – como consequência dos avanços técnicos – as éticas do diálogo sustentam que a libertação humana se dará se, além da técnica, avançar também a disponibilidade dos homens para tomar decisões por meio de consensos nos quais os interesses universais se vejam atendidos.

A necessidade de utopia, de objetividade, e a exigência de normatividade e de fundamentação são também características da última das éticas que consideramos muito resumidamente: *a ética da libertação*. Não se trata de uma ética da perfeição individual nem deposita as decisões morais em mãos de pretensos especialistas: são os próprios sujeitos envolvidos que têm de assumir a direção do projeto moral. Não obstante, a ética da libertação caracteriza-se, entre outras coisas, por um traço muito peculiar: nos países latino-americanos, nos quais surge, aparece precisamente como uma proposta de subverter totalmente a ordem sociopolítica estabelecida por razões morais. Se as éticas anteriores, do ponto de vista sociopolítico, são hoje muito bem vistas em suas respectivas regiões, a tentativa da ética da libertação é justificar e apoiar moralmente aqueles que, ao lutar pelos oprimidos, são acusados de imorais pela moral vigente em seu país (Dussel, 1973 e 1998; e Ellacuría, 1994). Diante de uma ordem moral estabelecida injusta, o revolucionário encontra-se moralmente desassistido; não é apenas um "fora da lei", mas também um "fora da moral". Por isso é que é urgente a tarefa de lhe confirmar que sua atitude está legitimada não a partir da ordem presente, e sim a partir de uma ordem futura utópica, que ele pessoalmente está construindo com sua revolução.

A ética da libertação não se apresenta, pois, como uma alternativa insólita às éticas do ocidente. Se não aceitamos a razão última kantiana para que a moral exista e tenha de existir, para que "o homem e, em geral, todo ser racional existam como fim em si mesmos"; se rechaçamos o imperativo categórico do jovem Marx de "derrubar todas as relações nas quais o homem é um ser humilhado, escravizado, abandonado, desprezado" (1971, p. 216); se não admitimos que são os próprios envolvidos em uma situação que têm legitimidade moral para decidir, então mal poderemos aceitar que os imperativos "libertemo-nos nós mesmos os oprimidos" e "o outro é o digno por excelência!" constituam uma exigência moral.

Mesmo assim, a ética da libertação, inspirando-se no êxito dos imperativos anteriores, transfigura-os em nosso momento histórico com dois elementos-chave: a experiência e a concreção. É a experiência incontornável dos oprimidos na situação concreta da América Latina que exige que os imperativos e as virtudes morais se ponham a serviço dos pobres; é a realidade da exploração sofrida na própria carne que ilumina o projeto rumo à utopia. A vivência do antimoral, do anti-humano, rechaça a frivolidade e o ceticismo de algumas propostas éticas de nossa cultura, mas, por outro lado, obriga as mais corajosas propostas a se comprometerem concretamente. Todo diálogo coletivo ou nacional que não leve em consideração os interesses dos mundialmente afetados, que não aceite em seu seio como interlocutores igualmente válidos todos os que sofrerão as consequências da decisão, é imoral, inumano por natureza, e expressa uma forma de vida imoral e inumana por natureza.

3
Por uma ética filosófica[1]

Não há dúvida, pelo menos explícita, de que a ética constitui uma parte da filosofia. Afirmação menos explícita é que ela não pode cumprir sua tarefa senão como parte da filosofia, talvez porque se trate de um pressuposto implícito.

Não obstante, algumas experiências escritas e orais levam a duvidar razoavelmente de que exista clara consciência acerca da necessidade de inserir a reflexão ética no âmbito filosófico. Por isso, tratarei de esboçar as características fundamentais de uma concepção da ética que pretende constituir um modo racionalmente adequado de resolver as questões que lhe são apresentadas.

1. O âmbito da ética

Entendo por "ética", seguindo a caracterização apresentada por Aristóteles no livro VI da *Ética a Nicômaco*, um "saber do prático". Diante do objeto da ciência, que consiste naquilo "que não poder ser de outra maneira" (1139b 20-21), o saber prático recai sobre coisas que podem ser de outra maneira; diante do objeto da arte – a produção –, o saber prático se apresenta como "disposição racional apropriada para a ação" (1140 a 3-5), ação, esta, que é fim em si mesma por sua própria bondade.

---
[1] Reelaboração de "Apuntes sobre la concepción y método de una ética filosofica", *Pensamiento* (Madri, vol. 36, n. 143, 1980), p. 339-52.

Contudo, dado que não apenas *podemos*, mas *devemos* nos ater a essa ação enquanto homens, assumo como mais completa a caracterização de Kant: "a filosofia moral [...] deve determinar as leis [...] da vontade do homem [...] como leis segundo as quais tudo deve suceder" (Grundlegung, p. 387-8). O termo "dever" expressa simultaneamente duas acepções, que são necessárias recordar: é sinal de que pelo menos uma parte da linguagem prática utilizará expressões prescritivas; mas, sobretudo, indica que a realidade humana não se reduz à teórica monotonia do que é, antes se mostra verdadeiramente humana quando exige, não obstante a experiência, que algo deve ser.

A ética tem, então, por objeto, o dever referido às ações boas que se expressa nos juízos denominados "morais". Que tratamento lhe compete conferir a seu objeto?

2. O objetivo da ética: a concepção da moralidade

A reflexão ética constitui uma metalinguagem filosófica quando comparada à linguagem moral e, portanto, não pretende aumentar o número das prescrições morais. Nas palavras de Lorenzen: "estamos como quem já aceitou algumas normas morais. A pergunta agora é: 'Por que as aceitamos?'. É, portanto, com essa pergunta com que se começa a filosofia moral, e começa, consequentemente, como ética normativa" (1969)[2].

A questão ética não é, de modo imediato, "o que devo fazer?", e sim "por que devo fazer?". A questão ética consiste em tornar a moralidade concebível, em tomar consciência da racionalidade que já existe no agir, em acolher especulativamente em conceitos

---

[2] Expressão semelhante é recolhida por Kant em nota: "Quem queria introduzir um novo princípio de toda moralidade e inventar a moralidade, por assim dizer, pela primeira vez? Como se, antes dele, o mundo tivesse vivido sem saber o que é o dever ou em erro constante quanto a esse ponto!" (cf. *Kr. p. V.*, v, p. 8).

o que há de saber no prático. A ética trata de esclarecer se está de acordo com a racionalidade humana ater-se à obrigação universal expressa nos juízos morais, respondendo à pergunta de Warnock: "Queria agora me perguntar se existe algum sentido, e nesse caso qual, no fato de um ser racional se ver obrigado – justamente por ser racional – a 'aceitar' princípios morais ou a reconhecê-los e pô--los em prática através de seus juízos e atos [...] Poderia semelhante indivíduo rechaçar a moralidade sem diminuição de sua racionalidade?" (1971, p. 152).

3. O objeto da ética: a forma de moralidade

Justamente porque a tarefa da ética consiste em esclarecer o fundamento pelo qual os juízos morais se apresentam com pretensões de necessidade e universalidade que seu objeto se funde na forma da moralidade. Seu objetivo não é introduzir novos conteúdos morais, mas proporcionar o procedimento lógico que permita discernir quando um conteúdo convém à forma moral.

Discernir a forma em virtude da qual um conteúdo se torna moral é problema da ética. Justificar racionalmente as pretensões formais da moralidade, mediante juízos que só a realidade moral descobre, é tarefa que confere à ética um lugar entre os saberes como saber autônomo. Em suma, o objetivo da ética baseia-se em achar, se é que há, uma *razão suficiente da forma moral*. Se tal razão deve ser expressa mediante um juízo com conteúdo, o conteúdo será ético e canônico, e não moral e prescritivo[3].

---

[3] A meu ver, a distinção "forma-conteúdo" percorre a história da ética apresentando-se a partir de perspectivas diversas. A "forma" representaria, nas distintas versões, o elemento universalizador, ao passo que o "conteúdo" sofreria as variações históricas e culturais atestadas pela diversidade moral. Nesse sentido, acho que a distinção que Aranguren introduz entre "moral como estrutura" e "moral como conteúdo" pode ser considerada como vertente *antropológica* da visão *lógico-transcendental* kantiana (cf. Aranguren, parte I, cap. VII; Gracia, 1991, p. 366ss.).

4. A ética como parte da filosofia

Utilizo a expressão "razão suficiente" na acepção que Hegel lhe confere, seguindo Leibniz, como fundamento que compreende "não apenas as puras causas, mas as *causas finais* [...] o fundamento *teológico* é uma propriedade do *conceito* e a mediação por meio dele, que é a razão" (Hegel, 1934, p. 65-6; e 1974)[4]. O conceito de "fim" confere ao imediato – nesse caso, a moralidade – a razão suficiente.

E justamente porque a tarefa da ética consiste em esclarecer a razão suficiente da moralidade, ou seja, seu fundamento à luz dos fins, que sua inserção na filosofia se faz necessária. Ao aceitar a distinção kantiana entre o "conceito de escola" e o "conceito cósmico" da filosofia, assumo o último conceito: a filosofia como "ciência da relação mantida por todo conhecimento com os fins essenciais da razão humana (*teleologia rationis humanae*)" (*Kr. r. V.*, b 867 a 839).

A filosofia se apresenta como o esforço conceitual voltado a esclarecer quais são os fins autenticamente racionais para a obra humana, e a ética constitui sua consumação enquanto trata de determinar as categorias necessárias para conceber o dever com relação aos fins autenticamente racionais do homem: ou seja, trata de determinar *a verdade do dever ser por meio de conceitos*.

Considero, então, com Hegel, que as ideias do verdadeiro e do bom sejam lados do sistema total teórico-prático, a Ideia absoluta. E precisamente o próprio sistema constitui o meio adequado para esclarecer a verdade dos enunciados dos saberes teórico e prático.

5. A filosofia como sistema

Se a filosofia se propõe à descoberta da verdade, são insuficientes, por serem unilaterais, os métodos psicologistas, economicistas e

---
[4] Cf. cap. 4 deste mesmo trabalho.

historicistas. A pergunta pela origem e pelo sentido das expressões não é *a* pergunta filosófica. Mesmo depois de esclarecida a origem, de interpretado o sentido, a questão filosófica ainda não foi formulada: a questão da razão suficiente, que só pode ser respondida pelo *método sistemático*.

Precisamos, portanto, construir um sistema que contenha – em linguagem kantiana – as condições de possibilidade do conhecimento teórico e prático; ou então, em linguagem mais precisa, um sistema lógico que contenha as *condições de coerência* em que qualquer conhecimento possa ser racionalmente enquadrado. "Sistema", seguindo a linha hegeliana, significa exatamente que o particular só é entendido mediante sua relação com o todo: a determinação da verdade de um enunciado só é possível em um sistema de relações.

É a partir desse ponto que se concebe como missão mais eficaz da filosofia a construção de um sistema lógico-transcendental que indique os diferentes níveis lógicos do saber, a constelação categorial necessária para compreender cada um deles, o método e os critérios de "verificação" adequados, e as relações lógicas existentes entre os diversos níveis.

Só assim é possível estabelecer não só a verdade dos enunciados teóricos e práticos, como também as condições para a argumentação e a preferência racional entre sistemas.

6. Os métodos da ética

6.1. Métodos inadequados

A ética não pode atingir a verdade da forma moral a não ser como parte do sistema filosófico, utilizando métodos filosóficos para alcançar seu objetivo. Por isso, ela não coincide com a afirmação de Hierro: "A ética pode considerar o moral como um fenômeno a descrever e explicar ou como um conteúdo a recomendar" (1976, p. 45). Ambos os membros da disjuntiva são, a meu ver, alheios à ética.

1) O método descritivo-explicativo, aplicado à moralidade, é próprio das ciências sociais – psicologia e sociologia morais, antropologia social e cultural, que são ciências empíricas. Evidentemente, seu objeto material pode ser os conteúdos morais, mas não possue instrumento para justificar a forma da moralidade, já que não pode transcender o âmbito dos fatos empíricos sem exorbitar de suas atribuições.

É por isso que os cultores das ciências sociais da moralidade, que acham estar fazendo ética, veem-se mergulhados na desesperança daquilo que diz respeito à possibilidade de superar o relativismo moral. Mas sua desesperança deve-se ao fato de terem empreendido um caminho pouco adequado, e não ao fato de que exista motivo autêntico para desesperar das possibilidades racionais.

Se é preciso constatar, o relativismo dos conteúdos morais é patente, e a pretensão à universalidade exibida por sua forma é irracional. Quem parte desse ponto só pode chegar ou a um costumismo com o qual o qualificativo "moral" não combina, visto que o conteúdo carece de forma, ou à inútil tentativa de achar um critério universal de moralidade a partir da experiência que nos permita argumentar e preferir racionalmente.

2) Tratamento à parte merece o método utilizado pela história da moral, em sua tarefa de discernir a origem histórica dos conceitos morais para uma explicação e compreensão do sentido que lhes corresponda. Mas a origem e o sentido de um conceito não justificam racionalmente sua verdade, sua coerência com o todo.

3) Tampouco é missão da ética recomendar algum conteúdo moral. Sua linguagem não é prescritiva, mas canônica ou normativa[5]: a linguagem da ética é prescritiva para quem pretende comportar-se racionalmente.

4) Por fim, eu gostaria de tomar em consideração um método que Hierro expõe como propedêutica da ética, a análise da linguagem. A análise é efetivamente útil como instrumento, mas padece de graves insuficiências para pretender construir o método da ética. Como defeitos menores, diremos que não tem por que monopolizar o termo "metaética" e, sobretudo, que não cumpriu seus objetivos. Como indica Lenk, as três metas da filosofia analítica – manter a neutralidade da "metaética", aplicar consequentemente a análise da linguagem cotidiana e caracterizar de modo claro o especificamente moral – são inseparáveis. Mas a mera descrição das proposições não pode caracterizar satisfatoriamente o normativo, é necessário definir as expressões em seu contexto pragmático e, para isso, a "metaética" não pode ser não normativa. Dirá Lenk:

> Os metaéticos não prescrevem nenhuma ação, mas prescrevem o que deve valer como ação "moral" ou "moralmente boa". Os metaéticos são normativos em um nível mais elevado. Assim, as proposições ético-normativas dependem também da parte normativa da metaética correspondente (1971, p. 533-51).

Não obstante, o fato de a análise não ter cumprido seus objetivos não constitui, a meu ver, sua insuficiência radical, que deriva, isso sim, do fato de a análise só poder justificar a verdade dos juízos morais quando transcender o âmbito semântico.

---

[5] Para os termos "norma" e "cânon", como diferentes de "prescrição", cf. nota 8 do cap. 4, na segunda parte deste mesmo trabalho.

6.2. Métodos adequados

Dado que o objetivo ético tem como fundamento oferecer a razão suficiente de um *factum*, o *factum* da existência de juízos como forma moral, considero como métodos adequados os transcendentais, porque eles pretendem justificar racionalmente os *facta* que parecem exibir a forma da razão. O ponto de partida será sempre o fato; o de chegada, as condições indispensáveis para conferir ao fato coerência racional.

O método transcendental, desde sua descoberta por Kant, assumiu diversas formas. Entre elas, proponho as seguintes como possíveis caminhos para uma ética que pretenda fundamentar a moralidade:

1) A *ética dialógica*, que, iniciada pelo socialismo lógico de Peirce e continuada por J. Habermas, K. O. Apel e a Escola de Erlangen, tem como ponto de partida o *factum rationis* da argumentação.

A condição de possibilidade de tal fato não pode ser unicamente a lógica transcendental, mas a semântica transcendental, no caso de Peirce, ou a pragmática transcendental, nos casos de Habermas e de Apel. Ambas incluem implicitamente os seguintes pressupostos: *a)* aqueles que argumentam fazem uma opção pela verdade, e isso significa que o ponto de partida – a argumentação – é impossível sem uma opção moral: uma lógica sem ética é impossível; *b)* essa opção só se demonstra coerente se quem opta pela verdade postula de um ponto de vista prático a existência de uma comunidade ideal de argumentação, na qual a compreensão entre os interlocutores seja total; *c)* do postulado acima decorre um imperativo: promover a realização da comunidade ideal de argumentação na comunidade real. Daí provém o Princípio Moral da Transubjetividade exposto por Apel, reunindo as contribuições dos diferentes representantes dessa ética: "Que todas as necessidades dos homens, como pretensões virtuais, hão de se tornar petições da comunidade de comunicação, petições que se harmonizem com as necessidades dos demais por meio da argumentação" (1973, p. 425)[6].

O uso que as éticas dialógicas fazem do método transcendental em vista de uma fundamentação da moralidade pretende reunir as conquistas alcançadas pelas análises semióticas nos últimos tempos e o desenvolvimento da dimensão social de que a solução kantiana aparentemente carecia. A meu ver, o verdadeiro progresso nessa linha de fundamentação consiste em ter incorporado a dimensão pragmática da linguagem, porque o postulado social-prático de uma comunidade ideal, que deve ser praticamente realizada, não é uma descoberta contemporânea[7].

2) A lógica transcendental, em sua vertente prática, é – enquanto lógica – a tentativa de oferecer os conceitos exatos para conceber o único fato prático, o *factum* da liberdade que se

---

[6] Ao chegar a este ponto, não posso deixar de exprimir meu assombro diante das agressivas críticas que alguns pensadores espanhóis lançam contra as éticas de extração transcendental, no sentido de que buscam uma razão absoluta, capaz de nos ditar o dever ser encerrado em uma fórmula definitiva (cf. Camps, 1983, cap. II). E só posso reagir com assombro, porque os dois únicos princípios que as éticas claramente transcendentais ofereceram, além de ser *formais* (carentes de conteúdo), só "prescrevem definitivamente" o respeito e a promoção de toda pessoa (Kant) e o princípio da ética do diálogo que exclui como ilegítima qualquer forma não combinada por aqueles que estão envolvidos por ela em pé de igualdade. Não sei muito bem que classificação podem merecer esses princípios; o que sei é que eliminá-los ou deles duvidar supõe extinguir a vida democrática.

[7] Realmente, as éticas dialógico-transcendentais coincidem em propor, como ideia regulatória, uma comunidade ideal. Tal ideia não é produto de uma esperança irracional, mas um conceito racional necessário para compreender o fato de que os homens argumentam. Se tal ideia pode ou não se realizar, é algo sobre o qual a razão teórica não pode se pronunciar. Por sua vez, a razão prática prescreve que ela deve ser alcançada e que, por isso, é necessário agir com *intenção utópica*. Foi Kant quem esboçou essas noções, e Apel define o caráter "utópico" da ética discursiva em *Estudios éticos* (1986), p. 175-219. Para esclarecer esses extremos e o método empregado pela ética dialógica em seu conjunto, cf. Conill & Cortina, apud Dascal, 1999, p. 137-66.

expressa de modo imediato na forma dos juízos morais[8]. Só a identificação dos conceitos adequados para compreender o fato justifica filosoficamente – dá razão suficiente – a forma moral.

Contudo – e aqui se vê a confusão em que se caiu tantas vezes naquilo que diz respeito à ética kantiana —, o fato de o objeto da ética ser a forma da moralidade, de a ética não ter por objetivo decretar prescrições morais, não implica que os conceitos mediante os quais concebe seu objeto formem juízos carentes de conteúdo. O objeto da ética é a forma, mas a ética não é formal.

É por isso que a lógica transcendental expressa a razão suficiente da forma moral por meio de um juízo material: "O homem – assim como, em geral, todo ser racional – existe como fim em si mesmo".

Podemos dizer acerca desse juízo material: *a)* que é um juízo ético e não moral; *b)* que é juízo de "é" canônico e não de "deve" prescritivo; *c)* que é o cânone de conduta para todos os que querem ser fiéis à própria humanidade, porque consiste em uma afirmação de realidade, conhecida unicamente por via moral: a afirmação da existência de um valor absoluto, da qual decorre a prescrição racional do respeito necessário diante desse valor. A renúncia a obedecer ao preceito implica a incoerência da conduta de quem age como homem; *d)* que é fundamento teleológico na medida em que inclui o conceito de "fim" como categoria fundamental da ética para a concepção da moralidade. Mas, e aqui se vê a especificidade do idealismo, esse fim não é aquele ao qual tudo tende naturalmente: um fim ao qual se tende naturalmente não é um fim elegível, portanto, não é um fim moral. O grande avanço idealista consiste em apresentar

---

[8] "Mas, coisa muito notável, encontra-se inclusive uma ideia da razão [...] entre os fatos; trata-se da ideia da liberdade, cuja realidade, como uma espécie particular de causalidade [...] se deixa expor por leis práticas da razão pura e, conforme a elas, em ações reais; portanto, na experiência. É a única ideia, entre todas as da razão, cujo objeto é um fato e deve ser contado entre os *scibilia*" (*Kr. Uk.*, v, p. 468).

como razão suficiente de moralidade um fim que é especificamente moral porque pode ser escolhido.

Mesmo assim, os conceitos lógico-transcendentais oferecidos para conceber a moralidade não atingiram a precisão requerida nem a vinculação estabelecida entre eles é adequada para dar razão suficiente da moralidade. Prova disso é a própria confissão kantiana acerca da "inconcebibilidade" da "necessidade prática incondicionada do imperativo moral" (*Grundlegung*, IV, p. 463)[9].

3) Se o *factum rationis* da liberdade, expresso nas leis morais, parece a alguns excessivamente "intimista" e o fato da argumentação, expressivo de um modelo ético funcionalista de equilíbrio, que esquece a realidade do conflito – ambas afirmações que desejo discutir em outro lugar –, resta um terceiro caminho maximamente intersubjetivo, expressivo do fato da moralidade: o fato da existência do discurso moral.

Atendendo às três dimensões, a faticidade de uma linguagem que denominamos "moral" em virtude de características específicas é indubitável. Uma investigação transcendental sobre as condições de possibilidade de tal linguagem passaria pelas seguintes fases: *a*) análise do uso lógico das expressões e juízos aos quais denominamos "morais", extraindo suas características específicas; *b*) tentativa de esclarecer tais características mediante categorias de disciplinas noéticas; *c*) se essas categorias são suficientes, então não é necessário um saber chamado "ética"; se não são, a ética é disciplina autônoma, porque estabelece uma constelação de categorias próprias; *d*) determinação das categorias éticas (bem, fim, felicidade, liberdade, dever, pessoa...) necessárias para conceber as características da linguagem moral; *e*) a última fase é mais delicada, pois trata de

---

[9] A ética kantiana defende nos *Grundlegung* que o homem é fim limitativo das ações humanas, mas em *A metafísica dos costumes* também se faz do homem fim incitativo de tais ações. Cf. Cortina, 1989a, p. LXXX-LXXXVI.

estabelecer o fundamento da moralidade, introduzindo entre as categorias a relação lógica que justifica racionalmente o ponto de partida que torna a moralidade veraz.

O procedimento é kantiano, visto que pretende fundamentar transcendentalmente um dado. Mas, na linha de Hegel, identifica método e sistema, já que o resultado do processo metódico é o próprio sistema de categorias que assinala a coerência de qualquer sistema moral, que proporciona a relação lógico-prática verdadeira.

7. Vantagens do método sistemático

O método proposto pretende oferecer solução para dois dos grandes problemas com que se confronta atualmente a ética: oferecer o marco para uma argumentação universal prática e oferecer o critério para a preferência racional entre códigos morais.

7.1. A argumentação universal entre sistemas morais é inviável se cada qual permanece desconectado e não busca o marco mais amplo de um sistema universal, no qual seja possível reconhecer sua capacidade de justificação racional de dados e compará-la com a capacidade dos demais sistemas. Visto que todo juízo moral é implícita ou explicitamente sustentado por um sistema, incorre em dogmatismo quem se nega a revelar seu sistema e a entrar no âmbito de argumentação universal mediante a inserção do todo no sistema[10].

7.2. J. Muguerza (1977, p. 239-40) afirma que, mesmo quando cada código moral possuir uma racionalidade interna, a

---

[10] Nas palavras de Wittggenstein (1970): "Qualquer prova, qualquer confirmação e refutação de uma hipótese, já tem lugar no seio de um sistema. E tal sistema não é um ponto de partida mais ou menos arbitrário e duvidoso de nossos argumentos, mas pertence à essência do que denominamos uma argumentação. O sistema não é o ponto de partida, mas o elemento vital dos argumentos". Cf. ainda Puntel, 1978.

impossibilidade de oferecer melhores razões para preferir uns a outros inviabilizaria o progresso moral.

Eu acrescentaria que a própria moralidade seria inviabilizada, e por isso considero que a preferência racional entre códigos é condição de possibilidade da moral.

Contudo, por sua vez, essa preferência depende de um "ponto de vista racional" que, segundo Muguerza, seria representado por seu já famoso preferente racional e que eu atribuiria ao sistema filosófico, isto é, transcendental.

O Preferente Racional, paradoxalmente rejeitado por seu autor no início de um artigo a ele dedicado (Muguerza, 1977, caps. VI e VII)[11], reúne as características que Taylor lhe confere: informação suficiente, liberdade suficiente, imparcialidade suficiente. Seu maior problema está, a meu ver, não em seu a-historicismo – já que pode ser historicizado —, não no risco de cair na "falácia naturalista", pois os juízos de "é" emitidos nada têm a ver, nesse caso, com fatos empíricos *more humeano*; seu maior defeito radica em sua não autossuficiência. Para determinar a "suficiência" de sua informação, liberdade e imparcialidade, é preciso abandonar o preferente e recorrer a outro critério de suficiência. Esse novo critério deveria ser racional, já que se trata "do ponto de vista racional", e deveria oferecer os distintos níveis de suficiência lógica. Não seria, então, necessário recorrer ao sistema como condição de possibilidade de toda preferência racional?

8. Urgência e dificuldade de uma fundamentação racional da moral

A tarefa mais urgente, atualmente confiada ao pensamento humano e que deve ser empreendida "com paixão e estudo", é a

---

[11] Muguerza (1990) parece ter substituído o Preferente Racional pelo perplexo racional. Por sua vez, Hare (1981) amplia a galeria de juízes morais "sobre-humanos" com seu "arcângelo".

de fundamentar racionalmente a moralidade, estabelecendo a base de uma moral universal. E isso, em princípio, até mesmo por motivos pragmáticos.

Como indica Apel (1973, p. 359-63), quando pensamos na relação ciência-ética na sociedade industrial moderna, encontramos uma situação paradoxal. Por um lado, a necessidade de uma moral universal, vinculante para toda a humanidade, nunca foi tão urgente, dadas as consequências planetárias das ciências em uma civilização unitária; as consequências técnicas da ciência têm tantas repercussões para o agir humano que já não é mais possível contentar-se com normas regulatórias da convivência em pequenos grupos.

Contudo, ao distinguir, com relação aos efeitos do agir, entre microâmbito (família, cônjuges, vizinhança), mesoâmbito (política nacional) e macroâmbito (destino da humanidade), comprovamos que as normas morais ainda enfatizam o âmbito íntimo. Na política nacional, predominam os egoísmos de grupo e as decisões são consideradas como "razões de Estado" moralmente neutras, nas quais intervêm fundamentalmente o possibilismo e a eficácia. Do macroâmbito, ocupam-se uns poucos iniciados.

Não obstante, os perigos da civilização tecnocientífica se localizam no nível do macroâmbito, porque ameaçam toda a humanidade em sua existência, e com isso se torna urgente "a tarefa de assumir a responsabilidade solidária pelos efeitos das ações em medida planetária. Poder-se-ia pensar que a essa pressão por uma responsabilidade solidária deveria corresponder a validade intersubjetiva de normas ou, pelo menos, do princípio fundamental de uma ética da responsabilidade" (Apel, 1973, p. 361).

No entanto, e aqui está o paradoxo, nunca a tarefa de uma fundamentação da moral pareceu tão difícil, precisamente por causa da ciência, que capitalizou a categoria de "objetividade", identificando-a com o conceito de "neutralidade" ou "liberdade de valores". É quando se produz, então, aquele curioso alinhamento denunciado por Albert, e que é obra tanto do neopositivismo como do existencialismo: ciência-racionalidade-objetividade-descompromisso e, por outro lado, decisão-irracionalidade-subjetividade-compromisso (Albert, 1975a, p. 3-4). As decisões seriam, então, irracionais.

Essa irracionalidade das decisões existenciais, das decisões sobre os fins últimos, continuou sendo mantida por numerosos autores, como Dingler, Lorenzen e Mosterín, entre outros[12], mas possui graves repercussões para o agir humano. Se os fins últimos não podem ser justificados, até mesmo nossa existência está ameaçada.

Diante disso, mesmo que os valores vitais sejam os mais urgentes, reconheço com Mounier que não são os mais elevados: o valor da vida pessoal está em encontrar um valor no qual valha a pena investir a vida (Mounier, 1962, p. 43-4)[13]. Se esse valor for irracional, quão pobre será nossa tão decantada razão humana!

---

[12] "Para justificar normas, terei de formular duas 'supernormas', chamadas 'princípios'. Obviamente, não poderei 'justificar' esses princípios, já que o termo 'justificação' só tem sentido depois de termos aceitado esses princípios. Portanto, se definimos 'fé' em sentido negativo, como 'a aceitação de algo que não está justificado', a aceitação desses princípios pode ser chamada de ato de fé" (Lorenzen, 1969, p. 74). "Evidentemente, na aceitação de um fim último, há um momento de gratuidade. Os fins intermediários são justificáveis em função dos fins últimos. Os fins últimos não podem ser justificados" (Mosterín, 1973, p. 472). Cf. ainda Quintanilla, 1989, p. 95-9. Para uma superação dessas posições, cf. Conill, 2006.

[13] Para um esclarecimento do testemunho, identidade e proximidade de Mounier, cf. o revitalizador trabalho de C. Díaz (1978). Para a recepção e influência do personalismo na Espanha, cf. também C. Díaz, 1985.

II
O PROBLEMA DA FUNDAMENTAÇÃO

4
A questão do fundamento[1]

Um dos problemas nucleares que a moralidade apresenta à reflexão ética é o da possível fundamentação dos juízos que compõem o discurso moral. E é oportuno esclarecer que a importância da questão está não no fato de que "fundamentar" consista em deixar uma série de normas "bem amarradas", mas no fato de que o homem continua um ser racional. Em face da imposição ou da proposição de normas diante do convite para seguir determinados ideais de conduta os homens perguntam "por quê" – tanto mais quanto mais críticos sejam –, e a resposta não pode consistir em um dogmático recurso de autoridade ao "porque sim" ou a sentimentos ambíguos, equivocadamente interpretáveis. A resposta – especialmente se ela se pretende filosófica – terá de consistir em razões, terá de possibilitar a continuidade da argumentação, a continuidade do diálogo.

Essa legitimação racional da moralidade não implica, porém, que a própria razão constitua o fundamento da moralidade. Talvez o racional seja indicar os fatos psíquicos, o querer, as relações socioeconômicas ou a revelação como fundamentos possíveis, entre outros. Talvez o razoável consista exatamente em não prescindir de

---
[1] Reelaboração de "¿Es posible una fundamentación filosófica de los juicios morales?", *Pensamiento* (Madri, vol. 40, n. 157, 1984), p. 55-76. Este capítulo pode ser completado com o capítulo 3 de *Ética sem moral* (a ser lançado pela Martins Martins Fontes).

nenhum desses fatores. Em todo caso, só uma resposta que aponte racionalmente para eles, só uma resposta que tenha uma forma racional, assenta as bases para continuar o diálogo entre seres dotados de razão dialogante.

Determinar quais são as razões mais adequadas, quais estabelecem em maior grau a coerência da experiência moral, é algo próprio a todos os homens, mas, muito especialmente, à vertente da reflexão filosófica que tem por objeto a vida moral. Mesmo assim, não pretendo, neste tópico, empreender semelhante tarefa. Pretendo simplesmente enfrentar algum dos problemas com os quais atualmente se enfrentaria quem pretendesse levá-la a cabo, bem como apontar possíveis vias de solução. Tudo isso me concentrando nos dois fatores cuja síntese constitui a totalidade do problema: em torno do significado dos termos "moral" e "fundamento".

1. O âmbito moral

1.1. "Fundamentação da ética" ou "fundamentação da moral"?

A diferenciação entre moral e ética não decorre de razões etimológicas nem do uso de ambos os termos, mas sim de imperativos lógicos, porque elas configuram dois níveis distintos de pensamento e linguagem.

Não se pode duvidar que, do ponto de vista etimológico, os termos "moral" e "ética" não aludem a duas realidades distintas, se formos conceder à etimologia o valor que Aranguren (1968a, p. 22) lhe confere, aceitando as sugestões de Heidegger, Ortega y Gasset e Zubiri. Assim como é evidente que o uso social desses vocábulos não nos convoca a deslindá-los, visto que na linguagem comum, inclusive na aplicação da linguagem comum

O problema da fundamentação

à reflexão filosófica, ambos os termos são, de modo geral, indistintamente utilizados. Contudo, desde o nascimento da filosofia, foi sendo paulatinamente desenhada uma distinção entre dois níveis lógicos: o da moral e o da filosofia moral, que, em várias ocasiões, recebeu o nome de "ética". Correspondem ao primeiro desses dois níveis os códigos e juízos que pretendem regular as ações concretas dos homens, oferecendo normas de ação com conteúdo à pergunta "que devo, como homem, fazer?". Seria ocioso questionar se a resposta deve ser formulada em linguagem descritiva ou prescritiva porque, evidentemente, a pergunta já supõe uma prescrição.

Esse tipo de reflexão vinculada ao agir humano concreto e que se expressa em juízos prescritivos recebeu usualmente o nome de "moral", e é tão antigo quanto a humanidade. Contudo, o nascimento da filosofia acarretou a conformação progressiva de um segundo nível reflexivo acerca dos juízos, códigos e ações morais já existentes e que recebeu como denominações mais comuns "filosofia moral" e "ética". Esse tipo de discurso não se ocupa, de modo imediato, do que se deve fazer – não se ocupa do conteúdo das prescrições morais —, mas, como discurso filosófico, pretende dar a razão de tais prescrições, tenta responder à pergunta: *é razoável que existam juízos pragmaticamente expressos na forma que denominamos "moral"?* Precisamente essa questão deve ser, a meu ver, considerada como pergunta pelo fundamento da moralidade.

A breve exposição que acabamos de realizar não tem outra pretensão além de delimitar o tema de nosso trabalho, pois, mesmo que a fundamentação da moral e a da ética estejam estreitamente conectadas, elas não se identificam.

Investigar o fundamento da moral é, como dissemos, tarefa da ética, que deve, portanto, cobrir as seguintes etapas: 1. Determinar se "o moral" é uma dimensão humana irredutível às demais pelo fato de possuir características específicas. 2. Elaborar as categorias necessárias para conceber essas características. 3. Tornar inteligíveis essas características, propondo "a *razão*"para que elas existam. O cumprimento dessa tarefa tem como resultado a resposta à pergunta "é razoável haver moral?"

A fundamentação da ética é tarefa da metaética[2] e se apresenta sob um duplo aspecto: ou se trata de elucidar se a ética é um saber baseado em fundamentos seguros em comparação com a mera opinião, e aqui entramos no problema hegeliano, que compila a tradição epistemológica desde Platão acerca dos fundamentos *da* ciência – entenda-se, da filosofia –, ou de se referir à célebre questão estabelecida em torno da autonomia da ética; ou seja, se a ética é um saber com fundamentos próprios ou se, pelo contrário, constitui um prolongamento da ontologia, da psicologia, da teologia, da sociologia ou da antropologia.

A solução para o primeiro entre os aspectos expostos está intrinsecamente ligada à questão com que se inicia a ciência da lógica hegeliana acerca da cientificidade da filosofia. A pretensão autonômica da ética se verá satisfeita, e nisso concordo com A. M. Pieper, se ficar demonstrado que há um âmbito humano chamado"moral", cujas características peculiares não podem ser concebidas mediante as categorias das demais disciplinas filosóficas nem das chamadas ciências formais, naturais ou humanas[3]. A legitimação da ética como saber autônomo baseia-se em mostrar a necessidade de que existe, em qualquer quadro geral do saber, uma reflexão categorial específica para uma dimensão peculiar do homem, a dimensão moral.

---

[2] Mesmo que o termo "metaética" nasça com a análise da linguagem aplicada à moralidade, classifico como abusivo reduzir a tarefa de um discurso acerca da ética à mera análise de sua linguagem. Concordo com Pieper e Eichhorn em atribuir à metaética a missão de uma metalinguagem que deve tratar de resolver quantos problemas a ética suscite (cientificidade, autonomia, análise de seus termos…); assim como a ética não deve analisar apenas a linguagem moral, mas enfrentar qualquer questão aberta pela moralidade. Cf. Pieper, 1976; Eichhorn, 1965.

[3] Cf. Pieper, 1976.

Para concluir o que vimos expondo neste primeiro ponto, podemos resumir a distinção entre a tentativa de fundamentar a moral e a tentativa de justificar a ética formulando as perguntas a que cada uma delas deveria responder. A fundamentação da moral replicaria àquele que interroga: é racional que os homens dirijam a própria conduta por meio de juízos aos quais chamamos morais em virtude de sua forma lógica? Se a resposta a essa pergunta for afirmativa, então, todo ser racional que se situar "para além do bem e do mal" morais renunciaria a sua racionalidade e, portanto, a sua humanidade.

Para fundamentar a ética, deveríamos enfrentar as questões: a ética é um saber rigoroso, diferentemente da opinião? É razoável existir um saber específico acerca da moralidade?

Apesar da inegável conexão que se ofereceria entre as respostas a essas interrogações, devemos assinalar, por razões de clareza e precisão, que não vamos nos confrontar com o problema epistemológico da legitimidade da investigação ética e com seu rigor, e sim com a questão mais imediata: é racional haver moralidade?

1.2. Características da dimensão moral

Para responder à pergunta com a qual se encerrava o tópico anterior, a investigação ética deve seguir, e como expus resumidamente no capítulo anterior, as fases seguintes:

1) Para atender ao propósito de determinar as características do "moral", é necessário recorrer a algum dado que se possa denominar "moral" e que seja capaz de uma análise mais intersubjetiva possível. Naturalmente, na seleção desse dado, já intervém a opção metodológica do investigador – ou seja, que método ele considera adequado para a reflexão filosófica –, visto que se nos apresentam diversos dados chamados "morais". Podemos citar como exemplo os seguintes: o não ajustamento da constituição psicológica

humana à realidade e à necessidade subsequente de "justificar" as respostas a ela, algo que Aranguren, seguindo Zubiri, denomina *estrutura moral*; a consciência de ter de realizar em nosso mundo um mundo hierárquico de valores e que é considerada pela fenomenologia como *consciência moral*; a também chamada *consciência moral*, mas que consiste na percepção de normas específicas como morais, consciência a que se pode aplicar uma análise introspectiva, ou até uma análise transcendental; o *fenômeno moral*, pelo qual determinados empiristas sentem preferência; o *fato moral* da aprovação e da desaprovação em juízos emanados do sentimento ou das argumentações surgidas da razão; e, por último, o fato da *existência de uma linguagem* que classificamos como moral.

Não busco a exaustividade com essa lista de possíveis dados morais, o que busco é apenas mostrar a diversidade de pontos de partida que o eticista pode adotar segundo seus interesses metodológicos. Concretamente, neste trabalho, no qual adotamos o método transcendental-sistemático como método próprio da filosofia, esclarecemos aquele fator cuja análise seja a mais intersubjetiva possível; temos necessidade de um elemento que constitua um fato inevitável, no sentido kantiano e não humiano de "fato". Para elucidar as características do campo moral, recorreremos ao fato da existência do discurso moral[4].

2) O segundo passo, na tentativa de fundamentação da moralidade, consistirá em destacar o que é específico desse domínio

---

[4] Esse ponto de partida é um "começo" da investigação, não um "princípio". Sua afirmação – sua posição – não carece de pressupostos, mas justamente do contrário; a existência da linguagem moral é um dado logicamente impossível sem sujeitos dotados de competência comunicativa – como mostra Habermas – e gramatical – segundo Chomsky –, sem regras lógicas intersubjetivas e sem algum tipo específico de interesse que dará a essa linguagem o qualificativo de "moral". Esses pressupostos não são um obstáculo para a filosofia, como mostram Habermas e Apel, mas justamente o contrário: possibilitarão racionalmente a existência da linguagem moral.

por meio de uma análise do ponto de partida. Evidentemente, o tipo de análise dependerá da natureza do dado inicial adotado e do método filosófico assumido. Em nosso caso, realizaremos uma análise do uso lógico dos juízos que compõem o discurso moral, entendendo por "uso lógico" das expressões o conjunto de regras que decide sobre seu emprego[5]. Aceitamos, portanto, a proposta da lógica formal, sugerida pelo segundo Wittgenstein e formulada por Ayer, que não se limita à dimensão formal do discurso, mas volta toda a sua atenção para a linguagem ordinária. Por último, e dado que não consideramos imprescindível levar em consideração a tríplice dimensão dos signos linguísticos – com referência especial à pragmática –, essa análise pode ser classificada como "semiótica".

Que características peculiares uma análise semiótica pode extrair das expressões morais? As investigações que julgamos mais satisfatórias a esse respeito – as da linha "prescritivista": Kant, Hare e Hierro – sugerem um bom número de anotações, que exporemos em duas séries: a primeira delas é imprescindível para classificar um discurso como "moral", mas não é exclusiva dele; a segunda reúne os dois requisitos: é *conditio sine qua non* das expressões morais e pertence unicamente a elas.

Dentro da primeira série, podemos incluir as seguintes condições do uso do termo "moral": 1) os juízos morais tratam de regular a conduta humana, razão pela qual podem ser considerados como "prescrições" no sentido amplo, sem nisso diferir das regras jurídicas, sociais, religiosas e até mesmo técnicas; 2) essas prescrições se referem a atos livres e, portanto, responsáveis e imputáveis, assim como as regras jurídicas, sociais ou religiosas; 3) o moral aparece como uma instância última da conduta, assim como o religioso;

---

[5] Para a distinção "gramática lógica" – "forma gramatical", cf. Albert, 1978a, p. 3-4, 11-12. Para as dificuldades implicadas na contraposição "uso lógico"/ "utilidade"/"uso social", cf. Hierro, 1970, p. 28-30, 33.

4) o discurso moral, em contraposição aos imperativos dogmáticos, expressa-se como contendo razões para avalizar seus mandatos. "Deve-se" significa aqui "há razões em favor de"; mas a razoabilidade tampouco é exclusiva das prescrições morais.

Específicas de tais prescrições seriam, a meu ver, as seguintes notas: 1) *auto-obrigação*, mas em um sentido muito matizado. Hierro explica essa característica ao dizer que "são morais as normas ou avaliações que o indivíduo aceita em consciência e independentemente de serem elas impostas ou não por uma autoridade. Dessa maneira, as normas propriamente morais podem ser distinguidas das normas jurídicas ou das regras do trato social" (Quintanilla, 1976, p. 243). Efetivamente, diante das normas jurídicas ou sociais, as normas morais não podem ser cumpridas externamente –"legalmente", diríamos com Kant –, e sim em consciência. Mas as normas religiosas também ficam desvirtuadas se não forem aceitas em consciência, mas apenas exteriormente. O que caracteriza a auto-obrigação moral quando comparada à norma religiosa não é a aceitação em consciência da prescrição, mas o fato de surgir do próprio homem e de obrigá-lo, sem emanar de uma autoridade distinta da própria consciência humana. 2) Quem se sente sujeitado a esse tipo de obrigação chamada moral a estenderia a todo homem, característica que habitualmente é denominada de *universalizabilidade* dos juízos morais. Em face das prescrições jurídicas e sociais, aplicáveis a um grupo; em face das prescrições religiosas, que só podem ser exigidas em consciência à comunidade de crentes, os imperativos morais se apresentam como extensivos a todo homem. 3) Em terceiro lugar, faremos referência ao caráter *incondicional* com o qual as prescrições morais se apresentam, no sentido de que não lhes convém a fórmula "se você quer x, então o racional é fazer y". Esse tipo de expressão pertence à linguagem técnica, na qual o cumprimento de uma ação determinada está condicionado a que se queira alcançar o fim para o qual serve de meio. No caso da linguagem moral, expressa-se que o racional é fazer y, porque toda justificação possível tem de estar implícita na própria prescrição. 4) Por último, destacaremos a característica que é necessária para não incorrer na célebre falácia naturalista, que consiste, segundo geralmente se admite, na ilegitimidade de derivar enunciados prescritivos a partir de enunciados fáticos[6]. Mas esse tipo de afirmativa também carece de esclarecimento: os juízos do dever moral não podem ser derivados de constatações empíricas, porque dos fatos não pode surgir obrigação alguma. Contudo, eles talvez tenham de ser justificados (não lógico-formalmente deduzidos) com base em juízos de fatos não fáticos[7]. Se admitimos a razoabilidade como uma nota da moralidade, nós nos vemos compelidos a defender um modo de raciocinar não dedutivo, porque o dedutivo permitirá apenas legitimar os juízos prescritivos com base em juízos prescritivos. É preciso dizer que os fatos empíricos não são os únicos fatos possíveis nem o par "linguagem descritivo-prescritiva" é a única disjuntiva linguística: os juízos morais não podem ser legitimamente derivados a partir de juízos que descrevem fatos empíricos, mas poderiam ser justificados com base em enunciados sobre fatos normativos[8].

3) O último passo que o pesquisador ético deveria dar, com vistas a cumprir a tarefa proposta no presente trabalho, seria a fundamentação; a resposta à questão tantas vezes formulada:

---

[6] Uma excelente análise da falácia naturalista é a que foi realizada por Frankena (1968, p. 50-64). Cf. ainda Guisán, 1981.

[7] Boa parte do trabalho de Muguerza (1977) é consagrada a denunciar a estreiteza dos limites lógico-formais para a justificação dos juízos morais. Camps (1976), por seu lado, ocupou-se em ampliar para o âmbito pragmático a consideração da linguagem.

[8] Seguindo Hartmann (apud Kanitscheider, 1976, p. 245), entendo o termo "norma" como "a razão para uma prescrição", não como prescrição: "Pode-se considerar como o sentido ou significado do conteúdo da prescrição, do mesmo modo como uma proposição é o significado de uma sentença".

existem razões que justifiquem a existência de juízos que apresentam em sua forma lógica pretensões tais como as expostas?

As dificuldades envolvidas na resposta a essa pergunta se agravam em nossos dias, dada a presença de três propostas no mundo filosófico:

a) A versão padrão do positivismo-cientificismo nega a possibilidade de uma fundamentação racional dos juízos morais.

b) O racionalismo crítico rejeita toda e qualquer tentativa de fundamentação última, seja da moral, seja do conhecimento.

c) A não univocidade do termo "fundamento" nos força, no caso de uma justificação da moral vir a ser necessária, a optar por um tipo determinado de fundamentação.

A seguir, nós nos ocuparemos de realizar um confronto com as duas primeiras propostas, algo que exigirá determinar os significados do termo "fundamento" e optar por aquele que convenha racionalmente aos juízos morais.

2. A questão do fundamento

2.1. A rejeição cientificista da fundamentação moral

2.1.1. Não há dúvida de que, na atualidade, o progresso tecnocientífico representa uma ameaça para a sobrevivência da espécie humana, mas também é preciso reconhecer que esse risco não decorre intrinsecamente do saber tecnocientífico. Se, a partir do renascimento, a ciência constitui um instrumento para o domínio da natureza, não é ela em si que constitui um perigo, e sim o uso que dela seja feito.

Por isso quem realmente ameaça a sobrevivência de nossa espécie é o tipo de reflexão filosófica que possibilita utilizar os avanços científicos para a destruição cósmica, porque identifica racionalidade e cientificidade técnica, declarando irracional toda proposta de moralidade. Chamamos esse tipo de reflexão filosófica de "cientificismo".

O cientificismo contemporâneo afunda suas raízes no positivismo de Comte e Mach e recebe o mais amplo desenvolvimento no neopositivismo lógico ocidental. Consiste, conforme Habermas (1982, p. 298-9), na "atitude (*Stellung*) segundo a qual uma filosofia científica deve proceder como as próprias ciências *intentione recta*, ou seja, ter o objeto diante de si (e não pode assegurar-se reflexivamente de si mesma)". Em face da tradição europeia da filosofia da reflexão, iniciada por Kant e que pretende desentranhar as condições que tornam possível o conhecimento teórico e o saber prático e, consequentemente, a união e a fundamentação de ambos, o cientificismo renuncia a denominar a reflexão prática como "saber" e reduz em "objetivismo" a objetividade do conhecimento.

Se só for possível considerar como "saber objetivo" aquele que tem o objeto diante de si, só existe a objetividade do saber científico, de onde se conclui que "cientificismo" signifique – nos termos de Habermas (1982, p. 13) – "a fé da ciência em si mesma, ou seja, a convicção de que não podemos mais entender a ciência como uma forma de conhecimento possível, mas identificar o conhecimento com a ciência".

Isso comportará a cisão teoria-práxis, conhecimento-decisão, reservando para a teoria e para o conhecimento (científicos) toda possível objetividade e racionalidade, ao passo que as decisões morais se veem relegadas ao âmbito subjetivo dos sentimentos e das preferências irracionais.

Esse reducionismo cientificista alcança reconhecimento, segundo Apel (1980, p. 31-43), nos conceitos de "racionalização" e "progresso" de Weber, que alcançam um eco tão amplo em nossos dias. Até mesmo quando Weber pretendeu elaborar uma sociologia fundada na compreensão, o que se verificou é que ele restringiu o alcance da compreensão metódica às ações "instrumentais" (racional-propositivas), que podem ser analisadas por meio das regras "se... então" das prescrições técnicas. A forma da racionalidade tecnológica meios-fins era o único padrão normativo com base no qual o sociólogo devia apreciar as ações para entendê-las sem avaliação.

Esse conceito de racionalidade tem como repercussão no mundo ocidental o famoso "sistema de complementaridade", segundo a denominação de Apel, entre a esfera pública e a esfera privada.

Efetivamente, Weber reconstrói a história como um progresso contínuo de racionalização e de "desencantamento" (*Entzauberung*). Por "racionalização", ele entende o "progresso da entrada em vigor da racionalidade meios-fins em todos os setores do sistema sociocultural, especialmente na esfera da economia e da administração burocrática, sob a influência do progresso constante na ciência e na tecnologia"; ao passo que o termo "desencantamento" nos remete à "dissolução de uma ordem de valores ou de uma cosmovisão religiosa ou filosófica comumente aceita" (Apel, p. 40-1). A consequência prática dessa concepção do progresso seria, segundo Apel, o fato de que o progresso humano, no sentido de "racionalização", complementa-se quando se substitui a ideia de uma fixação racional de valores ou normas últimos por decisões últimas pré-racionais de consciência diante de um pluralismo, como diz Weber, de um "politeísmo" de normas ou valores últimos.

Weber vem a ser um dos primeiros expoentes do atual "sistema de complementaridade", defendido pela ideologia liberal ocidental, que distingue duas esferas: *a*) a pública, na qual só são reconhecidas como intersubjetivamente válidas as leis da racionalidade tecnocientífica, ao passo que as normas legais são traçadas por convenções. A filosofia que impera nesse âmbito público é o positivismo científico, complementado por certo pragmatismo instrumental.

b) À esfera privada, por outro lado, pertencem as decisões pessoais pré-racionais, e ela é filosoficamente regida por certo existencialismo, seja ele religioso ou ateu.

A esse "sistema de complementaridade" teoria-práxis, conhecimento-decisão, esferas públicas e privadas vêm se somar, segundo Albert, tanto o neopositivismo como o existencialismo, mesmo com eles apresentando avaliações distintas. Partindo do aforismo wittgensteiniano – "podemos dizer que, mesmo que todas as nossas possíveis questões científicas tivessem sido respondidas, nossos problemas de vida não teriam sido nem sequer tocados" (*Tractatus*, 6.52) –, realizam uma separação entre o conhecimento neutro, desinteressado, isento de todo arbítrio e objetivo, por um lado, e a decisão subjetiva, comprometida e parcial, submetida à vontade, de outro. Isso implica uma interpretação "faticista" do conhecimento e "decisionista" do valor[9].

2.1.2. Em nossos dias, os inconvenientes desse cientificismo, que tem como consequência no Ocidente o sistema de complementaridade, são destacados pelo *racionalismo crítico* e pela filosofia da reflexão, depois que a Escola de Frankfurt deu voz de alarme.

O racionalismo crítico mostra como a ética foi blindada contra toda possível crítica, proveniente das ciências ou da filosofia. As decisões que possam ser tomadas no âmbito prático – moral, religioso e político – ficam resguardadas de qualquer crítica dos valores, exatamente porque são reconhecidas como irracionais e, portanto, subjetivas. A separação entre o ser e o dever ser, e a designação do "ser" como objeto para o conhecimento e do "dever" como objeto para a decisão impedem ingerências da ciência na ética.

A ideia de que a moral não pode ser criticada pelo conhecimento decorre, na visão de Albert, da "ficção do vazio", de se

---
[9] Cf. Albert, 1975a; 1978b.

acreditar que a decisão por um sistema de valores se realiza independentemente do conhecimento; é daí que decorre a necessidade de praticar a crítica dos valores, a crítica racional científica da ética[10].

Contudo, o próprio racionalismo crítico não consegue superar os limites do cientificismo, apesar das promessas de Albert (1975a)[11], na medida em que rejeita todo possível fundamento último do conhecimento e da decisão, como veremos adiante. Em tal caso, as decisões últimas, inclusive a decisão de adotar o racionalismo crítico como forma de vida, são irracionais.

A filosofia da reflexão, por sua vez, que inclui fundamentalmente os representantes da Escola de Frankfurt, a pragmática transcendental e o reconstrutivismo de Erlangen, lança essencialmente contra o cientificismo as seguintes críticas:

1) A ciência, privada de fundamento reflexivo, transforma-se em ideologia. Um saber que ignora as próprias raízes, isto é, que ignora "objetivisticamente" os interesses que levaram a razão a produzi-lo, desconhece-se a si mesmo. Ele acha que desvela a verdade dos objetos aos quais se dirige *intentio recta*, mas não pode evitar uma visão deformada acerca deles, porque tal conhecimento de objetos se tem como imune a todo interesse. O conhecimento que se classifica como desinteressado encontra-se em ótima situação para se revelar como ideológico, porque o interesse existe como

---

[10] Essa crítica é feita nas duas obras fundamentais de Albert, citadas na nota anterior, e consiste na busca de contradições para nossas hipóteses e na admissão de que a realizabilidade de um fim deve se unir ao conhecimento das ciências reais. É por isso que a crítica dos valores admite os pressupostos seguintes: *a)* aceitação da lógica (do princípio de contradição); *b)* aceitação do princípio-ponte entre a ciência e a moral, que se expressa na máxima "não poder implica não dever". Esta máxima constitui o postulado da realizabilidade; *c)* aceitação do postulado da congruência; *d)* novos princípios devem ser constantemente produzidos para que se possa submeter os princípios anteriores à prova crítica.

[11] Para uma análise crítica das diferentes perspectivas do racionalismo crítico de Albert, ver o n. 102 de *Estudios filosóficos* (1987), no qual ele mesmo responde a algumas objeções à sua proposta.

condição de possibilidade do conhecimento, mas o próprio fato de não se descobrir mostra que domina inconscientemente o pensamento e a ação.

2) O cientificismo bloqueia toda fundamentação da moral, mas esse bloqueio pode se romper, inclusive de acordo com o racionalismo crítico: a própria possibilidade da ciência exige a moral; se a moral é irracional, a ciência também o é.

Efetivamente, a possibilidade de uma objetividade científica isenta de valorações não apenas não exclui como também pressupõe a validade intersubjetiva das normas éticas: não tem sentido exigir a neutralidade axiológica da ciência empírica, em nome da objetividade, sem pressupor que a objetividade deva ser alcançada. Mas, diante do racionalismo crítico, esse dever tem de ser fundamentado racionalmente. Se pretendemos que as conquistas científicas tenham validade intersubjetiva, tem de ser possível que as normas pressupostas pela comunidade de cientistas valham também intersubjetivamente, e não subjetivamente, por força de uma decisão pré-racional. Nesse caso, a ciência seria decisionista.

3) Se formos seguir os pressupostos do cientificismo, que não são racionais, e sim dogmaticamente decididos, toda argumentação a respeito de fins últimos é inviável. Mesmo que a irracionalidade dos fins últimos seja defendida por expressiva quantidade de pensadores, isso significaria que as características que extraímos como específicas da linguagem moral – universalidade e incondicionalidade – não são passíveis de argumentação. Todo argumento pelo qual se reivindicam direitos e se exigem deveres basear-se-ia, na melhor das hipóteses, na persuasão sentimental. Mas o sentimento, em virtude de seu caráter subjetivo, nada pode exigir de quem não possua idêntico sentimento: nada pode ser universal e incondicionalmente prescrito.

4) Chegou-se à tese da complementaridade mediante a decomposição dos pressupostos do direito natural e do cristianismo, que leva a uma fundamentação autônoma de normas de liberdade de consciência. A separação Igreja-Estado comporta a privatização das pretensões de validade religioso-morais, a neutralização axiológica da vida pública, a amoralização do direito e a fundamentação convencionalista da política nos sistemas democráticos. A fundamentação filosófica de normas não interessa ao liberalismo tardio, porque o que há de obrigatório nas normas, assentadas no direito positivo, fundamenta-se no "livre reconhecimento", expresso em convenções, que já não são racionalmente fundáveis[12].

Em face do procedimento do liberalismo tardio de fundamentar convencionalmente a vida pública, Apel expõe as seguintes objeções: *a)* a validade das convenções estabelece – quer se queira, quer não – uma base moral porque, como condição de possibilidade da obrigação moral das convenções, é necessário supor, pelo menos, a validade intersubjetiva da moral de manter as promessas feitas; *b)* sistemas de direito que não possam ser moralmente legitimados perdem, mais cedo ou mais tarde, todo o seu crédito; *c)* não há uma interpretação ético-normativa das decisões dos indivíduos, de forma que a soma das decisões não tem porque dar lugar a uma decisão racional. Se as decisões privadas são irracionais, a maioria das decisões dos indivíduos também pode ser; *d)* um acordo democrático, baseado exclusivamente no consenso fático, vincula apenas os participantes e não compromete nem leva em consideração todos aqueles que, afetados pelo acordo, não participaram dele (classes marginalizadas, povos do terceiro mundo e gerações futuras).

2.1.3. As objeções expostas ao cientificismo trazem à tona a urgência de uma fundamentação da moral. Contudo, visto que "a

---

[12] As críticas 2a e 4a ao cientificismo foram extraídas dos trabalhos de Apel.

sede não é prova da fonte", ainda não esclarecemos se uma fundamentação da moral é possível, possibilidade que em nosso tempo é redondamente negada pelo racionalismo crítico, como dissemos. A seguir, vamos então nos ocupar dessa negativa e de sua possível crítica.

2.2. A repulsa do racionalismo crítico a toda tentativa de fundamentação última, tanto do conhecimento como da moral

Em seu *Tratado da razão crítica*, Albert expõe, como representante do racionalismo crítico iniciado por Popper, a impossibilidade de fundamentar tanto o conhecimento quanto a decisão, impossibilidade reiterada no *Tratado da práxis racional*. Tal rejeição surge da crítica ao modelo clássico de racionalidade, que utiliza como princípio metodológico o princípio da razão suficiente e que faz uma mescla de verdade, certeza e fundamento. O processo é o seguinte:

O problema da fundamentação do conhecimento parece nuclear quando se trata de delimitar o verdadeiro em face de suposições subjetivas. Por meio da fundamentação, parecemos querer atingir a verdade acerca da constituição de alguma relação real, assim como alcançar convicções verdadeiras (certeza) e segurança. Isso é o que parece, mas o que realmente buscamos é certeza, segurança para nossos conhecimentos e convicções.

É necessária uma crítica a esse deslizamento de pretensões, que Albert acredita realizar do seguinte modo:

A pergunta pelo fundamento ou razão suficiente nos leva a uma ciência adequada quando se trata de argumentos e de sua validade: a lógica formal. Essa análise apresenta três dados: *a*) não se ganha conteúdo por meio de consequências lógicas; *b*) um argumento dedutivo válido nada diz a respeito da verdade de seus componentes, pois garante apenas a transferência da verdade positiva das premissas para a conclusão e transferência do valor de verdade negativa da conclusão para as premissas. Portanto, a verdade da conclusão não assegura a verdade das premissas; c) um argumento dedutivo inválido constitui uma falácia.

Desses três resultados, o mais interessante para o racionalismo crítico é o segundo: visto que a verdade positiva das conclusões não é transmissível para as premissas, o fundamento não é mais verdadeiro que o fundado.

Mas o problema se aguça se levarmos em conta o universalismo do princípio de razão suficiente, pois, "quando se exige uma fundamentação para tudo, deve-se exigir também para os conhecimentos aos quais se fez retroceder a concepção a fundamentar ou o conjunto de enunciados a fundamentar" (Albert, 1975a, p. 13). Essa pretensão leva a três possibilidades que surgem como inaceitáveis e que recebem o nome de "trilema de Münchhausen": a) um retorno ao infinito, nascido da necessidade de retroceder sempre na busca de fundamentos seguros, que não pode ser executado na prática, assim como não oferece esses fundamentos seguros; b) um círculo vicioso lógico na dedução, pois voltamos a tomar enunciados que necessitarão de fundamentação e não levam a nenhum fundamento seguro por serem falíveis; c) interrupção do processo em determinado ponto, o que implica uma suspensão arbitrária do princípio.

Geralmente se toma o terceiro desses caminhos, evocando autoevidência, autofundamentação, conhecimento imediato de um enunciado, que é imunizado e transformado em *dogma*, porque sua verdade é certa e não carece de fundamentação.

A busca do fundamento seguro leva, portanto, ao contrário daquilo que se pretendia: ao dogmatismo, comum a racionalistas e empiristas. Isso se deve ao fato de que é o cognoscente quem, em última instância, *decide* se está disposto a reconhecer como isentos determinados conhecimentos. Esse reconhecimento ordena os conhecimentos em um contexto mais amplo, porque elimina sua função de pressupostos últimos, isto é, o reconhecimento não autoriza a interrupção do próprio processo cognitivo, porque somos nós que a produzimos, sempre que estejamos dispostos a isso. "A dogmatização é uma possibilidade da práxis humana e social, na qual se expressa o fato de que a vontade de alcançar a certeza triunfa sobre a vontade de resolver problemas" (Albert, 1975a, p. 73). O racionalismo clássico nos levou, em seu afã de fundamentação (de segurança), da verdade à certeza.

Dado que o dogmatismo exclui a discussão racional, é preciso substituir metodologicamente o Princípio de Razão Suficiente pelo Princípio da Prova Crítica, que consiste em questionar todos os enunciados com o auxílio de argumentos racionais. Isso impede o nascimento do trilema, porque afirmamos que não há um ponto arquimédico do conhecimento, sendo que é o homem quem o produz. A prova crítica tende à aproximação à verdade por tentativa-erro, sem pretensão à certeza, e rejeita a autoprodução desta. Portanto, não existe nenhum enunciado infalível sem falibilidade de todos os enunciados; entre eles, o princípio da razão suficiente, que passa de postulado a uma hipótese a ser confrontada com outras.

No caso da ética, a tentativa de fundamentação também leva ao trilema, na medida em que se busca segurança nas avaliações e normas. A interrupção arbitrária no processo de fundamentação pode ser feita: *a*) tomando-se como fundamento a intuição, pela qual se deve justificar a diferença de avaliações; *b*) axiomatizando, o que leva ao retorno lógico; *c*) utilizando a experiência como base, utilização que acarreta o problema da indução, diferentemente das avaliações. As teorias que assim procedem dogmatizam dados não criticáveis e impedem que a decisão seja criticada pelo conhecimento. O racionalismo propõe a substituição da fundamentação última pela crítica racional ilimitada: trata-se de uma proliferação de alternativas que devem ser submetidas à prova crítica.

2.3. A não univocidade do termo "fundamentação"

2.3.1. *Fundamentação lógico-sintática e fundamentação filosófica. A crítica de K. O. Apel à noção de "fundamentação" do racionalismo crítico*

Em seu artigo "O problema da fundamentação filosófica última a partir da perspectiva de uma pragmática transcendental da linguagem", Apel trata de demonstrar se – e se sim, em que sentido – o princípio de fundamentação (ou de justificação) pode ser substituído pelo princípio da prova crítica, ou se – e se sim, em que sentido – o princípio da fundamentação (ou justificação) pode ser substituído pela prova crítica, ou se – e se sim, em que sentido – o princípio da fundamentação (ou justificação) não deve mais ser considerado como o princípio da crítica intersubjetivamente válida (Kanitscheider, 1976, p. 57)[13]. Para tanto, tratará de esclarecer, em primeiro lugar, se o princípio da fundamentação pode ser reduzido a um princípio lógico-sintático-semântico, como Albert aceita ao conduzi-lo ao trilema lógico.

Na tradição, o problema filosófico da fundamentação última nunca foi reduzido a um problema lógico-formal. Pelo contrário, Aristóteles já distinguia entre dois paradigmas de justificação de argumentos no momento de proceder a uma fundamentação da

---

[13] Apel volta a discutir a posição do "racionalismo pancrítico" em Apel, 1991, p. 37-145, especialmente nas p. 111ss. Sobre isso, cf. Conill, 1988, p. 331ss. Sobre a vida e a obra de Apel, cf. o número dedicado a ele da revista *Anthropos* (Barcelona, n. 183, 1999).

lógica (Aristóteles, *Met.*, 4, 1006 A 6-18). O primeiro desses paradigmas é o da racionalidade matemática, que tanto o racionalismo crítico, o neopositivismo lógico, como a filosofia analítica pretendem assimilar ao modelo de argumentação. Aristóteles limita esse modelo de fundamentação a um órgão para o controle objetivante de argumentos, que se alicerça em axiomas indemonstráveis.

Não obstante, o paradigma filosófico de justificação não se baseia em princípios evidentes, contrariamente ao que Albert sustenta, antes nos remete às pressuposições que são indiscutíveis, se é que pretendemos alcançar argumentos que tenham validade intersubjetiva. Do ponto de vista filosófico, a fundamentação de argumentos não consiste em se decidir por princípios indemonstráveis, a partir dos quais o argumento é derivável, mas em descobrir os pressupostos sem os quais a argumentação é impossível. O único procedimento para achá-los é a autorreflexão.

Nesse processo de autorreflexão se insere Descartes, depois de uma fundamentação filosófica, portanto. A evidência que ele busca não pertence à ordem lógico-formal, mas à ordem epistemológica que leva em conta a dimensão pragmática dos argumentos. Seguindo Descartes, Leibniz não formula o princípio da razão suficiente como um axioma, mas como "postulado geral da metodologia clássica do pensamento racional" (Albert, 1975a, p. 9)[14]. Apel depreende dessas considerações que o trilema lógico-formal está relacionado à necessidade de axiomas, mas não com o princípio moderno da *ratio inconcussa* e a razão suficiente: "Diferentemente da problemática de uma fundamentação última lógico-matemática, o moderno princípio da razão suficiente é um princípio epistemológico, enquanto supõe o recurso à evidência; um princípio que, dito atualmente, envolve a dimensão pragmática (evidência para um sujeito de conhecimento)" (Apel, 1976, p. 58).

---

[14] Cf. também Nicolás, 1989.

Essa evidência, como mostra o cartesiano *cogito, sum*, não se identifica com a evidência silogístico-objetiva ("quem pensa existe; x pensa; x existe"), mas a evidência dialógica da contradição, captada mediante autorreflexão ("digo-lhe que você possivelmente não existe").

Portanto, o problema filosófico da fundamentação última excede os limites de uma fundamentação de dedutibilidade lógico-sintática, desde o Racionalismo Clássico até nossos dias. Kant descobre no *cogito* a autorreflexão como reflexão sobre as condições de possibilidade da validade intersubjetiva do conhecimento, e Hegel entende a reflexão filosófica como argumentação transcendental de fundamentação última do conhecimento.

Atualmente, o problema da fundamentação não se refere à questão moderna da origem dos conhecimentos, mas às condições transcendentais da validade intersubjetiva da argumentação, que podem ser encontradas na lógica (Kant), no sistema coerencial (Hegel), na semântica (Peirce) ou na pragmática (Apel-Habermas). A fundamentação última não pode consistir na dedução de proposições a partir de proposições, porque então não é última, antes prescinde de toda uma dimensão do signo linguístico, que é a dimensão pragmática. Apenas praticando a "falácia abstrativa" no que diz respeito ao âmbito pragmático de uma argumentação, é possível reduzi-la ao tipo de fundamentação lógico-sintática proposto por Albert. Contudo, se esse é o único tipo de argumentação possível, o princípio de prova crítica não é nem ao menos legítimo, porque pretende uma validade que tem de ser esclarecida pela análise das condições de possibilidade de qualquer pretensão de validade.

A fundamentação filosófica consistirá em uma argumentação reflexiva acerca dos elementos não objetiváveis lógico-sintaticamente, que não podem ser discutidos sem autocontradição performativamente evidente nem ser provados sem *petitio principii*, porque tal fundamentação constitui as condições de possibilidade do sentido e da validade objetiva de qualquer argumentação.

2.3.2. Diversos níveis lógicos da noção de "fundamento"

De tudo o que acabamos de dizer, depreende-se que por "fundamentar a moral" não entendemos como "encontrar um princípio primeiro indemonstrável, a partir do qual se possa deduzir um corpo de normas morais", nem mesmo "buscar um axioma que justifique a forma dos juízos morais". "Fundamento", "razão suficiente" e "justificação" não são sinônimos de "axioma", porque o modo axiomático de fundamentar é o lógico-sintático, mas não o filosófico.

A ética, como parte da filosofia, pode realizar apenas uma fundamentação filosófica, que não abstrai nenhuma dimensão da linguagem, antes leva em consideração a totalidade das condições que tornam a linguagem moral possível.

Essa totalidade de condições é aquela que Kant denomina de "condições de possibilidade", que seria hegelianamente traduzidas como "condições de coerência", condições que fazem de um conteúdo concreto um todo relacional coerente; em nosso caso, a existência de um discurso denominado moral.

Defendemos, portanto, um modelo filosófico de fundamentação não fundamentalista, mas *holista*, e isso porque, atendendo aos distintos níveis lógicos da noção de "fundamento" apresentados por Hegel na *Ciência da lógica*, o último deles é aquele que corresponde ao nível filosófico[15].

---

[15] O congresso organizado pela Hegel-Vereinigung, ocorrido em junho de 1981 em Stuttgart, enfrentou dois modelos filosóficos de fundamentação, o de Kant e o de Hegel. O primeiro deles era considerado como "fundamentalista"; o modelo hegeliano, como holista. Mesmo sendo certo que Kant oferece um número limitado de categorias – teóricas e práticas – e estabelece um sistema estático, diferentemente de Hegel, não se pode considerar "fundamentalista" a dedução kantiana a partir dos fatos e da lógica: as condições que tornam possível o conhecimento teórico e o saber prático não são axiomaticamente deduzidos; antes pretendem constituir o todo conceitual para estabelecer a coerência de certos fatos. Kant, portanto, é mais holista e coerencialista que fundamentalista.

Efetivamente, na parte da lógica objetiva dedicada à doutrina da essência (livro II), Hegel (1934, p. 65; 1974, p. 393) tematiza-se a noção de "fundamento", noção que geralmente exprime que "o que existe (*seiende*) tem de ser considerado não como um imediato existente, mas como algo *posto*". A noção de "fundamento" indica a necessidade da reflexão, porque o imediato – o dado, o "puro ser" – ainda não é verdadeiro, antes necessita da mediação reflexiva para entrar no nível da verdade. A categoria de fundamento expressa, portanto, a "essência da reflexão em si diante do ser puro" (Hegel).

A fórmula dessa determinação do pensamento é o princípio de razão (suficiente), expressão posta por Hegel entre parênteses para indicar que "razão" implica "suficiência", pois "aquilo cuja razão não fosse suficiente não teria razão alguma" (Hegel). Mesmo assim, Leibniz acrescentou o termo "suficiente" com justeza, porque o modo segundo o qual entendeu esse princípio é distinto do modo como ele geralmente é entendido. O tipo corrente de intelecção expressa-se nos primeiros momentos da categoria de fundamento.

1) O *fundamento formal* de um fenômeno tem o mesmo conteúdo da existência de que teria de ser fundamento, porque "o fundamento está ordenado de acordo com o fenômeno e suas determinações fundam-se sobre ele", "com isso o conhecimento não deu nem um só passo adiante" (WL, II, 80; Mondolfo, 405). E ele não deu um passo adiante porque o fenômeno fundamentado está no mesmo nível lógico do fundamento, algo que nos leva a uma tautologia de nível. Isso é muito frequente nas ciências físicas, como mostra a física experimental de Newton. O ataque dirigido por Leibniz a Newton sobre o uso de "forças ocultas" como justificação não decorreu de que fossem realmente ocultas, segundo Hegel, mas sim que deviam ser achadas por meio do mesmo método experimental com que se devia achar o fenômeno que se pretendia justificar.

Como aplicação ao problema da moralidade, aplicação que Hegel não faz, considero insuficiente todo fundamento que se encontre no mesmo nível de faticidade do ponto de partida. Se a existência de juízos morais é um fato empiricamente comprovável, o fundamento que lhes confira coerência não pode estar no mesmo nível empírico, porque em nada acrescentaria o conhecimento, antes nos levaria a uma tautologia de nível. A justificação da norma moral mediante a "natureza humana" psicológica ou socialmente determinada é insuficiente porque não dá razão filosófica (suficiente). Utilitarismo e pragmatismo podem explicar a origem do conteúdo dos juízos morais, mas não dar razão (suficiente) de sua forma.

2) O *fundamento real*. Nesse momento da determinação lógica (*Denkbestimmung*) do fundamento, o fundamento e o fundado diferem no conteúdo, mas entram em jogo a acidentalidade e a exterioridade no momento de estabelecer a relação fundamental.

Dentre as determinações que constituem o conteúdo de algo concreto, escolhe-se livremente – e não necessariamente – uma delas para considerá-la como fundamento. A fundamentação é unilateral e se exprime mediante a categoria de causalidade mecânica, que propõe uma conexão extrínseca e acidental das determinações. Foi exatamente diante da causalidade mecânica que Leibniz propôs o princípio de razão suficiente; porque a causalidade parece dar razão do fundado, mas não é bem assim: não é a razão suficiente. Por exemplo, não se pode dizer – esclarece Hegel – que a gravidade seja o fundamento da queda da pedra, mas também que o sejam a pedra, o tempo, o espaço, o movimento...

A fixação de fundamentos reais transforma-se em formalismo, porque no conteúdo de algo concreto não vem indicada qual seja sua determinação fundamental. A síntese fundado-fundamento é dada intrinsecamente por um terceiro. Por isso Hegel considera esse modelo insuficiente, assim como fez Albert, ao expor expressamente: "Portanto, a busca e a indicação dos fundamentos, em que consiste principalmente o raciocínio, representam um dar voltas infinito, que não contém nenhuma determinação final... O que Sócrates e Platão chamam de sofistaria é exatamente o raciocinar baseado em fundamentos" (WL, II, 80; Mondolfo, 411).

Uma fundamentação suficiente (racional) da moralidade não pode, portanto, selecionar extrinsecamente nenhuma das determinações que ela mesma contém. É necessário levar em conta e pesquisar em que consiste o que é expresso no momento seguinte da noção de fundamento.

3) *A relação fundamental total* se determina como mediação que condiciona. A verdade do fundamento radica na relação total fundado-fundamento, que supera a categoria do fundamento na de "mediação que condiciona". Não obstante, a categoria de que tratamos reaparece em um nível lógico mais elevado.

4) A *razão suficiente*. Seguindo o método hegeliano, que compreende análise e síntese, a análise de um conceito mais determinado de fundamentação exige uma categoria histórica mais verdadeira: a razão *suficiente*, tal como a entende Leibniz. A denominação por meio da categoria constitui o momento sintético correspondente.

A razão suficiente considera a relação entre as determinações que é "o todo como unidade essencial" e "se acha apenas no conceito, no fim" (WL, II, 65; Mondolfo, 393). Leibniz denominou seu princípio de "a razão suficiente" porque ele também é suficiente para a unidade essencial, que compreende as causas finais. O fundamento é relação fundamental a partir das causas puras e das causas finais; por isso é que o único fundamento é o conceito que contém a conexão de todas as *Seite* da coisa concreta.

Mas essa última caracterização, na qual consistiria a autêntica fundamentação filosófica – última –, apresenta um grau de densidade lógica superior à que corresponde à doutrina da Essência, que permanece no âmbito da necessidade. A razão suficiente inclui o conceito de causa final, que não pertence ao nível da necessidade, e sim ao nível da liberdade: "O *fundamento teleológico* é uma propriedade do conceito e da mediação por meio dele, que é a razão" (WL, II, 66; Mondolfo, 393).

Se a fundamentação unilateral não é suficiente, ou seja, não é racional, isso se deve ao fato de nenhum dos fundamentos que ela oferece ser o conceito. A autêntica fundamentação da moralidade será, portanto, aquela que tentar oferecer o conjunto logicamente conectado das determinações que tornam a moralidade possível: será a fundamentação filosófica da moral que estabelecerá sistematicamente quantas determinações serão necessárias para estabelecer a coerência do âmbito prático, porque ela será aquela que a razão suficiente oferecer.

5
Fundamentar a moral[1]

1. Permanência e universalidade do moral. Diversidade de morais

Uma aproximação ao problema da fundamentação da moral, seja para afirmar sua possibilidade, seja para negá-la, passa hoje inevitavelmente pelo reconhecimento e pela valorização de dois *fatos* – um de ordem moral; outro de ordem filosófico-moral –, cuja realidade se impõe.

Em nível moral, deparamos com o fato de que, apesar de todas as críticas que foram e que são feitas contra os modelos concretos, *o moral* subsiste. Talvez nem tanto em sua tradicional substantividade exclusivista – "a moral" –, mas sim na *forma comum* às diversas morais, que nos permitem reconhecê-las como tais, apesar da heterogeneidade de conteúdo; nessa forma substancial de adjetivo que é "o moral" ou "a moralidade".

Essa subsistência da forma contrasta, sem dúvida alguma, com a *pluralidade de conteúdos* que não só foram se apresentando historicamente, como coexistem no momento presente. "Coexistem", e não "convivem", porque, a partir de determinados estágios

---

[1] Reelaboração de "Fundar la moral", *Iglesia Viva* (Valência, n. 102, 1982), p. 605-30.

da evolução da consciência moral coletiva, as propostas morais se oferecem sob a forma da universalidade: *pretendem valer universalmente*. Essa pretensão à validade universal das normas morais continua sendo uma constante de sua forma lógica até o momento atual: o moral continua a se apresentar como a forma de conduta por meio da qual se expressa o ser mais próprio do homem.

Nesse sentido, as normas morais se pretendem universais, e aqui radica a primeira causa da perplexidade a que aludimos: como é possível que distintas concepções morais, pretendendo cada uma valer universalmente, sejam igualmente verdadeiras? Mesmo que *formalmente* as distintas morais *coincidam* em tentar regular a conduta, isto é, expressar o ser do homem como homem, em pretender, portanto, ser universalmente válidas, diferem *parcialmente* entre si quanto ao *conteúdo* daquilo que julgam moralmente certo ou errado.

Digo "parcialmente" porque, na disputa entre prescritivas e neodescritivas por dirimir se os juízos morais se distinguem como tais por sua forma ou por seu conteúdo, creio que ambos têm sua parte de verdade. Por um lado, os juízos que compõem o discurso moral ostentam pretensões *formais* de prescritividade (tentam regular a conduta), referência a atos livres – responsáveis e imputáveis –, auto-obrigação, instância última (incondicionalidade) e universabilidade. Quanto ao *conteúdo*, as distintas concepções morais atuais coincidem em tratar acerca do que os homens querem, desejam, necessitam, captam como valioso ou interessante, mas divergem na acentuação e expressão desses temas concretos.

E ocorre ainda que – e com isso aludimos ao fato de ordem *filosófico-moral* – cada uma delas propõe, implícita ou explicitamente, seu modo de justificar como o modo de fundamentar suficientemente as pretensões da forma moral.

Diante da heterogeneidade de propostas morais que se pretendem universalmente válidas, ao mesmo tempo que o moral permanece, não é uma necessidade de ordem humana perguntar-se em que consiste essa moralidade que acompanha obstinadamente o homem e qual das propostas morais tem realmente direito a se pretender universal? Em face da heterogeneidade de fundamentações do moral, que se oferecem como a fundamentação, não é importante discernir que parte da verdade cada uma delas traz e em que o moral se fundamenta para esgrimir essas pretensões formais?

Mesmo que não seja por lógica ou curiosidade, o mundo moral tem uma forma peculiar de obrigar a refletir sobre si mesmo: a urgência do agir cotidiano se impõe, e isso exige deliberar e escolher entre os diversos critérios de ação, mesmo que a preferência consista em atribuir a outros a responsabilidade de escolher. E essa eleição que todos fazemos, consciente ou inconscientemente, se realiza em nosso tempo dentro do marco da forma moral de vida. Ninguém é dono do futuro, mas em nosso momento, e até aqui, o amoralismo é um pensamento fictício.

2. O "amoralismo" é um conceito vazio

O conceito de "amoralismo" não nos remete à realidade alguma, antes constitui um conceito vazio. Essa afirmação adquire especial visibilidade nas pesquisas contemporâneas em torno do fato do discurso moral, realizadas pela filosofia analítica. O "fato" moral por excelência, que outrora se expressava no fato da consciência moral ou da estrutura moral do homem, é, a partir de Wittgenstein, o da existência de determinados termos, modos de julgar e de argumentar, aos quais chamamos "morais". Que tal linguagem possui um sentido é perfeitamente defensável a partir do momento em que nos damos conta de que seus termos são usados cumprindo uma função em benefício de seus usuários. Por isso podemos dizer que a linguagem moral é um jogo linguístico que adquire sentido exatamente por ser respaldado por uma forma de vida que o sustenta (Wittgenstein, 1953; 1958). A tradicional pergunta: "É possível situar-se para além do bem e do mal morais?" se expressaria do seguinte modo, contando com o *factum* da linguagem: é possível conceber a vida cotidiana de um homem que renunciasse de tal modo à forma de vida moral que passassem a ser ininteligíveis para ele termos como "mentira", "engano", "injustiça", "traição" e tantos outros? Não que criticasse o conteúdo dado a esses termos por morais concretas nem que agisse imoralmente entendendo o que esses termos significam, ao menos minimamente: renunciar a agir dentro de uma forma moral de vida ou outra, ser amoral, implica não entender absolutamente o uso e o significado desse tipo de termos. É realmente – não ficticiamente – concebível em nosso tempo semelhante modo de vida?

3. A evolução dos termos "moral" e "fundamentação"

Mesmo assim, chegado o momento de tentar determinar em que consiste a forma moral de vida e qual é sua possível legitimação, deparamos com problemas, dos quais o maior talvez seja o fato de os termos "moral" e "fundamentação" não terem uma única significação, mas estarem impregnados de diversos matizes, segundo épocas, culturas e até mesmo grupos.

3.1. Em linhas gerais, podemos dizer que por "moral" se entendeu e se entende fundamentalmente a *realização da vida boa*, da vida feliz, o *ajustamento a normas especificamente humanas* e, mesmo em nosso tempo, a *aptidão para a solução pacífica de conflitos*, tanto em grupos reduzidos como em nível nacional ou no âmbito da humanidade.

A experiência moral como busca da vida boa surge na Grécia, permanece na ética cristã, mesmo tornando Deus o objeto "felicitante", e reaparece de modo privilegiado no utilitarismo e no pragmatismo. O âmbito moral é o das ações cuja bondade se mede pela felicidade que possam proporcionar. Por isso, *grosso modo*, essas concepções são chamadas de *teleológicas*, porque não consideram que existam ações boas ou más em si, que devam ser feitas ou evitadas por si mesmas: na iminência da escolha, devemos preferir as ações que produzam a felicidade maior.

Naturalmente, o modo de entender a felicidade varia, desde identificá-la com o prazer até concebê-la como a atividade mais perfeita, segundo a virtude mais excelente do homem (Aristóteles, *Ética a Nicômaco*, x, 7, 1177 a 10)[2]; desde interessar-se pela felicidade individual, que é o interesse moral na Grécia, até enunciar que o fim último dos homens é a felicidade social, como mostra o utilitarismo surgido do Iluminismo. Em todos esses casos, a vida moral gira em torno de um fim último – dado pela natureza –, um fim que se denomina "felicidade", por isso a tarefa moral consiste em encontrar os meios mais adequados para atingir um fim, ao qual o homem tende por natureza e que, por isso, constitui *seu bem*. Algo de valioso para ele.

Não obstante, a partir da incidência estoica no conceito de lei natural como centro da experiência moral, surge a moral do dever, que tem sua mais acabada expressão na reflexão kantiana. Efetivamente, os homens tendem por natureza à própria felicidade e se interessam por adotar os meios mais adequados para alcançá-la. Mas essa é uma dimensão do homem pela qual ele não se distingue dos demais seres naturais: a felicidade é um fim natural não posto pelo

---

[2] Sobre a "ética da perfeição" aristotélica, cf. Montoya & Conill, 1985. No contexto do surgimento de "algo parecido ao aristotelismo", Macintyre (2004) proporá retornar a uma teleologia inscrita na práxis para evitar o emotivismo hoje reinante.

homem. Se este é aquele ser que tem *dignidade* e não preço, isso se deve ao fato de ele ser capaz de se subtrair à ordem natural, capaz de ditar suas próprias leis: é *autolegislador, autônomo*. E isso implica que sua maior grandeza está não em julgar suas ações à luz da felicidade que elas produzem, mas em realizá-las segundo a lei que ele impõe a si mesmo e que, portanto, constitui seu dever.

O âmbito moral é o da realização da *autonomia humana*, o âmbito da realização do homem como homem, a expressão de sua própria humanidade. A grandeza do homem baseia-se não em ser capaz de ciência, mas em ser capaz de vida moral; e essa vida tem sentido porque consiste na conservação e na promoção de algo *absolutamente valioso: a vida pessoal*[3].

Em relação com o já tradicional enfrentamento entre teleologismo e deontologismo, o teleologismo tem sua parte de verdade, assim como a tem o deontologismo[4]. A capacidade de produzir felicidade, tanto individual como coletiva, não é a medida única da bondade das ações, algo que se demonstra em dois níveis: no nível das ações que afetam os outros e no nível das ações que afetam o próprio sujeito moral. No nível das ações que afetam os outros, nenhum ideal de felicidade pode justificar a eliminação ou a diminuição das capacidades físicas ou mentais do que não é "valioso para mim", mas que é "valioso em si", da pessoa individual ou coletiva. Por sinal, a coincidência de toda pessoa em seu valor representa o constante questionamento de modelos sociais nos quais a desigualdade seja permanente, mesmo que essa desigualdade gere maior felicidade coletiva. Por outro lado, e naquilo que se refere ao sujeito

---

[3] Cf. Kant, Grundlegung, IV, p. 428-9.

[4] Nesse sentido, pode ser "útil" a polêmica que Esperanza Guisán e eu mantivemos a esse respeito no número 96 da revista Anthropos, dedicado a *Éticas de la justicia e éticas de la felicidad* (Barcelona, 1989), bem como a análise das posições teleológica e deontológica que José Montoya apresenta nesse mesmo número da revista.

da ação, demonstram-se enormemente insatisfatórias as tentativas de justificar com vistas à produção de felicidade certas ações que permanecem na consciência coletiva da humanidade como moralmente boas. Quando os homens, consideramos que é preciso sermos justos, realmente fundamentamos nossa afirmação no fato de a justiça proporcionar muito mais felicidade que a injustiça? Quando enunciamos que não se deve mentir, pensamos realmente que a veracidade é mais útil que a mentira?

A verdade do deontologismo estaria em destacar que nem a felicidade individual nem a felicidade coletiva, que constituem o bem subjetivo do homem ("seu bem"), podem se antepor ao respeito ou à promoção do que é valioso em si: a pessoa humana. Sua limitação estaria em não proporcionar procedimentos de ação operativos, que o teleologismo ofertaria em maior medida. Por isso, a ética da libertação, grande parte do marxismo humanista, o pragmatismo de Mead e Peirce, o socialismo neokantiano, entre outros, movem-se no marco formal da ética kantiana, conferindo-lhe um conteúdo socialmente concretizado.

Por outro lado, a admissão da autonomia como conceito fundamental da vida moral e a justificação do dever por meio do querer realmente humano estariam na raiz da ética trágica.

Por último, uma nova forma de entender o moral parece abrir caminho atualmente nos países democráticos do Ocidente. Tal nova forma se caracterizaria, em princípio, por dar prioridade à reflexão a respeito do âmbito social, deixando na obscuridade o tradicional terreno dos "deveres para consigo mesmo". E isso é devido ao fato de essa nova forma ter origem em um problema apresentado à chamada "moral social", e não à moral individual, e de ser inclusive mais ligada à filosofia política que à filosofia moral, mesmo que ambas estejam estreitamente vinculadas.

Na *Fundamentação da metafísica dos costumes,* Kant aponta como motor utópico da ação moral um reino futuro, por ele denominado de "reino dos fins", porque nele cada pessoa será considerada um fim em si mesma, nunca um meio para outro fim. Portanto, a organização econômica, política e social deverão girar em torno de cada homem, estar a seu serviço; e, além disso, esse reino se chamará "dos fins" porque nele estarão harmoniosamente conjugados os fins que cada homem se propõe a alcançar ao longo de sua vida (os fins subjetivos)[5]. Mas como harmonizar os fins tão distintos que os homens se propõem? Como conjugar seus interesses, desejos, necessidades, vontades?

As teorias do contrato social oferecem uma solução possível mediante a ideia do pacto social, que recebe sua mais acabada expressão na "vontade geral" de Rousseau: cada homem renuncia a parte de sua vontade individual para ingressar na vontade geral. O ideal de uma sociedade de interesses, necessidades, desejos e fins harmonizados por meio do pacto começa a abrir caminho.

Não obstante, o marxismo volta a recordar que os interesses dos diferentes grupos sociais não apenas são distintos, como também se encontram em conflito; eles são antagônicos. A "novidade" de nosso tempo seria, portanto, constituída pelo fato de situar o âmbito moral preferentemente no âmbito da solução de conflitos. Tal solução certamente exige a realização dos homens como tais – exige autonomia humana – e precisamente naquilo que os distingue como homens: sua racionalidade. Mas uma racionalidade que não se mostra mais no fato de que os homens se dão a si mesmos leis próprias, não extraídas da natureza nem da religião, e sim na *disponibilidade para decidi-las, para justificá-las por meio do diálogo.* Mesmo que o "homem bom" da primeira forma moral aqui

---

[5] Cf. Kant, *Grundlegung,* IV, p. 433.

considerada seja o homem feliz e que o da segunda, seja o homem que só se submete à sua própria lei, para a terceira forma é bom aquele que, em situações de conflito, se encontra disposto a resolvê-las mediante um diálogo voltado para a obtenção de um consenso. Se no primeiro caso a lei moral é dada, em última instância, pela natureza e no segundo procede da razão, no terceiro o diálogo constitui a justificação de normas morais. Daí decorre que o fundamento de toda norma moral esteja em ter sido legitimada por meio do consenso.

Depois de considerar esquematicamente essas três formas de conceber o moral, é preciso perguntar se as três estão presentes na experiência humana atual ou se, pelo contrário, as primeiras devem ser descartadas por estarem "superadas", por pertencerem a estágios anteriores na evolução da consciência moral. Buscaremos encontrar uma resposta refletindo brevemente sobre a mais recente teoria esboçada acerca da evolução da consciência moral e, portanto, do modo de fundamentação de normas morais: a teoria da evolução social de J. Habermas.

3.2. Em algumas passagens de sua obra, J. Habermas propõe uma teoria da evolução social, que pretende "desmontar o materialismo histórico e recompô-lo em uma forma nova, com o objetivo de melhor alcançar a meta a que se propôs" (Habermas, 1981, p. 9)[6]. Do mesmo modo que se fez com o materialismo histórico, a história também será interpretada como um processo de emancipação, que culminará na reconciliação com a natureza interior e exterior, como um progresso na racionalização atingida por meio do aprendizado social.

---

[6] Para a teoria crítica habermasiana, cf. Menéndez Ureña, 1978; Cortina, 1985b; García-Marzá, 1992.

Não obstante, e diferentemente do materialismo histórico, o aprendizado tomado como motor da mudança social não se identifica com o técnico, com o desenvolvimento das forças produtivas, porque a história da técnica não é apropriada para estabelecer uma ordem lógica no material histórico, estabelecendo formações sociais. Habermas tentará reconstruir a história segundo uma lógica do desenvolvimento, que leva em consideração tanto o progresso na racionalização das ações técnicas (racional-teleológicas) como na das ações comunicativas, que são as que possibilitam o consenso sobre o qual se pode assentar um agir comum. O motor da mudança será o aprendizado técnico e, sobretudo, o aprendizado moral, fruto da inteligência consensualmente reguladora de conflitos de ação, que capacita para uma integração social mais madura e para novas relações de produção.

O modo de racionalização da ação técnica é claro. Mas em que consiste o progresso na racionalidade comunicativa? Segundo Habermas, ele se produz em dois níveis: se o sujeito manifesta verazmente suas intenções e se possui razões para abalizar a pretensão de validade das normas de ação. Precisamente, se possui tais razões, é possível resolver as situações de conflito argumentando sobre a validade das normas que dirigem a ação."Racionalização" significa, então,"cancelamento das relações de violência que foram se acomodando nas estruturas comunicacionais sem que ninguém percebesse e que, valendo-se de barreiras, tanto intrapsíquicas quanto interpessoais, impedem de dirimir conscientemente e de regular os conflitos de modo consensual"(Habermas, 1981, p. 34).

O progresso na racionalização plasma-se tanto no desenvolvimento das forças produtivas como nas formas normativas de integração social, nos mecanismos de regulação de conflitos (função socialmente atribuída à moral e ao direito) e nas imagens do mundo a partir das quais um sujeito se reconhece como membro de uma sociedade e, nela, reconhece a própria identidade. Esses três elementos levam, em cada sociedade, a uma intersubjetividade linguisticamente constituída; é por isso que o progresso é medido pelo grau de intersubjetividade alcançado na compreensão sem recurso à violência.

Qual será o fio condutor para estabelecer os estágios da evolução social? Posto que as estruturas normativas a que acabamos de aludir são comuns aos sistemas sociais e aos sistemas de personalidade, as distintas etapas serão marcadas por homologia com os estágios de desenvolvimento da personalidade, fundamentalmente do desenvolvimento da consciência moral, profundamente estudado por Piaget e Kohlberg[7]. Dada a brevidade do espaço de que dispomos, nós nos concentraremos nos pontos que afetam diretamente nosso trabalho e que se referem aos estágios da evolução da consciência moral social; portanto, dos modos de entender a fundamentação das normas.

Contudo, antes de empreender essa tarefa, quero destacar um aspecto crucial na teoria habermasiana da evolução, porque se trata de uma das muitas hipóteses de sua tarefa, mas afeta muito especialmente uma possível avaliação ética de sua proposta. Falar de "lógica do desenvolvimento" supõe referir-se a uma sucessão de etapas que, segundo Habermas, não se descreve simplesmente, mas que se expõe em um sentido paradigmático. O desenvolvimento pode não vingar – pois não possui uma necessidade inelutável –, mas permanece imaturo aquele que não atinge individual ou coletivamente a etapa que lhe corresponde. Esse juízo é sumamente importante porque, precisamente por reconstruir a evolução social a partir de uma teoria da ação comunicativa, tratará de provar que quem

---

[7] Cf. Piaget, 1974; Kohlberg, 1984. Para uma análise das teorias do desenvolvimento moral, cf. Rubio Carracedo, 1987, especialmente p. 103-234.

dispuser de uma competência interativa de determinado nível terá de desenvolver uma consciência moral do mesmo nível, a não ser que seja impedido pela estrutura motivacional.

Dito isso, se ao longo da evolução vamos nos fixar na consciência moral, que entenderemos por ela? Que vamos buscar na mudança social ou individual? Levando em conta que determinaremos essa consciência a partir de uma teoria da ação comunicativa, Habermas a tem na conta de uma "capacidade de se servir da competência interativa para uma solução consciente de conflitos de ação, relevantes em perspectiva moral" (Habermas, 1981, p. 77). Conflitos de ação moralmente relevantes são aqueles "suscetíveis de uma solução consensual. A solução moral de conflitos de ação exclui tanto a utilização manifesta da violência quanto um 'compromisso fácil', podendo ser interpretada como uma continuação com meios discursivos da ação comunicativa orientada para a compreensão" (Habermas, 1981, p. 70).

Concepção similar é a oferecida por O. Schwemmer, como representante da Escola de Erlangen. Depois de fazer uma distinção entre "situações de carência" (não há acordo em uma sociedade quanto aos meios mais adequados para alcançar os fins que a sociedade se propõe) e "situações de conflito" (não há acordo quanto aos fins últimos ou às normas supremas segundo os quais se deve atuar), caracteriza como "saber prático" o saber que indica que fins devemos preferir ou a que normas supremas devemos nos submeter para evitar ou dificultar as situações que dão indício de conflito. Diz explicitamente Schwemmer: "Apresenta-se à ética a tarefa de estabelecer os princípios da superação de conflitos até onde se possa avançar de modo demonstrável mediante a fala" (Schwemmer & Lorenzen, 1975, p. 150).

No sistema social, o direito e a moral definem o núcleo fundamental da interação, exatamente porque mantêm a ação comunicativa quando ela periga por conflitos de ação. Daí decorre a existência de homologia entre as instituições do direito e a moral e os juízos e as ações morais dos indivíduos. E daí também decorre que "entendamos como moralmente 'boas' as pessoas que, também em situações de angústia (ou seja, em conflitos de ação relevantes em termos morais), conseguem preservar sua competência interativa [...] em lugar de rechaçar inconscientemente o conflito" (Habermas, 1981, p. 81).

Com relação à proposta habermasiana, e antes de expor sucintamente os estágios da evolução moral, eu gostaria de abordar três questões, às quais se acrescentarão, após a exposição, algumas outras; não sem esclarecer que meu interesse pela teoria de que tratamos não se deve apenas à importância do autor mencionado, mas, sobretudo, ao fato de que ela se apresenta como sumamente representativa da maior parte das concepções éticas ocidentais contemporâneas, porque lança as bases de um modelo democrático de fundamentação de normas. Qualquer tentativa atual de ética cívica se vê obrigada a conhecer e a avaliar criticamente essas propostas de "ética dialógica".

Passando à formulação das três questões iniciais, seriam elas as seguintes: 1. Quando falamos de pessoas moralmente boas, estamos realmente nos referindo à disponibilidade para solucionar problemas dialogicamente ou devemos recorrer também a elementos herdados de éticas anteriores? 2. O desenvolvimento da consciência moral é determinado pelo desenvolvimento dos processos cognitivos? Nesse caso, proceder de um modo ou de outro diante de situações de conflito não pode ser avaliado como bom ou mal, e sim como situado ou não na altura exigida pelo nível interativo alcançado. 3. E, por último, "evolução" significa que os modos de fundamentação dos estágios iniciais são eliminados porque caducam ou, antes, têm de ser englobados no modo último de fundamentação, "superados" no sentido hegeliano?

Para responder a essas questões – algumas das quais referentes apenas à proposta habermasiana (2 e 3) – e a tantas outras perguntas que são apresentadas ao modelo dialógico de fundamentação de normas – talvez o mais amplamente aceito e o mais específico no ocidente democrático –, passamos a expor muito esquematicamente as principais etapas da evolução da consciência moral.

1. Nas duas primeiras etapas, correspondentes às *sociedades pré--civilizadas* e às *civilizações arcaicas*, os membros dos grupos sociais se reconhecem como tais; logo, reconhecem sua própria identidade, a partir de relatos míticos que expõem narrativamente uma imagem concreta do mundo. As justificativas das normas são, então, *narrativas*, porque se realizam com base nos relatos que expressam essa *imagem mítica do mundo*. Por outro lado, elas não pretendem estender-se em sua validade para além dos limites da tribo, estabelecendo uma identidade *particularista* de uns grupos diante de outros.

2. As *civilizações desenvolvidas* continuarão fundamentando suas normas a partir de uma *imagem do mundo com conteúdo*, a partir de determinada cosmovisão, mas surgirão mudanças notáveis. Essa época supõe a ruptura com o pensamento mítico, a expansão da tradição religiosa judaico-cristã e a da filosofia grega. Ambas tratam de justificar normas por meio de *argumentos*, e não mais por narrações; normas que pretendem valer *universalmente*, dado que a cosmovisão correspondente, seja religiosa, seja filosófica, assinala uma *identidade* entre todos os homens como membros potenciais de uma comunidade de crentes ou como seres naturalmente racionais. Essa identidade objetiva entre os homens justificará um ponto de vista moral universal: os meios para realizar o homem enquanto homem são válidos para todos eles; sua expressão em normas constituía legislação moral, extensível universalmente.

A esse respeito, é preciso pontuar que a pretensão de validade universal das normas morais é uma das características que passará a constituir "o moral". Fundamente-se objetivamente essa pretensão com base em uma imagem do mundo com conteúdo – filosófica ou religiosa –, ou até mesmo intersubjetivamente, como veremos, a partir de regras racionais – sejam elas formais ou procedimentais –, uma das notas pelas quais as normas morais se distinguem é sua pretensão à validade universal. As normas que reivindicam validade particular são sociais ou técnicas.

Essas afirmações podem despertar suspeição entre aqueles que entendem por "universalismo", em face do "particularismo moral", a tentativa de impor determinado modelo de conduta por parte de um grupo que acha estar em posse da verdade acerca do ser do homem e que, portanto, imbuído de um afã uniformizador, não respeita as diferenças individuais ou culturais nem os diversos graus de desenvolvimento individual ou social. O grupo "universalista" situaria os limites do moral na margem dos conteúdos que ele considerasse como tais e julgaria imoral toda forma de vida situada para além de suas fronteiras, constituindo uma fonte de marginalização.

Muito infelizmente, esse modo de proceder foi, de fato, adotado por grupos "universalistas" que desfrutaram poder suficiente para impor sua concepção antropológica. De todo modo, a pretensão de validade universal dos enunciados morais não tem nada a ver com isso. Justifica-se, pelo contrário, com base no reconhecimento do valor que o ser do homem supõe na pessoa do outro ou na própria, e isso implica que só podem ser morais os princípios ou os critérios para a ação que anunciam como inaceitáveis tudo o que diminua a pessoa do outro ou dela própria e aqueles que buscam potencializar o ser do homem, seja o outro ou eles mesmos. É evidente que, na concretização de tais princípios, é preciso levar em consideração os dados culturais, psicológicos e sociais[8], assim como é evidente que o reconhecimento fático de normas como morais é progressivo. Todavia, quem afirma que "se deve respeitar a diversidade" ou enuncia como imperativo "dar de comer ao faminto" não está lançando uma exigência menos universal, baseada no apreço ao ser humano. Se esse apreço vier a se extinguir realmente, isso suporia na verdade a ampla disseminação da morte da moral.

Outra das características da moralidade, adquirida como nota constitutiva nesse estágio da evolução, é a *argumentalidade* de suas normas. Mesmo não se podendo negar que o moral se torna mais convincente se for intimamente conhecido, se se manifestar na convivência por meio de um modelo vivo – por isso uma das formas inveteradas de pedagogia moral é a narração, o relato de vidas modelares; outra ainda mais superior: o exemplo –, não deixa de ser verdade que seus princípios e normas têm de poder ser avaliados mediante argumentos. Em face dos imperativos dogmáticos, cuja pretensão de regular a conduta oferece tanta legitimação quanto o "porque sim" último ou o apelo, no melhor dos casos, ao princípio de autoridade, os juízos morais não se impõem dogmaticamente. Enunciar que algo deve ser feito moralmente significa que há razões para que seja feito, razões referentes ao ser mais específico do homem.

---

[8] Cf. o excelente artigo de Quelquejeu, 1981, p. 506-14. É dele o trecho a seguir, a meu ver, fundamental: "Encerrar as sociedades humanas apenas em sua particularidade histórica – preconceito dos culturalistas – tem como consequência provar as morais de seu fundamento e legitimidade humana, equivale a incapacitar-se para compreendê-las como morais normativas, reduzindo-as a técnicas práticas de organização social. E vice-versa. Considerar como moral efetiva apenas a universal e negar a posição de particularidade histórica, cultural, religiosa que cada um comporta – preconceito dos idealistas – leva a incapacitar-se para encarar a irredutível finitude humana e esmaga a humanidade sob o peso da exigência mortal de uma uniformidade que nega as diferenças. Esses dois reducionismos desembocam, em última instância, na negação da realidade e da exigência moral naquilo que elas têm de específico" (p. 513).

Não obstante, apesar de no estágio em que nos encontramos o tipo de fundamentação já ser argumentativo, na visão de Habermas ele corre o risco de se transformar em dogmático, porque carece de princípios unificadores que deem razão do mundo em seu conjunto, e esses princípios já são tidos como inquestionáveis. "Na tradição ontológica do pensamento" – nos dirá o autor –, "chega-se até mesmo a garantir essa inquestionabilidade por meio do conceito do absoluto" (Habermas, 1981, p. 19). A que se atribui esse valor absoluto, princípio supremo e indubitável da argumentação moral? Habermas mesmo oferece a resposta, mesmo que para isso tenha de recorrer a uma passagem da *Enciclopédia* hegeliana: "A ideia de uma alma imortal diante de Deus abre passagem para uma ideia da liberdade, segundo a qual 'o indivíduo tem um valor infinito'" (*Enciclopédia das ciências filosóficas*, § 482). Exatamente por seu valor infinito, cada homem é a justificação inquestionável da argumentação moral. A ideia do moral como instância incondicional da conduta certamente permanece até nossos dias.

3. Na etapa da *primeira modernidade* (correspondente às fases 5ª e 6ª na evolução da consciência individual, segundo Kohlberg), os princípios perdem seu caráter inquestionável, e tanto a fé religiosa como a atitude teórica se tornam reflexivas. A unidade do mundo já não pode ser assegurada por uma imagem com conteúdo, por princípios como Deus, o ser ou a natureza, "só pode se sustentar pela vida da unidade da razão [...]. A unidade da razão teórica e prática é, então, o problema-chave das modernas interpretações do mundo, que perderam sua condição de imagens do mundo" (Habermas, 1981, p. 20). Nessa época do jusnaturalismo racional, as justificações morais não recorrem a princípios de tipo material, e sim ao *princípio formal da razão*. Dado que não há princípios últimos inquestionáveis, as condições formais da justificação é

que têm força legitimadora, fundamentadora – não os princípios materiais. Para comprovar se uma norma é ou não moral, todo sujeito deve submetê-la a um procedimento formal: investigar *se ela tem a forma da razão*, ou seja, *se ela é universal, incondicionada, se se refere a pessoas considerando-as como fins e se leva em conta não apenas cada indivíduo, mas o conjunto deles.*

Apesar de essa fundamentação poder ser considerada como formal, porque não consiste em uma imagem do mundo, ela tem sim um conteúdo: a referência necessária a pessoas e à harmonização dos fins a que se propõem. Dito isso, seu formalismo no primeiro sentido, no sentido de legitimar tudo o que se revista da forma da razão, possibilita o surgimento de um novo modo de entender o *universalismo moral* como "pretensão de *validade* universal *intersubjetiva*" das normas morais. A *intersubjetividade* será mais adiante a imagem da objetividade fundada em uma natureza humana metafisicamente descoberta. Por um lado, a intersubjetividade identifica-se com a objetividade ao passo que se enfrenta com o subjetivismo, enquanto não se reduz às peculiaridades de cada indivíduo. Mas, por outro lado, afirmar que as normas morais pretendem ser intersubjetivamente válidas não significa que sua objetividade consista em estar fundada em uma natureza metafísica ou psicologicamente descoberta e estabelecida de uma vez por todas; implica antes que se pretendem capazes de ser compreendidas e aceitas por todo sujeito humano, porque acreditam afetar aquilo que há de comum entre os homens. A renúncia a uma antropologia metafísica com conteúdo, com a qual uma sociedade possa concordar, supõe o deslocamento da pretensão de validade objetiva, fundada na natureza humana, à pretensão de validade intersubjetiva, fundada na confiança em uma capacidade comum de compreensão e de assentimento.

Essa capacidade comum torna possível a identidade universalista abstrata da sociedade burguesa, que consiste em considerar todos os homens como sujeitos livres e iguais e que vale, portanto, para a identidade como cidadãos do mundo, e não de um Estado que se afirma entre outros. A última alternativa ensaiada para que o indivíduo possa realizar suas exigências morais universalistas de identificação é o movimento operário: aquilo que no século XVIII foi entendido como cosmopolitismo, hoje é entendido como socialismo, mesmo que se trate de uma identidade que se propõe não como realizada, mas como produto da práxis.

4. Na fase do *capitalismo avançado*, o modo de legitimação deixa de ser formal para ser *procedimental*. Coincidirá com o modo formal de fundamentação ao não apelar para imagens do mundo com conteúdo, religiosas ou filosóficas, mas, diferentemente da justificação formal, não é cada sujeito que tem de comprovar se as normas em questão se submetem a certos requisitos formais, dado que a razão humana deixa de ser "monológica", como no estágio anterior, para ser "dialógica". *A uma competência interativa dialógica corresponde um modelo dialógico de fundamentação e de identificação*. O cristianismo foi o último a dar uma interpretação unificante, reconhecida por todos os membros da sociedade, e, depois de todas as alternativas ensaiadas, a única forma possível de identificar é a que os diferentes membros de uma sociedade reconhecem por meio de um diálogo que revista diversas condições formais. Do mesmo modo, pode-se dizer que atualmente não têm força legitimadora nem as razões últimas nem as penúltimas. Se o moral continua sendo uma instância última da conduta, e por isso tem de contar com elementos incondicionados, hoje só são incondicionadas e têm força legitimante as premissas e regras comunicativas que permitem distinguir um pacto celebrado entre pessoas livres e iguais perante um consenso contingente ou forçado. Nisso reside sua racionalidade. E é por isso que a questão fundamental da filosofia prática, em torno da qual convergem os esforços de autores como Rawls, Apel

e a Escola de Erlangen, consiste na pergunta "pelos procedimentos e premissas a partir dos quais as justificações possam ter um poder gerador do consenso" (Habermas, 1981, p. 271).

Parece, então, que o progresso na evolução das sociedades, referente a suas estruturas normativas, nos leva à conclusão de que a única forma de fundamentação possível em nosso atual momento – a única forma de dar razão da existência e das pretensões de obrigatoriedade e de universalidade dos juízos morais – consiste em mostrar as estruturas comunicativas que possibilitam a formação do consenso. De acordo com esse modo de justificação, será moralmente bom aquele que a todo momento tenta atingir a compreensão de uma sociedade plural por meio do diálogo. Agora perguntamos: que estruturas tornam possível o consenso racional e por que elas são consideradas como o único modo racional de legitimar normas para a convivência, independentemente das visões de mundo pelas quais cada indivíduo ou grupo tenha optado? Ou, o que dá no mesmo, por que constituem elas a expressão da autonomia humana?

4. Fundamentação da moral dialógica

4.1. Em primeiro lugar, cabe voltar a repetir: quando as éticas do diálogo remetem ao consenso como fundamentador de normas, elas não estão se referindo ao consenso fático. Em face do liberalismo tardio, que não tem problemas em propor o consenso como base irretorquível da normatividade moral, nossos autores fazem esclarecimentos de peso, dos quais destacamos quatro: 1) dissemos a respeito de um grande número de sociedades que seria desejável que se estabelecessem as condições de um consenso racional, o que prova que não é o pacto em si o legitimador, e sim o que ele tem de racional; 2) um consenso fático leva em consideração apenas os interesses daqueles que participam dele, não os de todos os atingidos pelo acordo nem os de interesses generalizáveis; 3) todos os pactos são emendáveis, enquanto não se produzam em uma situação verdadeiramente racional da fala, porque estão submetidos à coação e à assimetria; 4) para ser credível, um consenso tem de se assentar, por sua vez, em um compromisso moral: a validade intersubjetiva da norma de manter as promessas feitas; portanto, ele não pode constituir a fonte legitimadora do moral.

Concluindo, a legitimidade das normas morais-cívicas se fundamentaria na racionalidade de um consenso racional ao qual avança o gênero humano.

4.2. "Consenso racional", contudo, não significa simplesmente que há motivos para estabelecê-lo, porque o motivo poderia consistir em um interesse egoísta individual e, nesse caso, do ponto de vista das éticas do diálogo, não se trataria de um interesse racional.

E aqui volto a repetir que aqueles que consideram problemáticos a fé ou outros modos de saber, ao mesmo tempo que consideram o termo "racional" diáfano, falam da racionalidade e acreditam que todo mundo está de acordo com seu significado, demonstram um otimismo absolutamente infundado. O exemplo do consenso racional é novamente uma claríssima mostra disso.

A partir de determinada perspectiva, não exatamente alheia ao liberalismo, "racionalidade" é igual a "racionalidade econômica", a busca do maior benefício. E isso implica que é perfeitamente legítimo um consenso no qual os contratantes, agindo como seres racionais, selam o pacto porque ele os favorece individualmente. Talvez seja esse o motivo mais usual pelo qual se ingressa no procedimento consensual, porém não se pode dizer que garanta a fidelidade ao que foi combinado, já que o interesse egoísta pelo qual se entrou no pacto pode mudar. Tampouco se pode dizer, a partir do conceito de "racionalidade" das éticas dialógicas, que seja racional.

4.3. Para tais éticas seria um "consenso racional" na legitimação de normas para a convivência aquele que simplesmente se ativesse aos requisitos que a enunciação de uma norma tem de reunir para ter sentido, e até mesmo qualquer ação que se atenha a normas.

Todo aquele que enunciar uma norma já está implicitamente pretendendo sua validade intersubjetiva, se é que a enunciação tem algum sentido. Mas essa pretensão de validade intersubjetiva, se é que ela tem igualmente sentido, deve apoiar-se em argumentos, que aquele que mantém a norma tem de estar disposto a oferecer mediante um discurso que respalde suas pretensões. Dito isso, os argumentos têm de ser compreensíveis e aceitáveis, porque, caso contrário, a pretensão de validade intersubjetiva é irracional. O que legitima uma norma não seria a vontade dos sujeitos individuais, mas o reconhecimento intersubjetivo de sua validade, obtido por meio do único motivo racional possível: o discurso.

Se queremos pensar racionalmente e agir racionalmente, então devemos ser coerentes com todos esses requisitos que dão sentido à nossa enunciação de normas. Adotar outra postura acarretaria trair todas as características que fazem da emissão de normas ações com sentido. Por isso, o discurso que fundamenta a pretensão de validade intersubjetiva de normas, de acordo com sua pretensão de intersubjetividade, não tem que impor limite a quantos temas ou pessoas poderiam vir a contrastar suas opiniões, sendo ilimitado o número de participantes; nele "não se exercerá coação alguma além da coação do melhor argumento e, por conseguinte, fica excluído todo outro motivo que não consista na busca cooperativa da verdade. Quando, nessas condições, se atinge um consenso acerca da recomendação de aceitar uma norma, e se chega a isso no intercâmbio de argumentos [...], esse consenso expressa então uma "vontade racional" (Habermas, 1987a, p. 131).

A marca da racionalidade consistirá em levar a sério a pretensão de validade intersubjetiva das normas, em *buscar verdadeiramente* quais delas podem ostentar essa pretensão e em dar-se conta de que este "verdadeiramente" supõe não impedir contribuição alguma, eliminar a coação e ater-se aos interesses generalizáveis. É de se duvidar se um grupo concreto determina os interesses generalizáveis, por isso a universalização de interesses deve ser alcançada por meio de um discurso como o exposto, que considere as necessidades, tanto dos participantes como dos atingidos, mesmo daqueles atualmente sem voz, dado que "todos os seres capazes de comunicação devem ser reconhecidos como pessoas, porque são interlocutores de discussões virtuais em todas as suas ações e expressões, e não se pode negar a justificação ilimitada do pensamento a nenhum interlocutor e a nenhuma de suas possíveis contribuições para a discussão" (Apel, 1973, p. 400).

Seguramente os consensos reais, aqueles que se foram e são produzidos em nosso mundo, não possuem as características da racionalidade plena, mas um progresso na racionalização permitirá atingir a "situação ideal de fala" (Habermas), a "comunidade ideal de argumentação" (Apel) na qual, com diferentes matizes, a desfiguração sistemática da comunicação está excluída, distribuem-se simetricamente as oportunidades de escolher e de realizar atos de fala e se garante que os turnos do diálogo sejam intercambiáveis. Isso representa uma forma de diálogo e de vida ideal, que serve como crítica aos consensos fáticos, dado que reúne os requisitos a que um consenso racional deveria obedecer[9].

Avançar na emancipação nos levará a essa meta com toda a segurança? Nesse sentido, as palavras de Apel relativas ao materialismo histórico são contundentes: alcançar o consenso exigido

---

[9] Cf. Habermas, 1976, especialmente o cap. v: "Bestimmungen der idealen Sprechsituation".

pela argumentação de todas as pessoas, acerca do maior número possível de ações e de expressões, funciona como um "princípio regulador que deve ser realizado como ideal da comunidade em e através da comunidade real" e por meio do qual "a incerteza sobre o alcance fático da meta deve ser substituída por um princípio ético de compromisso e de esperança (Apel, 1973, p. 191). A realização da identidade humana exige uma responsabilidade ilimitada, enquanto depende da participação de todos os homens; participação movida por uma virtude necessária para que a tarefa se torne atrativa: a esperança.

5. Fundamentar a moral

5.1. As éticas do diálogo convidam, pois, à racionalidade, fazendo um chamado à razão, com o fim de evitar os irracionalismos subjetivistas que tiveram como consequência o nazismo e que são hoje a tortura permanente da América Latina, Polônia, do Oriente e dessa longa lista que é notícia diária ou que nem mesmo chega a sê-lo.

Mesmo quando soa em um nível muito teórico, o irracionalismo consiste precisamente em impor como universais interesses individuais. Desde o começo, dissemos que o conteúdo das normas morais, para sê-lo, deve ser adequado à forma por meio da qual se expressa; portanto, se quisermos levar a sério a universalização pretendida pelas normas morais, o conteúdo deve responder à pretensão, e só os *interesses generalizáveis* estão de acordo com ela. Por outro lado, os melhores defensores desses interesses serão os interessados: que ninguém se arrogue o direito de falar em nome de outros; levar a sério os próprios interesses implica possibilitar que eles se expressem por meio de um diálogo racional.

5.2. Contudo, convém lembrar que os consensos reais, aqueles que se produzem faticamente, são todos emendáveis. Exprimem os conteúdos que nesse momento se admitem "universalmente" – com todo o problema de que "universalidade" signifique "maioria", entre outros — em dada sociedade, o que implica que nos movemos no âmbito do "dever ser" "possível". Se tradicionalmente distinguíamos entre o âmbito do político e o âmbito do moral, como os campos do possível e do que deve ser, os consensos fáticos nos situam em uma espécie de híbrido que é "o dever ser possível", sempre aprimorável à luz do dever ser.

5.3. Por outro lado, o progresso rumo ao dever ser não se produzirá inevitavelmente, e sim mediante uma opção; segundo as éticas do diálogo, a opção pela razão. Ocorre aqui uma situação similar àquela que era apresentada pelo imperativo categórico kantiano: a razão reconhece como morais apenas as normas que têm direito de valer universalmente; ou seja, no caso de Kant, as que respeitam todo homem como absolutamente valioso e têm em conta os fins que ele pode se propor; no caso de Habermas e Apel, as que expressam os interesses generalizados mediante um consenso racional. Não obstante, há uma primeira premissa implícita: mesmo no caso de qualquer norma moral se apresentar como universalmente obrigatória, dado que pretende ser exigível sem acepção de crenças individuais ou coletivas, sua aceitação repousa na opção pessoal de ater-se, no caso das éticas citadas, à razão; no caso das outras éticas, a opção se inclinaria pelo propriamente humano, que nelas nem sempre se identifica com o racional.

Está bastante claro que na base de cada uma dessas propostas pulsa uma concepção do homem, porque a legitimação da moral não se baseia meramente no que os homens desejam (Aristóteles, utilitarismo, pragmatismo), necessitam (marxismo, ética da libertação), no que a eles interessa (ética dialógica), querem (ética trágica) ou naquilo que percebem como valor (personalismo), mas sim naquilo que *realmente* querem, no desejo *reto*, na necessidade *radical*, na aspiração que *promove a maior felicidade social*, no valor *supremo*, no interesse *generalizável*. Esses conteúdos descrevem canonicamente o elemento peculiar humano, em torno do qual a ação livre deve se ajustar, *se é que o homem quer viver como homem*. As éticas do diálogo, por sua vez, trazem em sua base – explícita ou implicitamente – uma concepção do homem como ser capaz de comunicação e de argumentação, como *interlocutor*. Logo, será "moralmente bom" quem se conduz segundo essa propriedade, por meio da qual o homem se distingue como tal.

5.4. Aceitar que o homem é um interlocutor válido, mesmo se tratando de uma caracterização extremamente formal, tem consequências imensuráveis na hora de decidir entre os diversos modelos éticos existentes.

1. A primeira delas seria de tipo catártico: são repudiáveis em suas pretensões as éticas que, por sua própria concepção do homem, desautorizam alguns homens como interlocutores virtualmente válidos. Dentre elas, poderíamos citar aquelas que deixam abertura à possibilidade de sacrificar um indivíduo em nome do bem-estar coletivo; as que entregam a um grupo a capacidade de decisão; todas aquelas que, por medirem valor de um homem por determinada característica – por exemplo, pela capacidade criativa –, defendem a desigualdade real, se quiserem ser coerentes, e, por isso, excluem as decisões dialógicas, tachando-as de carentes de sentido.

2. A segunda consequência faria afirmações positivas com respeito ao conteúdo moral, que resumiríamos como a seguir:

– a *identidade humana*, consistente na capacidade comunicativa, é uma identidade vazia que capacita os homens a construir sua identidade com conteúdos decididos consensualmente, por meio de diálogos nos quais se levem em conta os interesses de todos. A identidade é um projeto a ser consumado por meio de conteúdos nos quais nós, os homens, *nos reconheçamos;*

– a identidade não pode ser imposta a partir de um objetivismo alheio ao sujeito. O moral pretende-se intersubjetivamente válido, o que significa que pretende ser comunicável, compreensível e aceitável por todo homem: acha que pode encontrar eco em todo homem;

– a determinação do moral é progressiva, e isso supõe não tomá-la como definitiva em nenhum momento dado, mas também não eliminar as conquistas morais de épocas anteriores, antes assumi-las e superá-las;

– o *conteúdo* do moral seria constituído pelos interesses e convicções generalizáveis.

E nos deteremos brevemente nesse último ponto, porque ele é crucial para nosso tema. A concepção do homem como interlocutor válido, cuja contribuição para o diálogo é indispensável, se estamos buscando a verdade, fiéis ao sentido de nosso próprio discurso, proporciona um *procedimento* de decisão *racional*: decide-se como válido para os homens aquilo que eles mesmos vão reconhecendo progressivamente como humano. Isso supõe um longo processo, que vai proporcionando as bases materiais e morais suficientes para que os homens possamos chegar a decidir verdadeiramente a partir de nós mesmos. O reconhecimento progressivo da humanidade supõe essa etapa futura de reconhecimento pleno, que a ética do diálogo caracteriza como "comunidade ideal", que deve ser realizada na comunidade real. Mas, justamente porque se trata de um reconhecimento progressivo, convém distinguir bem entre o "universal" e o "universalizável".

O *universal* é o conjunto de interesses já reconhecido mediante um consenso, legitimado, portanto, temporalmente, mas *aprimorável* no futuro. O *universalizável* é o *conteúdo*, a *matéria* do diálogo de que não falamos, mas que é essencial. As éticas do diálogo propõem como modelo de legitimação de normas cívicas — em princípio, não pretendem entrar na moral interpessoal e individual – um *procedimento*, um modelo procedimental de fundamentação. Mas de onde surge a matéria?

Logicamente, o conteúdo do diálogo é constituído pelos interesses que os diferentes indivíduos ou grupos consideram com direito suficiente para ser universalmente reconhecidos, porque possuem argumentos para defendê-los que podem ser compreendidos e "consentidos" por todos. Que fundamento teriam tais interesses para os distintos grupos? Se se trata de interesses individuais ou grupais, o processo argumentativo deve desmascará-los como tais, no caso de eles se fundamentarem em argumentos também particulares, não compreensíveis e admissíveis por todos. Mas também se apresentarão interesses que justificarão sua pretensão de universalidade com base em concepções filosóficas ou religiosas a respeito do homem. Justamente por ter uma imagem do homem com conteúdo, acharão necessário defender determinados interesses que, a seu ver, afetariam todo homem. Dentre essas propostas, um diálogo racional deveria eliminar todas aquelas que, por considerarem os homens desiguais, inviabilizam o próprio diálogo. Dentre as demais, o diálogo racional – *tal como o caracterizamos* – deve constituir a verificação de quais interesses são verdadeiramente universalizáveis e, por consequência, qual é a imagem do homem na qual os homens se reconhecem. Todos aqueles que têm pretensão de verdade devem fomentar o progresso material e moral que possibilite aos homens reconhecer sua própria identidade[10].

Essas afirmações implicam reconhecer que, hoje como hoje, é impossível prescindir dos modelos de fundamentação que, segundo a teoria da evolução de Habermas, são próprios de estágios anteriores, mas que paulatinamente poderão ser substituídos ao longo do processo pelo modelo procedimental de legitimação?

5.5. Descartaremos no futuro os "velhos" modelos de fundamentação que hoje já não passam de um resquício imaturo de tempos passados? Certamente é essa a convicção de Habermas, enraizada em sua teoria da evolução social: o progresso na racionalização – ou, o que dá no mesmo, na emancipação, na "autonomização" do homem – depurará, por serem irracionais, subjetivas e heterônomas, as formas de fundamentação que buscam oferecer uma imagem do homem com conteúdo, seja a partir da filosofia ou a partir da religião. Na verdade, é importante que os homens nos demos conta de que ser homem é valioso em si e que os homens temos de resolver responsavelmente nosso futuro, nunca impondo a partir de um grupo aquilo que os demais, com base em um diálogo racional, não aceitariam. Mas aqui começam, em minha opinião, os limites da razão prática[11].

Por um lado, o próprio Habermas reconhece que a teoria da evolução social só proporciona uma prova de verificação indireta. Em segundo lugar, mesmo que o conceito de racionalidade que Habermas e Apel expõem seja o mais adequado – ao menos a meu

---
[10] As dificuldades acumulam-se nas sociedades multiculturais, nas quais os cidadãos adquirem identidade a partir de diferentes bagagens culturais. O caminho *intercultural* requer um diálogo peculiar. Cf. A. Cortina, *Ciudadanos del mundo*, cap. VI.

[11] Para esses limites, cf., além dos trabalhos citados na nota 6 da p. 178, Wellmer, 1986; Cortina, 1990, partes II e III.

ver – para estabelecer a coerência da atual experiência moral, também é certo que ele coexiste com outras concepções de racionalidade, como, entre outras, a liberal – que continua situando o indivíduo e seu benefício como motivo para ater-se ao que foi objeto de consenso – ou a nietzschiana, na qual a desigualdade humana é insolúvel. Quem pode assegurar que a racionalidade que sobreviverá a essa competição de racionalidades será a dialógica?

Certamente, não é a "lógica da evolução" que pode garanti-lo, já que só a opção pela razão e por essa razão pode indicar algo acerca do futuro.

E aqui os problemas se tornam insolúveis para a ética do diálogo: no futuro, em um futuro que tem de apresentar determinadas características para que essa concepção ética seja racional, tenha sentido. Porque se optamos pela razão, é preciso ir até o fim, ser coerente.

Suponhamos que E. Dussel afirme – como o faz em seus trabalhos – que é um imperativo moral dar de comer a quem tem fome[12]. E suponhamos que ele submeta sua norma a um *referendum*, e ela seja rejeitada. Não me parece absurdo supor que Dussel e muitos outros, entre os quais me incluo, seguíssemos mantendo a obrigatoriedade moral da norma, mesmo que ficássemos isolados. E tratando de explicar o sucedido por meio do procedimento dialógico, diríamos que nossa proposta é *universalizável e incondicionada*; que ninguém pode se eximir dela porque ela assenta as bases indispensáveis para diálogos simétricos; o que falhou não foi, então, o caráter moral da proposta, e sim o caráter racional do *referendum*, no qual faltariam os requisitos necessários para que tivesse força legitimadora.

---

[12] Cf. Dussel, 1998.

Portanto, nenhum consenso fático é garantia suficiente; todos os resultados são aprimoráveis durante o percurso rumo à comunidade ideal, na qual se verificará que normas eram verdadeiramente legítimas. A comunidade ideal, se quisermos pensar racionalmente, é um elemento indispensável para que o modelo procedimental de fundamentação tenha sentido, seja racional. E aqui surge um dos problemas: há alguma garantia de que semelhante diálogo perfeitamente racional venha alguma vez a ocorrer?

É verdade que se pode caminhar dialogicamente, mesmo que a comunidade ideal seja uma utopia, no sentido ilusório do termo. Mas então não apostamos em uma *razão coerente* até o final, já que é imprevisível que, a partir dela, tenha lugar o consenso racional, legitimador dos anteriores. Se já for uma opção apostar na razão, comprometendo nisso toda uma forma de vida, é mais arriscado "tomar partido" a favor da racionalidade que exige maior sacrifício e que se demonstra, no fim das contas, incoerente, ao passo que a razão econômica egoísta se demonstra tão coerente em seu estilo.

E, a meu ver, a verdade está no fato de as éticas dialógicas, que dão razão, como nenhuma outra proposta ética de nossa atual experiência moral[13], constituírem uma secularização da fundamentação moral cristã e uma *procedimentalização* do conceito socialista de homem; dois modos de fundamentar pertencentes a estágios já superados da evolução social. Não sou ninguém para desautorizar secularizações e procedimentalizações, mas estou em posição de poder afirmar que esses transplantes à "pura razão" não se produzem sem perda de coerência e de seiva vital. Perda de coerência – de racionalidade – porque o reino de Deus, que é simultaneamente

---

[13] Para a ética do discurso, cf. Cortina, 1989b; Conill, 1991; Hoyos & Vargas, 1997; Apel et al., 1991; Maliandi, 1997; Muguerza, 1990; García-Marzá, 1992; Blanco et al., 1994; *Anthropos*, n. 183, 1999, sobre "Karl-Otto Apel: una ética del discurso o dialógica"; Siurana, 2003.

comunidade real e promessa de comunidade ideal, perde sua garantia de futuro, precisamente pela eliminação de quem tem poder para consumá-lo. A esperança na promessa transforma-se em ilusão pela utopia que não esteja fundada na pura razão. Perda de seiva vital, porque o homem – todo e qualquer homem –, que, misteriosamente constituía o fim a serviço do qual deve ser posta a criação inteira por seu valor infinito, se transforma em um interlocutor imprescindível para que minhas afirmações a respeito das normas sejam racionais.

E aqui não posso deixar de recordar a pergunta que Kant formulava à sua própria fundamentação do moral: como um homem, atraído por tantos motivos, pode sentir interesse pelas leis da razão, fria e descarnada[14]? Como é possível apostar toda uma vida de entrega à comunidade real, porque isso é o que a fidelidade à própria razão pede, quando, por outro lado, a razão não garante que possamos verificar a moralidade de nossas propostas?

Em minha opinião, se o modo procedimental de fundamentação não quiser perder coerência nem seiva vital, não deveria substituir antigos modos, mas servir de procedimento para que os homens reconheçamos historicamente como nossa a imagem do homem à qual dermos nosso assentimento[15].

---

[14] Cf. Kant, *Grundlegung*, IV, p. 459-60
[15] Cf. Cortina, 1998, cap. VII: "Alianza y contrato".

III
ÉTICA E POLÍTICA.
UMA MORAL PARA A DEMOCRACIA

6
A moral civil em uma sociedade democrática[1]

1. Do Estado confessional ao Estado laico. Réquiem pelo monismo moral

Segundo uma crença muito difundida, a Constituição espanhola de 1978 veio – entre outras coisas – "arrematar uma faina", iniciada nos anos precedentes, mas ainda necessitada daquele "arremate" final. O artigo 16, referente à liberdade religiosa, era dinamite pura – sempre segundo a já citada crença – para o fenômeno que passou a ser expressivamente chamado de "nacional-catolicismo" e para uma de suas mais perniciosas consequências: o código moral único.

Com efeito, atendendo à acertada caracterização de Álvarez Bolado, o nacional-catolicismo, arraigado em nosso século durante décadas, "é a resposta de uma sociedade política, que tenta resolver os problemas de desagregação comportados pela modernidade, escolhendo a tradição católica como um ingrediente de seu projeto nacional, para utilizar o catolicismo como elemento de coesão e de redução da conflituosidade ideológica e social. As demais con-

---
[1] Reelaboração de "Moral civil en nuestra sociedad democratica", *Razón y fe* (Madri, n. 1.046, 1985), p. 353-64. Para uma atualização desta parte III do livro, cf. Cortina, 1997; 1998; 2002.

cepções morais e religiosas, quer dizer, as demais cosmovisões, veem-se excluídas como antipatrióticas" (Álvarez Bolado, 1981, p. 322-3). Obviamente, para uma atitude semelhante, o célebre artigo da Constituição segundo o qual "garante-se a liberdade ideológica, religiosa e de culto dos indivíduos e das comunidades "constituía uma dose implacável de veneno mortal. Como o nacional-catolicismo expirava também – alegra dizer isso – o código moral único, a hegemonia absoluta de certa moral católica; ainda que pudéssemos mais acertadamente falar do fim de sua tirania, já que se tratava de um código imposto.

Portanto, chegara a hora de celebrar e de trazer à luz o que há tanto tempo vinha se gestando: o monismo moral morreu, viva o pluralismo moral! Rei morto, rei posto. Depois do réquiem, o te-déum. O reinado do celebradíssimo pluralismo moral inaugurava-se em meio a todos esses augúrios gozosos.

2. Rei morto, interregno

Segundo a difundida crença à qual vimos nos referindo, hoje já é uma benção contemplar como as pessoas podem manter impunemente as mais diversas posturas acerca de problemas morais; ou seja, a respeito do aborto, do divórcio e das relações sexuais. A despeito das jeremiadas dos nostálgicos, o código único foi substituído pela convivência democrática de concepções morais distintas. A tolerância, a nunca suficientemente enaltecida virtude democrática da tolerância, tornou possível o milagre: "abortistas" e "antiabortistas", "divorcistas" e "antidivorcistas" dividem um mesmo teto pátrio; ver o filme *Je vous salue, Marie* [Eu vos saúdo, Maria] é tão lícito quanto rezar o terço na porta do cinema. Uma nova era começa, marcada pela marca do plural.

Lamento muito, mas confesso que não participo de tão comovente euforia. E não por nostalgia dos tempos do código imposto. Justamente o contrário: porque não consigo me convencer de que ele tenha sido destronado por um pluralismo moral autêntico.

Se quisermos levar as coisas realmente a sério, o pluralismo moral suporia, na verdade, a convivência – não a mera coexistência – de diferentes concepções a respeito do que faz os homens felizes e a respeito do que eles devem fazer; diferentes concepções a respeito do bom (o felicitante) e do justo. Mas isso exige um duro esforço. Implica aplainar sempre mais o terreno dos atos concretos e tentar esboçar os contornos daquilo que consideramos uma atitude mais humana que outras; ou seja, uma atitude mais felicitante (mais geradora de felicidade) e justa.

E, nesse sentido, é um bom exemplo a tradição ética espanhola de Ortega e Aranguren, que remonta à preocupação grega com o *éthos* mais que com as ações concretas, porque carece de sentido examinar atos sem perguntar de que atitude eles procedem, que modo de encarar a vida exprimem[2]. Uma moral de *atitudes* continua a ser a única capacitada a iluminar respostas morais[3].

Enquanto o código moral único se manteve em vigência, a questão das atitudes já tinha sido decidida por aqueles "a quem competia" decidir. Mas quem é competente hoje em tais matérias? E, sobretudo, quem faz o esforço – reflexivo e comprometido – de ir além do terreno das ações concretas para se questionar sobre as atitudes que humanizam o homem?

Com toda certeza, não aqueles que – de um lado ou de outro – continuam encurralando o moral no âmbito do sexual-familiar. Juízes como esses, pelo sim ou pelo não, persistem em um "monismo territorial" míope, por mais pluralistas que pretendam ser.

---

[2] Cf. Aranguren, 1994, especialmente p. 469ss.
[3] Cf. Vidal, 1974.

Como dizia Max Scheler, da mesma forma que o ateísmo não ultrapassa os umbrais do teísmo enquanto nega determinado deus, o "pluralismo" em nada supera o monismo moral enquanto teima em jogar – a favor ou contra – no mesmo terreno que o código moral único classificou como moral: o âmbito sexual. O âmbito moral é infinitamente mais amplo. Estende-se até onde alcança a vista, até onde chega a responsabilidade dos homens.

Mas, em nossa sociedade, quem é que está preocupado em como responder à vida – individual ou coletivamente – de um modo genuinamente humano? Quem faz o esforço de ir além do campo do concreto e do episódico, e, indo além dos apetites e das ocorrências, pergunta-se pelos fins e pelas metas últimas?

Não há dúvida: os grupos religiosos; mas isso não basta para falar de moral civil. Os movimentos sociais – ecologistas, feministas, homossexuais – que reivindicam aspectos muito concretos, mas não os inserem em um horizonte mais amplo. Por fim, os grupos políticos que vão perdendo, a cada dia, toda capacidade – subjetiva e objetiva – de oferta moral, porque o pragmatismo de uns e de outros supõe a morte da moral.

O desconcerto diante das avaliações últimas e dos ideais do homem é o que tomou o lugar do código único. Parecia que o tirano morto seria substituído por um interregno, no qual se começaria a perceber em toda a sua crueza aquilo que, segundo alguns, já era visível: o fracasso do Iluminismo.

3. O Iluminismo: um projeto moral fracassado

Já é lugar-comum atribuir a morte de Deus ao avanço do Iluminismo. O projeto da modernidade, marcadamente prometeico, excluiria paulatinamente toda possibilidade de contar com "outro", distinto do mundo, que participasse do acontecer histórico.

Todavia, o que a modernidade realmente supôs foi a morte *sociológica* de Deus. Com efeito, segundo confirma um bom número de sociólogos, nas primeiras etapas da evolução social, as cosmovisões religiosas realizaram uma tarefa valiosa. Pelo fato de serem compartilhadas por indivíduos diferentes, tais indivíduos encontravam nelas suas senhas de identidade, sentindo-se, ao mesmo tempo, membros de uma sociedade que participava dessas mesmas senhas. Portanto, as religiões desempenharam, nessas primeiras etapas, uma função identificadora, configuradora das sociedades, que, além do mais, permitia fundamentar normas morais e jurídicas e legitimar a dominação política. Contudo, o desenvolvimento das forças produtivas que marcou os primórdios da modernidade – o desenvolvimento da técnica – forçou a descartar pouco a pouco as cosmovisões religiosas como fonte de identificação e de legitimação.

Por sua própria natureza, os avanços da técnica exigiam algumas visões de mundo que entrassem em sintonia com o modo técnico de abordar e de resolver os problemas, e não eram exatamente as concepções religiosas, preocupadas com o "absoluto", com o "livre" referente aos fenômenos, que podiam servir de marco ideológico para a técnica. Não é de estranhar que as cosmovisões científicas, que limitam o próprio âmbito às leis que presidem o curso dos fenômenos e prescindem de toda pergunta pelo absoluto, tenham vindo a substituir a religião em seu papel identificador e legitimador. Essa distonia entre o mundo religioso e o progresso técnico foi esboçando paulatinamente na consciência social um anúncio, situado nas antípodas da boa nova cristã: Deus morreu. E, ao que parece, morreu como inegável consequência do progresso iluminista[4].

---

[4] Cf. Habermas, 1984a; 1987a; 1999; 2001.

De todo modo, a morte de Deus não estava entranhada *de iure* nos projetos do Iluminismo. Deus mantinha seu lugar inalienável na ideia mais cara aos iluministas: a ideia de progresso moral; e boa mostra disso foram as tão representativas produções do século XVIII, como a religião natural e a teologia moral.

A religião natural, de seu lado, mostrava Deus como o pedagogo que, no decorrer da história, vai desvelando à humanidade suas próprias possibilidades morais. Para a teologia moral, por seu turno, Deus é postulado como ideal moral – como *"maxima persona"* –, tão enamorado da capacidade moral dos seres racionais que impede que a injustiça seja a última palavra da história[5].

O que acontece – como o leitor há de perceber – é que, em ambos os casos, os "papéis" entre Deus e a moral se alteraram. Deus já não é mais o legitimador das normas morais, aquele em virtude do qual podemos falar de uma ordem moral partilhada e extensível a todos os homens. Pelo contrário, é a existência inegável da moral universal que abre um caminho para descobrir a racionalidade da afirmação "Deus existe". Aquele que não está preocupado com o progresso moral, muito menos se interessará pela figura do pedagogo ou do justiceiro.

Há poucas coisas mais alheias à divisa do Iluminismo do que a conhecida afirmativa de Dostoiévski: "Se Deus não existe, tudo é permitido". Mesmo que Deus não existisse – reza a divisa do Iluminismo –, só é permitido ser homem em plenitude.

Essa troca de papéis entre Deus e a razão moral não exigia, de forma alguma, a morte de Deus. Pedia apenas sua "morte sociológica": no momento de legitimar a dominação política, no momento de justificar normas morais e jurídicas, inclusive no processo de identificação dos indivíduos como membros de uma sociedade, a

---

[5] Ocupei-me mais demoradamente desses temas em Cortina, 1981b. Cf. também o cap. 9 deste trabalho.

religião teria cumprido outrora uma função imensurável, mas devia ser substituída pela razão. Dado que a religião já não era compartilhada por todos, era necessário recorrer a esse elemento comum que é a razão moral; ela devia assumir a tarefa de fundamentar normas morais e jurídicas, legitimar a dominação e revelar aos indivíduos sua própria identidade. De tal mudança de rumo, nasceram o direito natural racional, a moral formal e os ideais democráticos. O universalismo das metas últimas e dos ideais compartilhados chegou a seu ponto máximo. Só uma "questão pendente" parecia restar ao Iluminismo: proporcionar aos indivíduos a identidade perdida.

Quem dera a divisa do Iluminismo tivesse triunfado. Quem dera a razão moral tivesse se encarregado da fundamentação dos deveres – morais e jurídicos – e da legitimação política, liberando a religião de um peso desses. Deus deixara de ser aquele "por cuja graça" os príncipes dominam; aquele que justifica a existência de preceitos morais e jurídicos; aquele que discrimina entre católicos e não católicos, entre patriotas e antipatriotas. Longe do terreno da dominação, dos deveres e da discriminação – terreno que só pôde ocupar vicariamente nos primeiros estágios da humanidade –, Deus finalmente julgaria em seu próprio campo: o da gratuidade e não o da necessidade, o da compaixão e não o do domínio, o do chamado à felicidade e não o do preceito, o da oferta de identidade, identidade cuja carência hoje obriga os sociólogos a falarem do "sentido" como um recurso escasso[6].

E não obstante o avanço na universalização moral se demonstrou mais aparente que real. Como mais tarde viria a descobrir a nova geração de iluministas que é a Escola de Frankfurt, não foi exatamente a razão moral que pôde se cingir com os louros do triunfo.

---

[6] Cf. Habermas, 1987a. Eu me ocupei mais extensamente desse tema em Cortina, 1985b, especialmente no cap. VI.

Entre as duas caras da moeda do progresso – o moral e o técnico –, quem venceu foi a segunda, e foi a razão técnica, como dissemos no começo deste tópico, foi a "razão instrumental" que substituiu Deus na tarefa legitimadora. A razão instrumental fez de Deus um termo carente de significado, porque os problemas que o absoluto pode suscitar são insolúveis e, portanto, insuscitáveis. Graças ao positivismo, Deus não apenas morrera sociologicamente – o que era inevitável e louvável –, como morrera inclusive como palavra dotada de significado. Mas – o que é ainda mais grave para um ilustrado – o triunfo da razão instrumental supunha a morte do universalismo moral.

4. O pós-universalismo moral

De acordo com os partidários da teoria da evolução social, o desenvolvimento da consciência moral ocidental supunha – entre outras coisas – a universalização progressiva dos princípios morais e, portanto, o incremento de sua capacidade de serem compartilhados. As primeiras etapas da evolução, que professam uma moral narrativa, particularista, sucedem-se à fase das cosmovisões filosófica (grega) e cristã, que proporcionam uma oferta que já é universal, argumentável. Mesmo assim, nesses estágios, os princípios últimos ainda são suscetíveis de dogmatização, de absolutização, e, por isso, a modernidade surge como configuradora de uma moral plenamente universalizável: visto que normas, princípios e avaliações morais repousam na razão, faculdade comum a todos os homens, todos podem compreender e compartilhar tais normas, princípios e avaliações. O universalismo moral atingiu seu ponto culminante[7].

---

[7] Cf. as obras de Habermas citadas nas notas 4 e 6 deste capítulo; Cortina, 1985b, e o cap. 5 deste trabalho.

Com efeito, idealismo, marxismo, utilitarismo e anarquismo constituíram propostas universalistas, convictas de que há valores, atitudes, fins e metas que todos os homens podem e devem compartilhar. O âmbito dos valores morais não é aquele acerca do qual mais vale calar ou que expressa apenas emoções subjetivas. Pelo contrário, é um âmbito sobre o qual se pode e se deve falar, para não serem tratados como meios aqueles que são fim em si (idealismo), para que o grau de prazer atingido pelo maior número não fique abaixo do limite do possível (utilitarismo), para que a sociedade de produtores livremente associados seja uma realidade (marxismo), para que a sociedade que reúne em assembleia homens autolegisladores – sem deus nem senhor – não fique na utopia (socialismo libertário). Pode-se e deve-se falar de valores compartilháveis. E, mais do que isso, é preciso comprometer-se práxica e esperançosamente com eles.

Mas um exame retrospectivo mostra que não foi essa a razão moral que assumiu a importância da religião em nível sociológico; que não foi ela quem tomou a si a tarefa de decidir os fins e as metas para os quais a vida social deveria encaminhar-se, sequer foi ela quem decidiu o modo político de legitimação, porque – como dissemos – a razão técnica, própria do mundo econômico, assumiu suas tarefas. A consequência para aquilo que nos interessa neste momento é clara: paulatinamente, vai se difundindo a convicção de que os valores e metas morais são uma questão "muito subjetiva", muito pessoal. Um assunto, isso sim, sumamente respeitável, mas, em última instância, incomunicável por ser impartilhável. Pretender que todos comunguem das mesmas metas é pedir o impossível, até mesmo o indesejável, porque isso suporia o retorno ao tão infamante monismo moral, ao código único.

Nesse sentido, nunca será suficientemente elogiada a lucidez de Max Weber, quando ele fala do *politeísmo axiológico* – mais que de pluralismo – em seu diagnóstico do processo seguido pelo

Ocidente. Segundo Weber, assim como é universal a ideia de que as ações voltadas para fins podem gozar de uma racionalidade comprovável, as ações que são regidas por valores são dificilmente racionalizáveis, porque os valores últimos são escolhidos como ato de fé. No âmbito das escolhas de valor, cada qual tem "seu deus", aceito em um ato de fé; mas os valores últimos são incomensuráveis entre si, incomparáveis.

Retomando o fio interrompido em páginas anteriores, o júbilo daqueles que celebraram o advento do pluralismo moral se torna amargo. Já não se trata apenas de que alguns – em pronunciada miopia – reduzam o "pluralismo" às questões sexuais; já não se trata apenas de que poucos transcendam o terreno do episódico para se perguntar pelas atitudes que humanizam, pelos fins que plenificam o homem. Trata-se de que as opções de valor – nesse caso, de valor moral – não podem ser compartilhadas, porque não existe o pluralismo, e sim o politeísmo moral. Não é nem mesmo viável a solução segundo a qual coexistam – não que convivam – distintas convicções valorativas, porque isso exigiria que a tolerância fosse um valor compartilhado, e não tem por que sê-lo: no âmbito dos valores, cada qual elege o próprio deus. Pelo menos uma consequência clara decorre disso tudo: o universalismo moral, na forma sonhada pelo Iluminismo, morreu; as decisões morais passam a ser uma questão privada. À privatização da religião, hoje discutida por muitos, sucede-se a privatização do moral.

Apesar disso, fala-se insistentemente de moral cívica; somos até convocados ao rearmamento moral. Como e por que atender a semelhante convocação em uma situação como a descrita, falha em ideais compartilhados?

5. Da necessidade, virtude? O projeto de uma moral civil

Segundo uma acertada caracterização de Pedro Laín Entralgo, pode-se entender por "moral civil" aquela que,

> quaisquer que sejam nossas crenças últimas (uma religião positiva, o agnosticismo e o ateísmo), deve nos obrigar a colaborar lealmente com o aperfeiçoamento dos grupos sociais aos quais naturalmente pertençamos: uma entidade profissional, uma cidade, uma nação unitária ou, como começa a ser nosso caso, uma nação de nacionalidade e de regiões. Sem um consenso tácito entre os cidadãos a respeito do que seja essencialmente essa perfeição, a moral civil não parece possível (Laín Entralgo, 1979).

A moral civil pressupõe, então, certos ideais compartilhados pelos membros de uma sociedade como a nossa. Mas, depois do diagnóstico que estamos fazendo neste breve capítulo, parece antes que aceitar algo semelhante suporia fazer da necessidade uma virtude.

Definitivamente, os indivíduos nos daríamos conta de que, mesmo que não comungássemos em nada, a vida em sociedade, regulada por normas, fruto de consenso, proporciona-nos mais vantagens que o robinsonismo*, e dessa necessidade de sobrevivência pacífica e proveitosa extrairíamos – como coelhos da cartola – as virtudes que adornam a moral cívica: tolerância, disponibilidade para o diálogo e para aceitar o que foi objeto de consenso dialogado, rejeição de toda e qualquer pretensão de possuir o monopólio da verdade.

E, efetivamente, esse virtuoso discurso da moralidade democrática se transformou hoje em uma espécie de disco arranhado, que todos repetimos como se tivéssemos acabado de inventá-lo.

---
* O modo de vida típico de Robinson Crusoé, o de um robinson, indivíduo que, solitariamente e sem ajuda de outros, chega a bastar-se a si mesmo. (N. T.)

Ninguém tem a intenção de dizer nada por conta própria, ninguém pretende defender algo pelo fato de acreditar que ele seja verdadeiro, ninguém se atreve a supor em voz alta que talvez o interlocutor esteja equivocado. Costumamos repetir, repetir até a exaustão, o discurso do momento, sem ousar estender a reflexão um pouco mais além. Mas a repetição mata a vida criativa, e a vida merece ser pessoalmente vivida.

O sentido da moral civil democrática, tal como *afirmamos entendê-la* nas democracias do Ocidente, não está no desejo egoísta de sobrevivência pacífica, por mais positivo que se possa considerar esse tipo de egoísmo. Se as primeiras teorias do contrato compreenderam dessa forma a formação da sociedade civil e política – por um contrato entre egoísmos –, também é certo que, no decorrer do tempo, essas teorias contratuais de cunho liberal vão se atenuando em egoísmo e situando no centro da consideração dois elementos básicos: o direito do homem a exercer sua capacidade autolegisladora e o valor das leis universalmente acordadas[8].

O sentido profundo da moral civil reside, pois, em alguns valores compartilhados, que um bom número de sociedades aceita como explicitamente *verdadeiros*, sem deixar nenhuma brecha de possível acerto para o hipotético contrário. O sentido profundo da moral civil não está em uma necessidade de associação, transformada em virtude por artes de magia ideológica, mesmo que ela possa degenerar para isso se continuarmos a repetir discursos sem refletir a fundo sobre os valores democráticos. A moral civil repousa na convicção de que é verdade que os homens são seres autolegisladores; de que é verdade que, por isso, eles têm dignidade e não preço; de que é verdade que a fonte de normas morais só pode

---

[8] Refiro-me às teorias contratuais na linha de Rousseau-Kant-Rawls. Nesse sentido, cf. Martínez Navarro, 1999. Para o neocontratualismo individualista, cf. Castiñeira, 1994.

ser um consenso se os homens reconhecerem reciprocamente seus direitos; por fim, de que é verdade que o mecanismo consensual não é a coisa mais importante na vida moral, visto que as normas constituem um marco indispensável, mas não dão a felicidade. E os homens – isso também é verdade – tendem à felicidade.

As virtudes que vão nos ajudar nessa tarefa serão, não resta dúvida, a tolerância e a disponibilidade ao diálogo. Mas eu gostaria de destacar aqui duas virtudes pouco citadas e, mesmo assim, indispensáveis: a responsabilidade e a autoestima. Porque ser homem é uma tarefa à qual é preciso responder e que vale profundamente a pena. Requer tempo e apreço.

6. Alegrias e obscuridades da moral civil

Construir uma moral civil, não obstante o discurso sobre o politeísmo imperante, pressupõe apostar em que o consenso é o único procedimento legítimo para alcançar normas universais. A razão moral, que devia recolher a tocha legitimadora e fundamentadora; a razão que defendia metas universais passará a se expressar a partir de então por meio de um diálogo, cujo *telos* é o consenso. Certamente, os diálogos supõem dissensões, sem as quais é impossível dar início ao intercâmbio de pareceres, mas, se não pretendem entrar em acordo, o diálogo entre interlocutores que devem resolver um problema comum carece de sentido.

Contra o absolutismo de fases anteriores, que podia proteger certos princípios na discussão e mantê-los como absolutos, como irretocáveis diante do relativismo que destrói a moral ao deixá-la em mãos do subjetivismo da situação ou da época concreta, o *consenso* suporá um "certo termo médio" – para falar aristotelicamente – entre o excesso e a falta. Nem normas absolutas, indiscutíveis, nem dissolução do moral em sua escravidão ao subjetivismo pessoal ou epocal. É possível falar de normas que se devem cumprir, mas sua legitimidade depende de elas terem sido fruto do consenso de todos os envolvidos em pé de igualdade.

Seja entendida segundo o modelo filosófico "socialista" do consenso ou segundo o modelo filosófico "liberal" do *contrato*, o certo é que uma moral civil acha que pode alcançar normas legítimas por meio do acordo. Porque, no caso "socialista", a necessidade do acordo se baseará no fato de que o *logos* humano já é "dialógico", por isso é que ninguém pode chegar ao verdadeiro ou ao certo, a não ser mediante um diálogo, presidido pelo reconhecimento recíproco dos interlocutores durante a intervenção e a réplica e voltado para um consenso. Os "liberais", por sua vez, verão no acordo o caminho inevitável para que todos os homens possam realizar sua capacidade legisladora: se a autonomia é a característica humana radical, a autolegislação de todos só é possível por meio de um diálogo e de um acordo comum. Em última instância, *reconhecimento mútuo e autolegislação* são dois elementos humanos que, hoje, poucos se atrevem explicitamente a negar[9].

De todo modo, e apesar dos múltiplos louvores que, de um lado e de outro, são feitos ao consenso, nesse momento a única fonte legitimadora de normas compartilhadas é um procedimento frágil e limitado, um procedimento que tem suas "alegrias", mas também sombras que não convém esquecer.

Em minha modesta compreensão, espreitam o consenso – entre muitos outros – três perigos fundamentais: concebê-lo como um pacto estratégico, reduzi-lo a mero mecanismo formal e fazer dele a pedra filosofal que moraliza tudo aquilo que toca, que a tudo cura instantaneamente.

---

[9] Para a vertente liberal, cf. fundamentalmente Rawls, 1978; 1993; 1999. Para a vertente socialista, cf. Apel, 1973; Cortina, 1989b; 1993; 1998, caps. IV e V.

A convicção de que os consensos são pactos estratégicos – nos quais cada um defende raivosamente os próprios interesses individuais até chegar a um equilíbrio – a depender da correlação de forças desvirtua radicalmente o sentido profundo da democracia. Se só esse tipo de pacto é acessível ao homem, confessemos logo que o humano é o individualismo selvagem e deixemos de lado o batido discurso moral. Se não estiver construído com base em avaliações morais, falar de *moral* civil carece de sentido e de significação e, hoje em dia, as democracias ocidentais reconhecem – verbalmente pelo menos – os dois valores que citamos antes: o direito autolegislador dos homens e a necessidade de exercer esse direito dialogicamente, por meio do reconhecimento recíproco desse direito. Por isso, se entendermos o consenso como estratégia, e não como concórdia, convocar a uma moral cidadã é puro cinismo.

Justamente, o triunfo dos pactos estratégicos e a convicção de que outro tipo de acordo é inacessível aos homens consagram em nossa época a utilização universal dos homens como meios, como peças prováveis de um pacto. Nada mais apartado da autonomia e do reconhecimento autêntico dos direitos comuns. Nada mais alheio a uma humanidade responsável, que faz sua própria história e valoriza seu próprio projeto: os seres que são utilizados como meios são heterônimos, não autônomos; são objetos, não sujeitos. Não podem sentir nenhum apreço pela tarefa de ser homem, que é precisamente o que faz a moral.

Mesmo assim, não é menor o erro de entender o consenso como um procedimento formal, como um mecanismo legitimador de normas, sem nada a ver com a forma de vida em que, em última instância, se apoia. E não apenas porque o consenso, assim entendido, tende a se identificar com a regra das maiorias, que – como todos sabemos – é um mal menor, carente de grandes correções; tampouco porque os consensos fáticos não constituam garantia suficiente da correção das decisões, e seja preciso apelar para um consenso ideal como ideia reguladora e como cânon para a crítica; mas sim porque um mero procedimento, separado da forma de vida da qual surge em virtude da qual adquire significado, é um mecanismo irrelevante.

O diálogo e o consenso, como procedimentos legitimadores de normas na vida cidadã, exigem como pano de fundo uma vida dialogal e consensual que busque apetrechar todos os possíveis interlocutores com os meios materiais, culturais e informativos necessários para dialogar em pé de igualdade e com certas garantias de competência.

Por fim, outro perigo sutil espreita a moral cívica por conta do célebre consenso. É o perigo de identificar a dimensão moral do homem com as normas legitimadas por consenso, equiparando o moral com a moral cívica, e esta última com o mundo das *normas*. O moral – diremos para encerrar este capítulo – transcende em muito o âmbito do "deôntico", o âmbito do dever e das normas. Por isso as éticas do dever deixam esse ressaibo seco depois de terem sido provadas. O moral abarca, certamente, o terreno das normas da moral civil, mas estas – não as esqueçamos – tendem a ser positivadas e a se transformar em *direito*. Assim vai se constituindo, pouco a pouco, o corpo de normas acordadas, esse *mínimo* de leis fruto de consenso, plasmadas em normas positivas, que constituem as regras do jogo da vida cidadã. Mas os projetos morais, as concepções de homem de que falávamos no princípio, são propostas de *máximos*[10]: esboçam ideais de homem e de felicidade a partir da arte, das ciências e da religião, em suma, a partir dessa trama de tradições que configuram a vida cotidiana.

---

[10] Cf. González de Cardedal, 1984; 1985, p. 57ss. Cf. também a interessante nota de P. Cerezo (1985) ao primeiro desses livros.

Por isso uma moral cívica que limite seus esforços à legitimação de normas, por fim, degenera em um mecanismo de legitimação jurídica. Mas, em face do que pensam os atuais representantes das éticas democráticas do diálogo, o moral não equivale ao direito[11]. A moral preocupa-se também com os *máximos*, não apenas com os mínimos normativos; também a preocupa os valores pelos quais vale a pena empenhar a vida.

---

[11] Para uma tentativa de superar os limites das éticas dialógicas a partir de dentro, cf. o epílogo de Apel (1989) ao livro *Razón comunicativa y responsabilidad solidaria* de Cortina, assim como Cortina, 1990. Para a ética cívica, cf. Cortina, 1994; 1998, cap. VII; 2001, parte V; Martínez Navarro, 2005; Habermas, 2006.

7
Concórdia ou estratégia?
Uma moral para nosso tempo

1. Pluralismo moral e ética aplicada

Se a ética, como reflexão filosófica sobre a moralidade, foi assumindo paulatinamente a missão de interpretar a natureza de seu objeto e de "dar razão dele" – pois é exatamente isso o que significa o termo "fundamentar" –, não é menos certo que, em nosso tempo, ela se veja levada a potencializar uma dimensão da qual pôde descuidar em outras épocas: a aplicação de suas reflexões, a chamada "ética aplicada".

Com efeito, nas fases do desenvolvimento da consciência moral pelo qual os membros das sociedades ocidentais e orientais adquiriam sua identidade em relação com uma imagem religiosa do mundo com conteúdo, e mais tarde nos países que mantiveram uma legitimação religiosa das normas morais e jurídicas, o papel da ética limitou-se a justificar filosoficamente o já aceito e a extrair consequências para a ação, confundindo-se em boa medida com a moral. O surgimento do formalismo e do procedimentalismo como formas de legitimação de normas morais e jurídicas – surgimento que se produz na modernidade e no Iluminismo – comporta a autonomização da moral, mas também da ética, que deixa de ser uma disciplina subordinada a cosmovisões religiosas e filosóficas e passa a se ocupar de fundamentar a forma e o procedimento por meio dos quais uma norma pode ser tida como moral.

Mas o desaparecimento do código moral único e o nascimento do pluralismo também vão exigindo uma nova contribuição da ética. Como reflexão que se pretende filosófica, não adscrita a nenhum código moral, a ética – a filosofia moral – vê-se impelida a extrair as consequências para os problemas da vida cotidiana apresentadas pela fundamentação por ela proposta. Problemas como a guerra ou a fome, a eutanásia e o aborto, a destruição da ecosfera, a organização de uma sociedade do ócio, a manipulação genética, a moral científica, a violência ou a desobediência civil exigem da filosofia moral que, a partir de sua pretensa racionalidade, contribua para esclarecer a deliberação e a ação.

Não se trata de reivindicar da ética uma resposta material. Trata-se de esclarecer a partir de que *atitude* podemos encarar essas questões, se é que desejamos nos comportar como homens. Por isso a pergunta anterior a toda resposta material, a grande pergunta que a ética hoje enfrenta, é a seguinte: *se, estando a moral separada da religião, podemos* – mesmo assim – *continuar a esboçar os traços de uma atitude mais humana que outras*. Sem uma resposta adequada a essa pergunta, a ética se vê impossibilitada de dar alguma contribuição à reflexão e deliberação sobre os problemas da ética aplicada.

2. "Se Deus não existe, tudo é permitido"

Desde que Fiódor Dostoiévski pôs na boca de um de seus personagens a tão célebre frase "se Deus não existe, tudo é permitido", a conexão intrínseca entre religião e moral pareceu a muitos tão evidente que, a partir de sua perspectiva, a morte de Deus como elemento identificador da pertinência a uma sociedade inevitavelmente levaria ao desaparecimento da moral. Mas é mesmo certo que a morte sociológica de Deus acarreta a morte da moral? A história parece nos oferecer a percepção da resposta negativa. Já na época de Dostoiévski, encontrava-se em estado avançado o processo de decomposição das imagens do mundo e, mesmo assim, nem tudo era permitido. Liberalismo, marxismo, anarquismo (em sua versão moral política), utilitarismo, idealismo, materialismo dialético, naturalismo (em sua versão ética) são propostas que reivindicam o qualificativo de "humanistas". Em sua perspectiva, o homem é um ser valioso em si mesmo, sendo portanto inumano utilizá-lo como meio; o imperativo material ordena "derrubar todas as relações em que o homem se apresenta como um ser abandonado, humilhado, escravizado, desprezado"; o homem – na expressão de Feuerbach – é deus para o homem; a igualdade dos homens autolegisladores destrói o direito do deus e do senhor.

Deus estava morrendo em nível sociológico, mas, mesmo assim, nem tudo era permitido.

O reino dos fins, como enlace sistemático dos fins que todo ser racional pode se propor; a comunidade de produtores livremente associados, dispostos a escrever em seu estandarte "de cada um segundo suas capacidades; a cada qual segundo suas necessidades"; a sociedade assembleísta anarquista de homens autolegisladores; todas essas "utopias racionais", impregnadas de escatologia, impediam de experimentar radicalmente a morte sociológica de Deus. Porque sociologicamente Deus estava morrendo e, não obstante, o homem continuava a ser um valor sagrado e seguro, e o futuro se perfilava como realização de um *optimum*, como cumprimento da promessa racional.

Só uma postura elitista, como o anarquismo monádico de Max Stirner ou a moral nietzschiana do herói, rompia a convicção de uma ordem moral que, baseada em uma moral de iguais, sentia-raciocinava como absurdo que a riqueza humana, presente em todo homem, deixasse de ser realizada em plenitude[1]. Como aponta Ramón Valls Plana, "sob essa perspectiva, tanto o hegelianismo como o marxismo, tanto o socialismo como o anarquismo, como doutrinas igualitárias que pregam a reconciliação final, não saíram da órbita do platonismo popular, ou seja, do cristianismo. Trata-se, por fim, de teorias segregadas por uma moral de escravos ressentidos, que lutam contra a vida criadora de diferenças e de hierarquia" (Valls Plana, 1981, p. 148)[2].

Mas a moral dos escravos acabou vencedora diante da moral dos heróis e lançou as bases de *uma moral democrática, à qual os homens não parecemos inclinados a renunciar*. Até o ponto de algum neonietzschiano contemporâneo se esmerar em apresentar a ética trágica, que tem sua origem moderna em Schopenhauer e seu expoente máximo em Nietzsche, como "o reverso interindividual daquilo que a democracia supõe no plano comunitário" (Savater, 1982, p. 165). A seu ver, o Pai tem de morrer para que os irmãos possam viver como tais: o fim da religião é necessário para que o reino da fraternidade tenha início. Mesmo assim, enquanto falávamos de irmãos, ficou difícil experimentar sociologicamente, até o fim, a morte de Deus.

As morais seculares que anunciaram com Marx que "a crítica da religião está, no essencial, completa", ao descobrir que *"o homem faz a religião*; a religião não faz o homem" (Marx, 1971, p. 207)[3]; as morais seculares que, com o anarquismo, rejeitaram a lei divina como fonte de heteronomia, deixavam, contudo, a brecha para se

---

[1] Para uma útil panorâmica do anarquismo, inclusive do anarquismo monádico de Max Stirner, cf. C. Díaz, 1976.

[2] Para uma sugestiva e adequada compreensão da proposta "moral" de Nietzsche, cf. Conill, 1997.

[3] Essa inversão da relação entre o homem e a religião em sua raiz feuerbachiana é analisada por Amengual, 1980.

introduzir a tão reiterada pergunta: é possível ser marxista e cristão? É possível ser anarquista e cristão? Talvez porque acontece ao anarquismo o mesmo que acontece com a dialética, que, segundo Paul Lorenzen, "surgiu como uma 'superação' do Iluminismo, com o propósito de salvar o conteúdo filosófico-moral do cristianismo" (Lorenzen, 1978, p. 35).

Hoje, contudo, começa-se a sentir, em toda a sua crueza, a morte de Deus na morte das éticas humanistas e utópicas. O fim da esperança, o fim da utopia, o surgimento – na visão de alguns – de uma "desesperança lúcida" supõem o retorno na história do tempo descrito por Flaubert e que Marguerite Yourcenar recolhe em suas *Memórias de Adriano*: "Os deuses já estavam mortos e Cristo ainda não aparecera e houve um momento único em que, de Cícero a Marco Aurélio, o homem esteve só".

Que tipo de moral pode o homem gerar em sua solidão? Tudo é permitido ou é possível desenhar os traços de uma atitude mais humana que outras?

Possível é, e de fato esses traços são desenhados ao menos verbalmente em todos os países chamados "avançados". Mas, curiosamente, neles se produz uma contradição manifesta entre esse *conteúdo* moral, ao qual ninguém parece disposto a renunciar e que só pode ser legitimado a partir de estruturas universalistas e comunicativas, e a *atitude* verdadeiramente triunfante na práxis e na teoria, que é a moral do pragmatismo.

O *éthos* do pragmatismo sucedeu as grandes ideologias seculares, humanistas e utópicas. Os movimentos "proféticos" – não "militantes" – pacifistas, feministas, ecologistas, representam pequenos núcleos de denúncia e reivindicação diante do verdadeiro gigante moral. Não se anuncia uma nova aurora nem advém o super-homem. Antes, prolonga-se e cresce o reino do *superespecialista* e do *estrategista*. Mas o superespecialista e o estrategista não podem – nem na teoria nem na práxis – levar a sério os direitos humanos: podem apenas operar com eles.

Junto a outros elementos, essa contradição entre a irreversível defesa dos direitos humanos e sua impossível tradução na teoria e na práxis, em virtude da atitude moral triunfante, parece iluminar as propostas de uma pretensa "nova esquerda", que se assemelham assombrosamente às da "velha direita". Mas vamos nos ocupar delas no último tópico. Antes, tentaremos preparar o caminho para o último ponto, levando em consideração os sintomas de desmoralização aos quais, em boa medida, o triunfo do pragmatismo dá lugar.

3. Pragmatismo e desmoralização

3.1. Pluralismo sadio ou vazio moral?

O fim do nacional-catolicismo, juridicamente plasmado no artigo 16 da Constituição espanhola de 1978, trouxe à luz o que na realidade já estava latente e era habitual em outros lugares: o pluralismo moral.

O pluralismo moral é, na realidade, a convivência de diferentes concepções acerca do que faz os homens *felizes* ou acerca daquilo que eles *devem* fazer; acerca do bom (felicitante) ou acerca das *normas corretas*. Trate-se do bem ou do dever morais, a pretensão de *universalidade* já representa uma marca distintiva de sua natureza moral. Talvez seja essa a razão pela qual, no decorrer do tempo, felicidade e correção se separaram e as diversas éticas se especializaram na consideração do bom ou do certo. As normas são universalizáveis, a felicidade não. A felicidade – é o que parece – é uma questão subjetiva, de conselhos de prudência baseados na experiência, enquanto as normas hoje constituem um mínimo para a convivência, suscetível de intersubjetivação e, portanto, de objetivação. Como foi, de *facto*, possível a convivência de distintas concepções morais que pretendem ser universais? E como é possível, *de iure*, esse pluralismo moral?

De facto, a convivência de morais diferentes que se pretendem universais foi, e é, possível com base em uma ética cívica, composta de alguns mínimos partilhados entre as diversas ofertas de "máximos", entre as distintas propostas de *felicidade*. Convida-se à felicidade, ao passo que os mínimos de justiça da ética cívica *são exigidos*. Ninguém pode exigir que outro viva segundo determinado modelo de felicidade, mas pode convidá-lo a segui-lo. Já uma sociedade pode sim exigir dos cidadãos que vivam segundo determinadas orientações de justiça. É por isso que o pluralismo moral é possível *de facto*: porque já se tem alguns mínimos de justiça (liberdade, igualdade, diálogo, respeito) partilhados pelas morais de máximos. E essa moral cívica orienta a legalidade que não apenas é exigível, como também se impõe, se necessário, mediante sanção.

Contudo, se os mínimos forem o resultado do acordo de pactos fáticos, em condições de deformação, desigualdade e coação, não constituiriam mais que um equilíbrio provisório de interesses que não podem legitimar a moral. Por isso, o pluralismo é possível *de iure*, como o mostra a ética discursiva, porque as regras de uma situação ideal de fala funcionam como critério para a crítica e como ideia reguladora dos acordos fáticos[4].

Mas não são essas as únicas limitações que um autêntico pluralismo moral pode encontrar. Vamos acrescentar outras duas, a segunda das quais mantém uma estreita relação com a racionalidade do pragmatismo.

A primeira, de baixa densidade teórica, mas de grande importância prática, refere-se ao fato de que, em determinadas ocasiões, o pluralismo é possível porque, mais que pluralismo, o que há é um

---

[4] Cf. Cortina, 1993, cap. 12; 1995, cap. 3; 1998, cap. VII; 2001, cap. IX.

vazio moral. A moral não é uma questão sociológica, como parecem indicar algumas éticas atuais, antes requer uma elevação pessoal da parte do sujeito que age. Requer, como o indica Ernst Tugendhat, responsabilidade, "comportar-se consigo mesmo" (Conill, 1991, III). E também fixa uma convicção coerente e arraigada do que é ser homem. A ausência de convicções morais, coerentemente arraigadas, expressa uma moral sociológica à qual falta a dimensão pessoal. É como escreve, muito acertadamente, um professor espanhol: "Aqui, a maioria dispõe de um pluralismo individualmente incorporado: somos conservadores em casa, progressistas entre os amigos, crentes hoje, amanhã ateus, agnósticos depois de amanhã. Às vezes, instalados, e outras, contraculturais. Liberais no sexual, socialistas na economia e ácratas no cultural. Em cada um de nós, ressoam as múltiplas pertinências, ofertas e demandas de nossa sociedade complexa e cambiante" (Hortal, 1985, p. 31). Semelhante pluralismo individual supõe maior vazio que o pluralismo moral.

E o último obstáculo que gostaríamos de, a essa altura, mencionar é a forma politeísta sob a qual o pluralismo se apresenta nas democracias liberais, graças ao gradativo domínio da razão instrumental. Atendendo ao duplo processo de racionalização e de desencantamento (*Entzauberung*) em que consiste o progresso ocidental, os valores morais são entendidos como decisões últimas irracionais de consciência sobre as quais não se pode deliberar e, portanto, sobre as quais não cabe acordo algum.

Com efeito, segundo Weber, "o destino de nosso tempo, racionalizado, intelectualizado e, sobretudo, desmitificador do mundo, é que exatamente os valores últimos e mais sublimes sumiram da vida pública e se retiraram ou para o reino ultraterreno da vida mística ou para a fraternidade das relações imediatas dos indivíduos entre si" (Weber, 1980, p. 229). Não é, portanto, a razão que tem de decidir em questões de valores últimos, porque "sobre esses deuses e sua eterna contenda decide o destino e não uma 'ciência'; decidem os profetas e os salvadores, não a razão" (Weber, 1980, p. 225-7). Nesse caso, o acordo sobre os fins últimos a que uma sociedade se propõe é impossível, e o pluralismo se apresenta mais como politeísmo insolúvel. É possível, com base nessa situação, delinear as características de uma atitude mais humana que outras ou as questões de atitudes são, como as dos valores últimos, assunto de fé individual?

3.2. Des-moralização como des-ânimo

A tarefa parece impossível se dirigirmos a vista para outro dos aspectos do fenômeno moral: *o aspecto psicoantropológico*, tal como Ortega e Aranguren o herdam da tradição grega. Nessa perspectiva, a vida humana individual e coletiva apresenta-se como uma *ocupação*; moralizar é uma tarefa que se espalha ao longo da vida e da história e que, como tal, não pode ser levada a cabo sem contar com determinada bagagem[5].

A faina moral requer confiança no projeto de ser homem, confiança em que vale a pena levá-la a cabo, confiança em que ela pode ser levada a cabo. Não por acaso, J. Rawls indica que seus célebres "egoístas racionais" da situação original elegeriam o autorrespeito como o mais importante dos bens primários. O autorrespeito, em sua visão, "inclui o sentimento de uma pessoa quanto a seu próprio valor, a firme convicção de que seu bem, seu projeto de vida, vale a pena ser levado a termo. E [...] implica confiança na própria capacidade [...] de realizar as próprias intenções" (Rawls, 1978, p. 486). Sem esses dois fatores (valorização e confiança), os homens não temos prazer na execução de nossos próprios planos, falta-nos

---

[5] Para a dificuldade de levar a cabo essa tarefa moralizadora na sociedade contemporânea, cf. Aranguren, 1973; Cortina, 1995b.

vontade para prosseguir com eles. "Todo desejo e toda atividade se tornam vazios e vãos e afundamos na apatia e no cinismo. Consequentemente, os indivíduos na situação original desejariam evitar, a quase qualquer preço, as condições sociais que debilitam o autorrespeito" (Rawls, 1978, p. 486).

Aplicada à tarefa de ser homem, que é a tarefa moral, a autoestima constitui o elemento-chave; se não houver apreço por semelhante empresa, tentá-la carece de sentido. A isso se referia Kant em sua *Grundlegung*, quando afirmava que a própria existência é o princípio subjetivo das ações humanas sempre que o sujeito da ação representa tal existência para si como *fim em si mesma*. Apenas quando o homem se compreende – sua própria humanidade – como o absolutamente valioso, como aquilo que tem dignidade e nunca preço, sua própria humanidade é para ele um fundamento para a ação, o motor da tarefa ética. E, curiosamente, sobre este mesmo *faktum* do reconhecimento do próprio valor como fim em si (objetivo e não subjetivo) é que incide a fundamentação da moral que Ernst Tugendhat apresenta em suas *Retratações*: o decisivo para Tugendhat é a *autoafirmação avaliativa*, o reconhecimento ou apreço pela própria existência, que se mostra como um "comportar-se consigo mesmo"[6]. Quando não se conta com semelhante autovalorização, a "moral da seriedade" perde toda a sua base.

Não obstante, o tempo em que nos tocou viver não potencializa as condições da autoestima. Ocorre justamente o contrário. O triunfo da razão estratégica transforma os homens em meios nas mãos dos homens, em mãos de desconhecidos sujeitos elípticos, e nem tão elípticos assim, que fazem da *coisificação* uma realidade inevitável, "minando o autorrespeito". Continuam sendo perfeitamente adequadas para nossa época as palavras de Horkheimer:

---

[6] Cf. Tugendhat, 1984, p. 132-76; Conill, 1991, cap. 6.

Ética e política. Uma moral para a democracia   173

"Se realmente levada a cabo, a transformação total de todo domínio ontológico em um domínio de meios leva à liquidação do sujeito que tem de se servir deles. É isso o que confere à sociedade industrial moderna seu aspecto niilista" (Horkheimer, 1973, p. 103).

Bem longe disso está o otimismo da divisa do Iluminismo, porque a eliminação de algumas heteronomias não teve como consequência automática a realização autônoma da própria vida tampouco o ser homem se apresenta como um projeto valioso, que vale a pena levar a termo, *porque a razão estratégica entende de meios, mas é incapaz de avaliar fins em si*; tampouco há tempo para operar semelhante tarefa. Ao lado da coisificação, a urgência pragmática do instante, do presente, impede de enfrentar essa tarefa moral, essa empreitada da moralização individual e coletiva que pressupõe vínculo com o passado, com a tradição, e projeto de futuro. Seguindo com as palavras de Horkheimer, "o pragmatismo reflete uma sociedade que não tem tempo de recordar nem de refletir"; nela, "a calculabilidade substitui a verdade" (Horkheimer, 1973, p. 55). E assim, hoje, a razão prática, a razão moral, foi outra vez degradada ao papel de razão instrumental. As já clássicas denúncias da primeira Escola de Frankfurt seguem em plena atualidade.

4. Concórdia ou estratégia? Uma moral para uma "nova esquerda"

Comentávamos no início deste capítulo que o descompasso entre a defesa de um conteúdo moral (os direitos humanos), de indubitável origem burguesa, e a atitude moral teórico-prática imperante constitui uma fonte de desencorajamento e de desesperança. As coisas parecem ser assim porque o discurso universalista que, segundo as teorias da evolução social, compete a nosso estágio evolutivo por homologia com a lógica do desenvolvimento ontogenético é mais estrategicamente utilizado com vistas a satisfazer fins próprios que são adotados como caminho para chegar a um entendimento autêntico. Se a ação humana realmente pode ser entendida como comunicativa ou como estratégica, é evidente que a ação comunicativa – ato de fala por excelência – se transformou em *ancila* da ação estratégica. Desse modo, mas que de descompasso na utilização de um discurso universalista, seria necessário falar de *cinismo*.

Mas poderia ocorrer que, para além de um ato de cinismo, nós nos encontrássemos em um momento de transição de um estágio para outro. Talvez nos encontremos diante da sobrevivência de uma moral própria de épocas passadas, vivendo-a de modo parasitário (Ginner, 1987, p. 15-36). As estruturas universalistas, nesse momento, as únicas legitimadoras da moral e do direito, seriam realmente, nessa perspectiva, estruturas anacrônicas que vão sobrevivendo mal e parcamente, esperando o advento da nova aurora, das novas estruturas que configuram a vida moral.

Porque, certamente, as pretensas estruturas universalistas da consciência moral individual e social não combinam muito com a realidade do *corporativismo* e do *feudalismo* em que vivemos e que consistem em jurar fidelidade a um grupo que se compromete em defender o próprio interesse mais adiante[7]. Não há dúvida de que o feudalismo, assim entendido, é em nossos tempos a forma mais comum de entender a convivência moralmente regulada: a solidariedade universal do socialismo transforma-se em solidariedade grupal, a universalidade legitimatória em particularismo.

Talvez alguns vejam nesse corporativismo o caminho para a universalidade; talvez se trate de um momento regressivo na *dinâmica social* em comparação com a lógica do desenvolvimento, e as

---

[7] Cf. Hortal, 1985, p. 30; Cortina, 1991, especialmente o cap. 7.

águas regressarão a seus leitos universalistas. Contudo, dado que as ciências reconstrutoras que se ocupam dessas estruturas lógicas estão ainda muito em germe, e dado que seu pretenso valor científico consiste em que, diferentemente da "filosofia magna" ocupada em descobrir elementos *a priori*, válidos para todo tempo e lugar, elas preferem ganhar em falibilismo e se assegurarem um tipo indireto de verificação; e preferem, portanto, reconstruir *a posteriori* a lógica do *contingentemente* acontecido, sem contar com o embaraçoso pressuposto de um espírito cujo desdobramento indica a necessidade lógica de desenvolvimento, também é possível que estejamos adentrando um novo estágio no qual apenas a razão estratégica é razão prática e, inclusive, razão ética. Essa é a grande vantagem de reconstruir *a posteriori*: que qualquer novidade possa ser integrada no processo lógico, desde que se encontre um argumento persuasivo. Desse modo, os fenômenos não podem contradizer a teoria. Vantagens da pragmática universal em relação à pragmática transcendental[8].

Esse novo estágio de modo algum suporia abandonar o consenso como fonte de legitimação moral, ao menos por enquanto. Mas também é certo que há dois modos de entender o consenso: como *pacto estratégico* de indivíduos que estabelecem entre si uma relação de *sujeito para objeto* e, portanto, se contemplam mutuamente como meios para seus fins, ou como *entendimento mútuo* (*Verständigung*) entre indivíduos que estabelecem mutuamente uma relação de *sujeito para sujeito* e se contemplam reciprocamente como fins em si, como absolutamente valiosos e sujeitos de direitos. Em comparação com o pacto estratégico, entende-se o segundo consenso como *concórdia*.

---
[8] Cf. Cortina, 1989b, p. 125-35; Conill, 1988, cap. 12; Cortina & Conill, 1999, p. 137-66.

Não obstante, o "novo estágio" que se abre diante de nós entende o consenso como pacto estratégico, dramatizado de modo admirável nas teorias dos jogos. Ao menos, ele propõe o "individualismo social" ou "individualismo dialogante", festejado por parte de nossa esquerda[9]. É aqui que nos vemos obrigados a fazer uma parada no caminho, porque aparentemente é a esquerda que deve delinear as características da nova atitude moral de uma época, justamente aquilo que andamos buscando desde o princípio.

Passados os tempos do "individualismo possessivo" (Macpherson, 1962), passados os tempos do socialismo, sempre utópico, mesmo que se pretenda científico, "ser de esquerda" hoje significa, segundo representantes significativos, favorecer a convivência e a solidariedade e defender a atitude dialogante e consensual como única fonte de legitimação de normas. Mas, isso sim, a partir do individualismo; a partir dessa bondosa *razão estratégica* dos indivíduos, oportunamente rebaixada para que tudo o que veio antes tenha algum sentido. Admite-se, sem reserva alguma, que os pactos legitimadores do moral e do direito serão pactos estratégicos, que "os possíveis suportes da esquerda hoje" serão "mais convenções do que convicções"[10]; mas pactos estratégicos sabiamente preparados com *limitações* extraídas do que houver de mais maduro em nossa tradição filosófica, ética e política.

Um dia desses, poderemos ler na propaganda bibliográfica: "Vende-se modelo de legitimação moral, baseado em razão estratégica, limitado ao norte por Locke, ao sul por Rousseau, a leste por Kant". Tratar-se-ia de um modelo bastante completo. Outros recorrem a apenas um clássico ou se fixam, sem nenhum recato, em Hobbes.

---

[9] Cf. Colomer, 1985, p. 39-54.
[10] Colomer, 1985, p. 52. Para a conexão entre o consenso e a fundamentação de valores superiores, cf. Peces-Barba, 1984.

Esse jogo de "estratégias de sociedade anônima" é certamente engenhoso. Mas, lamentavelmente, oferece modelos em liquidação, já fora de moda. Porque as propostas de Locke, de Rousseau ou de Kant tinham seu próprio fundamento, e não podem ser transformadas em "saldos de liquidação", conservando-se o fundado e eliminando-se o fundamento, muito menos utilizar o produto em liquidação para remendar panos alheios.

A defesa kantiana do homem com fim em si mesmo, à qual esses novos estratagemas – tão antigos – recorrem constantemente para se apresentarem como mais ou menos digeríveis, dado que não são nada leves, tinha um fundamento – para falar como Feuerbach – "sagrado e seguro". É a razão que se expressa na lei moral, a razão comum em virtude da qual os homens podem se *comunicar* e com base na qual podem concordar, a razão que confere ao homem dignidade e não preço. É a razão comunicativa, não a razão estratégica dos imperativos hipotéticos, aquela que faz do homem, entre todos os seres, um fim da criação.

É irracional utilizar fins como se fossem meios. Mas a razão estratégica só entende de meios. Se ela quiser continuar a se comportar como razão *humana*, tem de se transformar em *ancila*, em serva da razão comunicativa. É essa atitude de *comunicação e concórdia*, que utiliza a estratégia como auxílio, que o homem, a partir de sua nova solidão, vai considerar como propriamente humana? Ou apostará em uma atitude estratégica, tão antiga e tão reacionária, limitada pelo recurso a autoridades infundadas?

8
A justificação ética do direito como tarefa prioritária da filosofia política[1]

1. Um problema urgente para a filosofia política

A meu ver, no conjunto da obra de John Rawls, podem-se destacar três etapas desde que seus primeiros trabalhos vieram à luz no começo da década de 1950 até as publicações dos anos 1980: uma ampla fase de gestação, a publicação em 1971 de *Uma teoria da justiça* e a reveladora publicação, em 1980, dos três artigos que se congregam em torno do título "Kantian constructivism in moral theory"[2]. Não há dúvida de que a publicação de nosso autor que provocou maior número de críticas e comentários é *Uma teoria da justiça*; talvez porque essa obra se lance na árdua tarefa – rara em nossos dias – de elaborar uma teoria moral sistemática, que conta com elementos éticos, jurídicos, políticos, econômicos, psicológicos, metodológicos e lógicos. Não obstante, não pretendo neste capítulo fazer frente a um livro ou a uma etapa, e sim encarar a intuição que guia a obra de Rawls, explicitada com maior clareza nos últimos tempos: o empenho em construir uma teoria que descreva nossa

---
[1] Reelaboração de "La justificación ética del derecho como tarea prioritaria de la filosofía política", Doxa (Alicante, n. 2, 1985), p. 129-44.
[2] Rawls, 1978; 1986; 1993. A partir de "Construtivismo kantiano", Rawls vai se deslocando para a posição do "liberalismo político", do qual é hoje expoente e que continua presente em Rawls, 1999.

capacidade moral (1978, p. 66); ou, em termos mais exatos, o empenho de construir uma *filosofia moral*. Com efeito, em "Construction and objectivity", falando de Sidgwick, Rawls esclarece: enquanto a teoria moral realiza um estudo comparativo das concepções morais de maior destaque, a filosofia moral inclui a teoria moral, mas assume como tarefa principal a da justificação, analisando se semelhante justificação é um problema "epistemológico" ou, antes, um problema "prático" (1980, p. 554)[3].

Certamente é grande o número de filosofias morais que tentaram levar a termo uma tentativa de exposição e justificação, mas continua parecendo urgente a Rawls construir um novo projeto, que pode ajudar a resolver um problema que a filosofia política tem enfrentado nas sociedades democráticas: os conceitos de "liberdade" e de "igualdade" são ambíguos, para não dizer equivocados, e a maneira de equilibrá-los nunca foi exposta de uma forma que viesse a merecer aprovação geral. Recorrendo às tradições que foram configurando nosso sentir democrático, é impossível explicitar ambos os conceitos e descrever um modo de equilibrá-los, de maneira que os cidadãos das sociedades democráticas concordem nisso? (Rawls, 1980, p. 517-8). Essa é, segundo a confissão de Rawls, a meta mais urgente da filosofia política; mas, para alcançá-la, é preciso submeter os fundamentos do direito à revisão, a partir de uma concepção moral.

Com efeito, se em alguma ocasião Rawls sugere construir uma teoria moral que contemple todas as virtudes possíveis, não é menos certo que ele limitou seu trabalho à justiça, talvez porque o

---

[3] Em "Justice as fairness", Ralws vai preferir falar de "concepção moral", em vez de "filosofia moral compreensiva", porque, em seu entender, a segunda incluiria uma concepção do *bom*, o que é próprio de uma doutrina teleológica. Visto que, como veremos, a proposta rawlsiana concede a primazia ao justo, em vez de ao bom, diferentes filosofias compreensivas podem compartilhá-la. Contudo, a meu ver, em ambos os casos, cabe falar de "filosofia moral", tanto "máxima" como "mínima". Para a polêmica entre deontologismo e teleologismo, cf. as contribuições de Guisán, Montoya e Cortina ao n. 96 da revista *Anthropos*.

procedimento construtivo empregado por nosso autor seja adequado unicamente para virtudes sociais. Certamente, a justiça é uma virtude trabalhada com esmero pela tradição ética, que sempre valorizou sua função de dobradiça, de articulação, entre a ética individual e a ética social; mas Rawls reconhece, sem reservas, que prefere deixar de lado as atitudes e as pessoas justas, concentrando seu empenho na justiça social. Desde seu ponto de vista, a justiça social tem por objeto a "estrutura básica da sociedade", ou seja, "o modo pelo qual as instituições mais importantes distribuem os direitos e os deveres fundamentais e determinam as vantagens provenientes da cooperação social" (Rawls, 1978, p. 23). Naturalmente, tematizar a estrutura básica da sociedade, entendida nesse sentido, supõe submeter à revisão os códigos jurídicos segundo o ponto de vista de sua justiça ou injustiça. Como podemos dizer, nas sociedades democráticas, que um código jurídico é justo, de modo que ele possa ser considerado criticamente legítimo?

Com essa pergunta, obviamente estamos nos referindo aos critérios de legitimidade crítica ou validade – e não de mera legitimidade sociológica ou legal – que nos permitem distinguir um código justo de um injusto e, para respondê-la, temos de enfrentar as ofertas do jusnaturalismo extremo, do positivismo jurídico e da ampla gama de jusnaturalismos moderados e de fundamentações éticas do direito[4]. Qual seja a postura de Rawls a respeito é exatamente o tema que preocupa este capítulo, porque talvez nosso autor possa contribuir no debate com uma interessante proposta que, pelo menos, ajude a esclarecer o nó da questão.

---

[4] Por conta dos fundamentos do direito, desencadeou-se entre os espanhóis uma animada polêmica, na qual se veem envolvidos, entre outros, jusfilósofos como E. Díaz (1984), Montoro Ballesteros (1979), Ballesteros (1981, 1984), Lucas (1979, 1985, p. 101-5) e Atienza (1983). Nessa polêmica, nós nos permitimos acompanhar – com base na filosofia moral – tanto Muguerza (1986), Guisán (1988b, p. 131-53), como Cortina (1987, p. 111-20).

Mesmo que seja uma expressão não utilizada por Rawls, eu me atreveria a caracterizar sua proposta como *jusnaturalismo procedimental* no seguinte sentido: dado que a justificação rawlsiana do direito não admite a existência de princípios prévios ao exercício da própria *autonomia* humana, porque nesse caso incorreríamos em heteronomia, Rawls se distancia de todo tipo de jusnaturalismo – extremo ou moderado – que parta de princípios com conteúdo, intemporal e universalmente válidos; a autonomia é para Rawls – como veremos – o *prius* indiscutível. Dito isso, nosso autor tampouco se contenta com o positivismo jurídico, porque em torno do direito é possível discutir e raciocinar moralmente. Ele também não reduz a justificação ética à soma de liberdades dos membros fáticos das sociedades democráticas. Não é a mera vontade do legislador nem são as vontades dos indivíduos reais que tornam justo – criticamente legítimo – um código jurídico, porque existem certos princípios e deveres que não podem se submeter ao arbítrio das vontades fáticas. Esses princípios e deveres, dotados de conteúdo, são resultado de quando se põe em prática um procedimento construtivo, cujos traços são dados pelas características formais da autonomia"em estado puro".

É nesse sentido que Rawls busca esclarecer em sua *Uma teoria da justiça* que princípios – com conteúdo – obteríamos a partir de semelhante procedimento e que deveres podem ser exigidos das pessoas, sem necessidade de que elas tenham contraído nenhum compromisso fático. Os princípios constituirão o critério para examinar a estrutura básica das sociedades desde o ponto de vista da justiça. Os "deveres naturais", diferentemente dos "atos voluntários", não mantêm uma relação necessária com as instituições ou as práticas sociais, mas "surgem entre todos os homens considerados como pessoas morais iguais" (1978,

p. 138)⁵; portanto, eles podem ser exigidos de todos os homens, e as instituições devem garantir seu cumprimento.

É por isso que acho que o rótulo "jusnaturalismo procedimental" é adequado para caracterizar a justificação rawlsiana do direito, na medida em que não deixa à vontade do legislador nem dos indivíduos fáticos determinar os critérios da justiça nem todos os deveres possíveis, mas, por outro lado, alcança tais critérios e os chamados "deveres naturais" a partir de um procedimento e não de princípios prévios⁶.

É claro que os membros fáticos das sociedades democráticas temos algo a ver com todo esse processo justificador, mas não nos cabe nem conhecer intuitivamente os princípios da justiça nem aprová-los por maioria. Nossa tarefa é iluminada pelo caráter "prático" e não "epistemológico" da justificação rawlsiana. A seguir, vamos nos ocupar dessa tarefa e da fundamentação de tais afirmações.

2. Justificação "prática" dos princípios da justiça *versus* justificação epistemológica

Os adversários com os quais John Rawls se enfrenta explicitamente são aqueles que dominam a área anglo-saxônica em matéria de filosofia prática – o *utilitarismo* e o intuicionismo racional –, mas

---

⁵ Cita Rawls como deveres naturais os seguintes: "O dever de ajudar o outro quando ele necessita ou está em perigo, sempre e quando se possa fazer sem risco ou perda excessivos. O dever de não maltratar ou prejudicar outro; o dever de não causar sofrimento desnecessário" (1978, p. 137).

⁶ Nesse sentido, creio que se possa incluir Rawls no conceito amplo de jusnaturalismo, proposto por Pérez Luño, de acordo com Macpherson. Pérez Luño toma o jusnaturalismo "em sua acepção deontológica, funcional e aberta", que pretende exatamente "que todo sistema jurídico reconheça alguns direitos básicos daqueles que o integram, bem como [...] a possibilidade de conhecer e justificar racionalmente tais direitos" (1986, p. 137). Nesse trabalho, o autor apresenta uma útil panorâmica dos atuais modelos de fundamentação, até mesmo nos pontos nos quais a exposição de Rawls é, no meu entender, um pouco injusta.

também, em determinadas ocasiões, esse espécimen heleno-germânico que é o perfeccionismo.

O utilitarismo, que Rawls analisa especialmente na exposição de Sidgwick, tem a vantagem de apresentar um critério para a decisão racional em casos de conflito. O princípio da utilidade, segundo o qual devemos buscar a felicidade do maior número, entendendo por "felicidade" "prazer", proporciona um cânon para decidir; cânon que, além do mais, constitui o fim dominante pelo qual os homens orientam sua vida. Todavia, o utilitarismo apresenta-se como especialmente pobre em dois aspectos: 1) como "ética de fim dominante", pretende encontrar um só fim para as atividades humanas, o que o leva a um beco sem saída, porque ou bem define o prazer de um modo tão amplo que já não serve como critério para a decisão racional ou o define de um modo tão estreito que ele não constitui o único fim; 2) mas o utilitarismo também falha na medida em que não explicita os termos "liberdade" e "igualdade" e sua relação, de modo que os cidadãos das sociedades democráticas lhe concedam o próprio assentimento, dado que a igualdade é maltratada em proveito da liberdade[7].

Em face justamente do utilitarismo dominante na filosofia prática anglo-saxônica, Rawls se sente obrigado a elaborar sua teoria sistemática da justiça[8]: para evitar que a liberdade perca terreno em proveito do bem-estar, urge construir uma filosofia moral sistemática deontológica, e não teleológica, que determine o marco do justo antes de encarar o problema do bom, o marco do certo antes do problema dos fins. Tal marco constituirá o critério para discernir quando um código jurídico pode ser considerado justo ou injusto, legítimo ou ilegítimo.

---

[7] Para a crítica de Ralws ao utilitarismo, cf. fundamentalmente Rawls, 1978, p. 40-6, 606-19.

[8] Cf. Rawls, 1978, p. 9, 10, 648.

É com semelhante aspiração que Ralws se inscreve no círculo das éticas deontológicas recentes que, no dizer de Habermas, constituem a oferta ética predominante, na qual também se insere a chamada "ética discursiva"[9]. As éticas deontológicas antepõem o certo ao bom, o dever à felicidade; isso posto, trata-se de um deontologismo matizado, que não desconsidera as consequências das ações.

Por isso, é urgente – Rawls projeta delinear uma filosofia moral sistemática que determine o critério do justo, mas – e aqui topamos com o segundo adversário – sem cair em um *deontologismo intuicionista*, porque o deontologismo possui uma grande força moral, mas apresentou o inconveniente – salvo em honrosas exceções – de justificar epistemologicamente as normas, isto é, assegurando que existem alguns princípios materiais *a priori* que conhecemos por intuição. As normas morais são, então, "verdadeiras" se se ajustam a esses princípios, falsas, em caso contrário. O problema do intuicionismo deontológico também é duplo: 1) o conhecimento intuitivo desvela-nos uma pluralidade de princípios entre os quais não cabe uma decisão racional quando eles entram em conflito, porque não dispomos de um critério de discernimento; 2) além disso, o intuicionismo supõe a preexistência de alguns princípios que devem ser aceitos universalmente, por sua evidência, independentemente de nossa ideia de pessoa; uma imposição dessas supõe regressar a um estágio prévio ao kantiano, incorrendo em heteronomia, porque os homens não elegemos os princípios de nossa convivência, mas nos regemos por princípios já dados[10].

---

[9] Cf. Habermas, 1983a, p. 584; 1983b, p. 24-25. Da ética discursiva, similar à ética rawlsiana como deontológica, universalista, cognitivista e procedimental, ocupei-me em sua dupla versão: na de Apel (Cortina, 1989b; Conill & Cortina, 1985) e na de Habermas (Cortina, 1985b, cap. VIII). Cf. também Mardones, 1985; García-Marzá, 1992; Siurana, 2003.

[10] Para as críticas de Rawls ao intuicionismo, cf. fundamentalmente Rawls, 1978, p. 52-60; 1980, p. 577ss.

E esse segundo enfrentamento nos autoriza a inserir a filosofia moral rawlsiana no âmbito das *éticas pós-convencionais*, em atenção aos estudos de Kohlberg e de Habermas: Rawls distingue normas de princípios, deixa a escolha das normas nas mãos dos cidadãos das sociedades democráticas e se ocupa, a partir da filosofia, dos *princípios justificadores de normas*: tais princípios não são conhecidos mediante intuição, antes se reconstroem (Apel e Habermas) ou se constroem procedimentalmente (Rawls)[11].

Guiado por esse propósito de evitar a heteronomia, Rawls também irá repudiar o *perfeccionismo*. O perfeccionismo alinha-se nas fileiras do teleologismo, na medida em que determina o bem antes do certo, porque considera como bem moral a máxima elevação da capacidade mais própria do homem. Nesse sentido, são paradigmáticas as opções de Aristóteles ou de Nietzsche, para os quais o moralmente bom consiste em maximizar a característica específica humana, seja ela a vida contemplativa ou a vontade de poder. O perfeccionismo, assim como as duas concepções anteriores, apresenta um defeito duplo: supõe uma característica metafísica ou ontológica prévia à autonomia para determinar o bem moral e não resiste à prova da "objetividade moral" à qual toda teoria moral tem de se submeter[12].

Com efeito, Rawls vai adotar um método de justificação inegavelmente anglo-saxônico: recorrer ao *common sense* (senso comum) e prescindir das justificações metafísicas, tão caras ao continente europeu. Segundo nosso autor, o objetivo da filosofia prática – moral, jurídica e política – não consiste em descobrir a verdade

---

[11] É exatamente o caráter procedimental da proposta de Rawls que leva Habermas a analisá-la, ao lado da de Kohlberg e da ética discursiva, como uma das propostas morais mais adequadas para fundamentar o direito positivo. Cf. Habermas, 1987b, p. 1-6; Cortina, 1990, cap. 6.

[12] Para as referências de Rawls ao perfeccionismo, cf. Rawls, 1978, p. 43-4, 364-72; 1993, cap. 4.

prática, porque isso suporia admitir princípios prévios. Obviamente, o jusnaturalismo que admitisse tais princípios seria descartado como heterônomo[13]. Contudo, tampouco a filosofia prática se resigna a reconhecer a irracionalidade e o consequente subjetivismo do moral, que justificariam um positivismo jurídico "neutro": é preciso discutir e raciocinar sobre os princípios da justiça – sobre os fundamentos do direito. Por isso, em face do subjetivismo prático e em face da verdade prática, Rawls assume uma terceira postura: a filosofia pode descobrir a *objetividade moral*.

Uma concepção da justiça será *moralmente objetiva* se conseguir entrar em sintonia com os cidadãos das sociedades democráticas, de modo a ser congruente com nossa mais profunda autocompreensão e com nossas aspirações e que, portanto, se apresente a nós como a mais racional, levando em conta nossa história e nossas tradições[14]. A comprovação da validade de uma teoria moral exige, portanto, a colaboração dos cidadãos hoje existentes nas democracias ocidentais, porque são eles os que hão de outorgar a própria aquiescência, mas não os que hão de decidir os princípios da justiça. Esse critério de objetividade é claramente *operativo*, porque a teoria moral objetiva pode *funcionar* como ideal da vida social e como critério da justiça. É por isso que nosso autor denomina de "prático" esse tipo de justificação, que dá atenção à idoneidade de uma teoria para dirigir a práxis, mostrando com isso sua *razoabilidade*.

Naturalmente, semelhante "justificação prática", claramente anglo-saxônica, difere em aspectos importantes da prática kantiana, que é claramente germânica, mesmo que o método rawlsiano de justificação – o "equilíbrio reflexivo" – recorde em alguns de seus

---

[13] Cf. Rawls, 1980, p. 554-72.
[14] Cf. p. 519. Assumindo a proposta de Rawls, R. Rorty pontuará nos artigos citados na nota 1 que o etnocentrismo é irresolúvel e que vale mais a solidariedade com a própria comunidade do que uma pretensa objetividade. Cf. também, na linha desse "liberalismo político", Lamore, 1990, p. 339-60.

passos a reflexão transcendental kantiana e ainda que, em ambos os casos, o elemento chave fundamentador seja o conceito de *pessoa*.

3. O conceito de "pessoa" como chave jurídica

Com efeito, a justificação prática de Rawls é constituída pelo equilíbrio reflexivo, que busca explicitar o que já está implícito na consciência dos cidadãos das sociedades democráticas, de tal modo que entrem em acordo. Por isso o ponto de partida é – assim como em Kant – o momento em que a consciência moral se objetiva, o momento no qual se plasmam nossas "convicções meditadas", prontas a encarar resolutamente a reflexão crítica[15]. Nesse caso, o *faktum der Vernunft* não é a consciência do imperativo, mas os *juízos refletidos*, os juízos que emitimos em condições favoráveis ao exercício do sentido da justiça; ou seja, nas circunstâncias em que "a pessoa que formula o juízo tem a capacidade, a oportunidade e o desejo de chegar a uma decisão correta" (Rawls, 1978, p. 68).

Para analisar os juízos refletidos, trazendo à luz nossas convicções meditadas, precisamos de instrumentos conceituais extraídos de alguma das tradições filosóficas que tenha contribuído para configurar nosso sentir democrático a respeito da justiça. E Rawls recorrerá explicitamente à interpretação kantiana da conexão entre igualdade e liberdade, da qual extrairá duas "concepções-modelo": o conceito de *pessoa moral* e o *de posição original*[16]. Nosso autor ainda acrescenta a eles uma terceira concepção-modelo – a de *sociedade bem ordenada* – que, de algum modo, constitui a utopia para a qual sua teoria da justiça aponta. Aparelhados com esses três conceitos, sobretudo com os dois primeiros, já estamos em posição de assinalar o critério de legitimidade das normas jurídicas com o qual uma

---
[15] Cf. Rawls, 1980, p. 518.
[16] Cf. Rawls, 1978, §§ 29, 40 e 77; 1980, p. 516-54.

sociedade democrática poderá concordar. Porque a chave de nosso sentir acerca da justiça não está no conhecimento intuitivo de princípios materiais nem no desejo de felicidade, e sim no conceito de *pessoa moral* que fomos assimilando no decorrer de uma longa tradição, no qual nos reconhecemos e ao qual não estamos mais dispostos a renunciar[17].

A partir desse conceito, em torno do qual existe acordo implícito nas sociedades democráticas, delinearemos os traços dos *princípios da justiça*, a partir dos quais analisaremos qualquer norma ou lei. No caso de esses princípios não concordarem com nossos juízos refletidos sobre a justiça, será necessário retificá-los; mas se coincidirem com eles, então servirão de critério normativo para decidir a respeito da justiça ou, o que é equivalente, da legitimidade. Desse modo, fecha-se o círculo do "equilíbrio reflexivo" que, como a reflexão transcendental kantiana, parte de um *factum* e trata de explicitar suas condições normativas de inteligibilidade, regressando, finalmente, ao ponto de partida[18]. Mas, para percorrer esse trajeto, precisamos *operacionalizar* o conceito de pessoa moral, de modo a podermos extrair dele os dois princípios da justiça. E é exatamente a posição original o conceito mediador que nos permitirá operacionalizá-lo, porque representa precisamente a *procedimentalização do conceito de pessoa*. Essa é a razão pela qual penso que, no caso de Rawls, também poderíamos falar de *personalismo procedimental*, enraizado na tradição kantiana.

Para Kant, "pessoa" significa, pura e simplesmente, *autonomia, capacidade autolegisladora*, e expressa a convicção das sociedades democráticas de que só são válidas as leis que decretaríamos a nós mesmos como seres autolegisladores. Qualquer princípio heterô-

---

[17] Para a distinção estabelecida por Rawls entre "pessoa moral" e "natureza humana", cf. Rawls, 1980, p. 534-5.

[18] Para as peculiaridades da dedução transcendental kantiana, cf. Cortina, 1989a, p. xv-xci.

nomo está fadado ao fracasso, porque a consciência da autonomia já é irreversível[19]; por isso Rawls recorre à *justiça procedimental pura*, que não pressupõe nenhum critério prévio ao próprio procedimento construtivo. Desse modo, ele se alinha com as *éticas procedimentais*, chamadas hoje por Habermas de as únicas viáveis, dada a evolução da consciência moral. Mas o procedimentalismo rawlsiano baseia-se explicitamente em uma concepção da pessoa, entendida como *autonomia*, e não em uma teoria da evolução social ou em uma pragmática da linguagem não empírica. Visto que essa concepção da pessoa está entranhada na consciência democrática, Rawls espera alcançar o beneplácito para sua teoria da justiça. Ele acredita que ela é objetiva.

4. A autonomia como fundamento moral do direito legítimo

Apelar para a autonomia como critério de legitimidade supõe, como já ressaltamos, renunciar ao jusnaturalismo baseado em princípios materiais, ao positivismo jurídico, ao princípio de utilidade, ao intuicionismo e ao perfeccionismo. Mas também pressupõe distanciar-se de todos aqueles que negam que haja razões morais para obedecer ao direito. No caso de as normas jurídicas serem as que as pessoas se dão a si mesmas, existem razões morais para obedecer a elas, porque a autonomia é o constitutivo da pessoa moral. Nesse caso hipotético, o justo e o bom coincidiriam, de modo que a justiça constituiria um componente da felicidade[20].

---

[19] Cf. Habermas, 1984b, p. 226.
[20] Essa união entre justiça e felicidade, que tenta superar o abismo entre éticas deontológicas e teleológicas, constitui o objetivo de Rawls, 1978, parte III. Para esse tema, cf. também Guisán, 1985; 1986; Gutiérrez, 1970, p. 33-55.

Nesse sentido, permito-me discordar da tese de González Vicén, segundo a qual há fundamento ético para desobedecer ao direito, mas não para obedecer a ele[21]. Acredito, ao contrário, que as mesmas razões morais que abonam a desobediência ao direito também abonam a obediência a ele. Em minha opinião, González Vicén dispensa um tratamento díspar à consciência individual e ao direito: enquanto, no caso do direito, ele exige levar em consideração o que ocorre de fato, ao modo marxista, no caso da consciência individual, ele preserva todo o idealismo dos existencialistas; o direito é a expressão de interesses de classe, mas a consciência individual, alheia a contaminações ideológicas, é o lugar da verdade; ela é, portanto, a única legitimada a obrigar incondicionalmente.

É claro que as leis existentes nem sempre expressam a autonomia dos cidadãos em seu conjunto, e sim interesses de classes e de grupos. Nesse sentido, é necessário evitar a confusão de se exigir obediência moral a leis grupais. Todavia, essa mesma afirmação indica que possuímos um cânon moral para denunciar leis injustas: se as leis realmente expressaram os interesses dos homens afetados por ela, tendo-se chegado à sua formulação depois de uma deliberação tomada em pé de igualdade, seria moralmente obrigatório obedecer a elas, porque a autonomia é o constitutivo da moralidade. Essa convicção serve – e não é pouco – como critério para a crítica e como ideal regulador; prescindir dela pressupõe isentar o direito dos juízos morais, dar por moralmente indiferentes a implantação da pena de morte ou a obrigatoriedade do serviço militar. A meu ver, pelo contrário, se há razões para aplaudir certas leis, há razões morais para criticar outras; o direito não se exime do juízo moral: ele não é moral enquanto não expressar e potencializar a autonomia dos cidadãos.

---

[21] Cf. Gonsáles Vicén, 1985, p. 388, onde se encontra um interessante esclarecimento.

Há, portanto, razões morais para submeter a exame a vida pública, para a obediência e para a desobediência. Nesse sentido, acredito, com Rawls, que o desobediente civil exprime seu acordo com o significado moral da democracia – o respeito e o fomento da autonomia – denunciando que certas leis são um obstáculo para sua realização. O desobediente explica suas razões publicamente e emprega meios pacíficos porque quer entrar em sintonia com o pano de fundo moral que supõe nos demais cidadãos e do qual eles talvez ainda não tenham consciência: a afirmação da autonomia de todos os homens acarreta uma série de direitos cuja desproteção legal merece um juízo moral negativo[22].

A moralidade – para obedecer ou desobedecer – não é, portanto, assunto da consciência individual, como deseja a *tese da complementaridade da democracia liberal* entre a vida pública e a privada. Segundo ela, a vida pública é imune aos juízos morais, e a moralidade se retira para a consciência privada. Essa tese, própria do liberalismo, é filosoficamente defendida pelo neopositivismo e pelo existencialismo. Mesmo com o primeiro valorizando a vida pública e o segundo, as decisões privadas, ambos concordam em separá-las, relegando a moral à consciência. Não obstante, essa separação é fictícia e interessada: as leis podem ser moralmente repudiadas e, por isso mesmo, pode-se exigir obediência moral quando elas expressam e fomentam a autonomia.

Por outro lado, González Vicén é sumamente benigno com a consciência individual. Se as leis podem derivar de interesses de classe, o que garante que a consciência individual não esteja ideologizada ou dirigida por interesses egoístas e ambiciosos, que podem chegar ao desequilíbrio? Por que a consciência seria imune à ideologia ou às deformações psicológicas e a vida pública não? Se nos ocupamos do direito real, consideremos também a consciência real.

---

[22] Cf. Rawls, p. 404-33.

Justamente para evitar que os preceitos morais presentes na consciência sejam o resultado de interesses inconscientes como os descritos, e não por afã uniformizador, Kant recorreu ao *test* do imperativo. Aqui não há espaço para discutir se sua solução é ou não é adequada. O certo é que o problema que ele quis resolver não foi superado pelo existencialismo: como distinguir um preceito moral de um simulacro de preceito que brota de interesses não morais? Como saber, diante de uma "revelação" interior, se sou um "escolhido" ou um desequilibrado, que vou causar a desgraça de bom número de pessoas com minhas alucinações únicas?

As cautelas kantianas, precisamente em uma época na qual o interesse econômico começava a mover quase que exclusivamente o mundo, continuam a ser, a meu ver, modelares: antes de seguir sua máxima interior, pense se a estenderia como lei universal da natureza, pense se ela prejudica seres que são fins em si mesmos, porque eles são autolegisladores, pense se ela está de acordo com outras leis que fomentam a autonomia de tais seres tornando possível um reino de fins. Esse é o sentido desse teste kantiano para máximas que é o imperativo e que não anula a necessidade de cada indivíduo assumir a decisão no momento concreto. Nenhum totalitarismo tem legitimidade para arrebatar a decisão de anular a dissidência a seres autolegisladores; mas esse mesmo reconhecimento da autonomia é um critério moral que obriga a obedecer ao direito quando a fomenta. O direito obriga moralmente *sob determinadas condições*, assim como a consciência só obriga moralmente *sob determinadas condições*. Visto que esse trabalho se ocupa do direito, e não da consciência, vejamos quais são essas condições para John Rawls.

5. Autonomia e condições ideais de legitimidade

O maior problema do procedimentalismo, que renuncia a critérios e princípios anteriores ao próprio procedimento, consiste em descrever suas condições de modo que o resultado seja *objetivamente válido*. Daí decorre a impossibilidade de entender a autonomia da vontade – ou a liberdade, o que dá no mesmo – como expressão de opiniões individuais, cuja soma dê como resultado o objetivamente válido, o justo. Como o aumento da quantidade de convicções subjetivas dá como resultado a objetividade? É mais justa a opinião da maioria que a da minoria, de modo que a superioridade quantitativa se traduza em maior proximidade da justiça? Mesmo quando os defensores da soma de vontades fáticas como fonte legitimadora do direito não costumam responder afirmativa a essa pergunta, a verdade é que essa é a única opção que lhes resta, se quiserem fundamentar o direito sem recorrer a uma autonomia entendida sob condições ideais[23].

Perguntas como as que acabamos de formular também nos fazem lembrar uma objeção que se apresentou em alguma ocasião diante do conceito kantiano de autonomia: se "autonomia" significa "autolegislação", como a autolegislação individual pode desembocar em lei universal? O problema consiste, então, em conectar autolegislação individual e intersubjetividade.

Não obstante, esses problemas estavam solucionados em determinados setores da tradição democrática em matéria de filosofia política. A vontade geral de Rousseau nunca se identificou com as vontades individuais, nem mesmo com a soma delas; a autonomia kantiana – ou rawlsiana – nunca se reduziu à expressão das convicções dos indivíduos. Isso porque, na tradição ética da *objetividade moral*, a *validade prática de uma norma* sempre exigiu contar com um *momento de idealidade*. A vontade geral, o espectador imparcial,

---

[23] Este é, em meu entender, o caso paradigmático de Elias Díaz (1984), que parece preso exclusivamente às liberdades fáticas para falar do justo. Nesse sentido, parece-me mais razoável o recurso a uma "razão objetiva", a uma "intencionalidade racional" abaixo da maioria, recurso que Elias Díaz critica na p. 62 de sua obra. Cf. a réplica de Elias Díaz a essa objeção que aqui apresento em E. Díaz, 1990, nota 4.

a situação ideal de fala, a comunidade ideal de argumentação ou a posição original integram limitações ideais da pura faticidade, sem as quais é impossível dar conta da *validade* em face da mera *vigência* das leis.

Essa é a razão pela qual Rawls, considerando a autonomia como fundamento com o qual as sociedades democráticas concordarão, não extrai os princípios da justiça a partir de consensos fáticos entre indivíduos reais, e sim a partir de um *contrato ideal* entre indivíduos revestidos das *características ideais* com as quais esboçamos nosso conceito de pessoa moral. Para que a autonomia de todos possa ser respeitada, os princípios da justiça serão o resultado de um processo contratual, levado a cabo em uma situação ideal: a "posição original", representação do "estado de natureza" do contratualismo clássico e operacionalização do conceito de "pessoa moral"[24].

A posição original constitui a dramatização, em termos de teoria dos jogos, das condições ideais que outras éticas jurídicas e políticas expressaram mediante regras formais. Tais regras, encarnadas em jogadores que vão decidir os princípios da justiça através de um jogo cooperativo de não soma zero, apresentam-se como mais úteis, sugestivas e expressivas do que se nos dedicássemos a enumerá-las ordenadamente, como fizeram, por exemplo, R. Alexy ou J. Habermas com as regras do discurso prático[25]. Imaginemos,

---

[24] Segundo confissão de Rawls, o "construtivismo kantiano" tenta "estabelecer uma conexão adequada entre uma concepção particular da pessoa e os primeiros princípios da justiça, mediante um procedimento de construção" (Rawls, 1980, p. 516).

[25] Cf. Alexy, 1978, p. 22-58, fundamentalmente as p. 36-51; Habermas, 1983b, p. 97-102. O próprio Rawls justifica a utilização desse recurso teatral: "Dizer que na posição original se escolheria certa concepção da justiça é o mesmo que dizer que a deliberação racional que satisfizesse certas condições e restrições legais conseguiria atingir certa conclusão. Se for mesmo necessário, esse argumento poderia ser formulado de uma maneira mais formal. Doravante, falarei, contudo, em termos da noção de posição original. Isso é mais útil e sugestivo e põe em destaque certos traços essenciais que, de outro modo, poderiam ser facilmente ignorados" (1978, p. 165).

então, uma situação de jogo, dotada das condições formais que asseguram a objetividade dos resultados (sua concordância com a sensibilidade dos membros das sociedades democráticas em torno da justiça): é uma situação imparcial entre seres livres e iguais, que ignoram o lugar que ocuparão na sociedade, bem como suas peculiaridades psíquicas e físicas (véu da ignorância), motivo pelo qual não poderão buscar seus interesses concretos na deliberação. Naturalmente, uma descrição semelhante nos põe, sem mais preâmbulos, diante do homem numênico kantiano[26].

Uma das preocupações de Kant consistia em justificar a igualdade, moralmente afirmada, não obstante as grandes desigualdades empíricas – físicas ou psíquicas – existentes entre os homens. Se o cristianismo proclamou a igualdade dos homens, misteriosamente criados à imagem e semelhança divinas, a justificação secular kantiana da igualdade apela para essa distinção, posteriormente tão difamada, entre homem numênico e homem fenomênico: os homens são desiguais em sua constituição sensível (naquilo que Rawls chama de "loterias" "natural" e "social"), mas iguais em sua capacidade autolegisladora, iguais como seres numênicos. E dado que a dignidade humana provém da autonomia, todos os homens são igualmente dignos, têm igual direito a decidir e a discutir as leis pelas quais serão regidos.

Mas o caráter numênico dos seres autolegisladores acarreta outra vantagem além da igualdade: visto que no nível numênico não existem interesses empíricos, os seres numênicos só podem se decidir na hora de legislar por interesses morais. Isso assegura a autonomia no duplo sentido de independência diante de princípios prévios e diante de interesses empíricos, impróprios para a pessoa moral.

---

[26] Para a posição original, cf. Rawls, 1978, cap. III; 1980, p. 522ss. A interpretação da imparcialidade como universalização, mesmo que com novos matizes, foi trabalhado por Tugendhat, 1989, p. 1-20; Wimmer, 1980, p. 163-8; J. Habermas, 1983b, p. 76-8.

São essas duas vantagens do homem numênico kantiano – igualdade como autolegislador, autonomia no duplo sentido exposto – que Rawls tomará emprestadas para as "partes" da posição original, desenhando com os traços seguintes o retrato das pessoas morais: trata-se de seres dotados de duas capacidades morais, às quais correspondem dois interesses não empíricos "de ordem suprema", e de um terceiro interesse "de ordem mais elevada". As *capacidades morais são o senso de justiça*, que consiste na faculdade de compreender princípios da justiça, aplicá-los e agir a partir deles (ou seja, a capacidade de estabelecer um acordo a partir de princípios da justiça), e a *faculdade de formar-se, revisar e buscar racionalmente uma concepção do bem*. A essas duas capacidades correspondem dois interesses morais, de ordem suprema, que nos estimulam a exercê-las. Por fim, contamos com um interesse "de ordem mais elevada" – não suprema – que nos impulsiona a buscar uma concepção particular do bem, um esquema determinado de fins últimos[27].

Aparelhados com tais capacidades e interesses, encontramo-nos então dispostos a desencadear o procedimento para construir os princípios da justiça. As pessoas, desejosas de defender para o futuro a possibilidade de exercer suas capacidades morais (desejo que corresponde a interesses morais e não empíricos) e sua concepção particular de bem (desejo que liga o homem numênico a interesses empíricos), iniciam uma deliberação na qual entram em jogo apenas as coisas que são geralmente necessárias para isso, aquelas que Rawls denomina de "bens primários"[28]. Os motivos da deliberação são, portanto, morais, mesmo que "egoístas" no sentido de que cada jogador defenda seus interesses. Os interesses próprios – pensa Rawls – não têm por que ser moralmente egoístas.

---

[27] Cf. Rawls, 1980, p. 524-5.
[28] Cf. Rawls, 1978, p. 112-7; 1980, p. 526.

Por fim, em suas deliberações, as pessoas se comportam como seres racionais, porque utilizam os meios mais adequados para seus fins, servindo-se das leis da decisão racional. E com essa simples afirmação entra em disputa outro dos grandes temas da tradição prática, que é necessário alinhar como traço da pessoa moral: a natureza da racionalidade prática.

6. Reconstrução da racionalidade prática

O tema do caráter bicéfalo do intelecto prático já é um legado de longa tradição. Desde Aristóteles, a razão que regulamenta o agir presta dois serviços: produzir objetos que constituem o fim da ação ou prover uma ação boa em si mesma. Mesmo assim, Aristóteles deixou ambas as tarefas nas mãos do intelecto calculador, deliberante. Por isso Kant se considerava obrigado a atribuir aos imperativos hipotéticos a regulação prudencial e a técnica da ação, deixando a cargo dos imperativos categóricos a direção da ação moral. Certamente, a racionalidade calculadora é a que o neoclassicismo e as teorias econômicas em geral levam em conta e aquela que Rawls também *tem in mente,* em *Uma teoria da justiça,* ao caracterizar como "egoístas racionais" as partes na posição original. Tal egoísmo mais tarde se transformará em *autonomia racional,* porque as partes buscam seus interesses morais – como já esclarecemos – e recorrem, para tanto, aos meios mais adequados. Diante disso, como é que Rawls expressa os imperativos categóricos que, segundo Kant, constituem a mais autêntica expressão da razão?

Certamente, os princípios da justiça, imagem do caráter livre e racional da pessoa, serão *incondicionados* como os imperativos categóricos[29]; mas, para garantir que eles realmente brotam da razão,

---

[29] Cf. Rawls, 1978, p. 289.

e não de interesses empíricos, é necessário recorrer aos interesses morais, ao véu da ignorância e à noção de *razoabilidade*, distinta da noção de "racionalidade"[30]. Assim como a *racionalidade* convém a um indivíduo como tal e pode, por isso, ser exercida *monologicamente*, a *razoabilidade* possui um caráter *social*, porque só pode ser entendida pela relação com outros indivíduos com os quais se pretende cooperar. Sendo a sociedade entendida como um sistema de cooperação, é razoável pensar que todos os que cooperam devem compartilhar as mesmas obrigações ou beneficiar-se dos êxitos de um modo adequado, julgando-se por uma medida de comparação apropriada. Visto que, na posição original, as partes estão cobertas pelo véu da ignorância, a medida de comparação é imparcial e os imperativos daí resultantes – os princípios da justiça – são categóricos em sua aplicação à estrutura básica da sociedade. Portanto, podemos dizer que se a racionalidade calculadora ("o racional") é individual e monologicamente exercida, a "razoabilidade" conecta o indivíduo com a sociedade e se encontra na base do sentido da justiça. A razão moral é aquela que consegue estabelecer e fomentar a intersubjetividade, não aquela que discorre monologicamente sobre os meios mais adequados para alcançar o próprio bem. Nesse sentido, Rawls também aposta nessa bem reputada tradição ético-política, de substrato tanto liberal como socialista, que vê na realização da intersubjetividade o momento da moralidade. A razão prático-moral é, a partir de Kant, intersubjetiva, não monológica; a partir da descoberta hegeliana do reconhecimento recíproco, aponta-se nela o caráter dialógico que, em nossos dias, poderá vir à luz graças à "virada linguística" (Cortina & Conill, 1999, p. 137-66).

---

[30] Para a distinção e a articulação entre o "racional" e o "razoável", cf. Rawls, 1980, p. 528-3.

Para completar o "retrato falado" da pessoa moral, só nos falta articular os movimentos da razão prático-calculadora com os da razão prático-moral, articulação que não apresenta grande dificuldade, porque Rawls a descreve explicitamente, destacando o caráter deontológico de sua filosofia prática. Nosso autor afirmará: "O razoável pressupõe e subordina o racional"[31]. O razoável pressupõe o racional porque cooperação alguma poderá ter início se não se contar com seres racionais, comprometidos em buscar seus próprios fins. Todavia, por outro lado, o razoável subordina o racional porque a busca de tais fins só se pode efetuar no marco das condições formais em que a deliberação das partes tem lugar[32]. Dentro desse marco do justo, os fins a que cada indivíduo se propõe se tornam absolutamente limitados.

Para concluir, podemos dizer que a fundamentação ética do direito, delineada por Rawls, baseia-se na autonomia real dos homens, tal como concebida pelos cidadãos dos países democráticos a partir de uma tradição digna de confiança: é o reconhecimento do caráter autolegislador de seus componentes que confere ao procedimento democrático um valor moral e proporciona, portanto, um fundamento de legitimidade. Contudo, por essa mesma razão, só podemos falar de normas legítimas ou justas se elas se ativerem aos princípios que esses componentes escolheriam em condições ideais, que garantem a justiça da escolha e que expressam a unidade da racionalidade prática em sua dupla função, empírica (o "racional") e pura (o "razoável"). Com o tempo, essa unidade será reforçada se os cidadãos das sociedades democráticas viverem segundo os princípios da justiça, como cidadãos livres e iguais. Por "livres" entendemos aqui que eles se consideram autorizados a apresentar

---

[31] Rawls, 1980, p. 530.
[32] Representativas dessas restrições são a condição de publicidade dos princípios, o véu da ignorância, a simetria das partes e a estipulação de que a estrutura básica é o objeto primeiro da justiça.

reivindicações a suas instituições dentro de certos limites, dado que possuem uma concepção do bem; "iguais" significa que todos são capazes de compreender uma concepção política e de agir a partir dela; eles, portanto, consideram-se com igual direito a determinar, depois da necessária reflexão, os princípios da justiça[33].

Uma forma social de vida que se atenha a essas noções de igualdade e de liberdade dará como fruto a terceira "concepção-modelo" a que aludimos anteriormente e que expressa, de algum modo, a utopia rawlsiana: a sociedade bem ordenada. Nela se consuma a unidade da razão prática porque os cidadãos, tendo experimentado o caráter benéfico de viver com base na justiça, consideram-na como um elemento indispensável para a felicidade: o racional necessita do razoável, o bom precisa do certo, a felicidade é impensável sem justiça. Em suma, o bem do indivíduo requer a cooperação social entre pessoas morais entendidas ao modo kantiano. Portanto, nós nos encontramos diante de uma *versão liberal* da necessidade do diálogo e da cooperação, o que faz do intersubjetivo um instrumento da felicidade individual, ainda que com colorações kantianas.

7. Uma justificativa empírico-prática do direito legítimo

Como apontamos no início deste capítulo, a proposta rawlsiana provocou inúmeras críticas e comentários em diversos ramos do saber[34].

Entrar em sua exposição e crítica não é o tema deste trabalho, e por isso vou me limitar a expor minha própria desconfiança para

---

[33] Cf. Rawls, 1980, p. 543-7.
[34] Diante da impossibilidade de coletar a ingente bibliografia existente sobre Rawls, limitar-me-ei a citar como exemplo alguns dos trabalhos elaborados entre os espanhóis: Muguerza, 1977, p. 234ss.; 1990, p. 153ss.; Vallespín, 1985; Agra, 1985; Rodilla, 1986; Martínez García, 1986, p. 609-32; Rubio Carracedo, 1992; Martínez Navarro, 1999.

com a oferta de Rawls – oferta que, por outro lado, considero sumamente lúcida – em um ponto nuclear, que incide diretamente sobre o tema de que estamos tratando neste capítulo: *o pretenso caráter normativo dos princípios da justiça.*

Com isso, prescindo do conteúdo dos princípios, mantendo a separação, estabelecida pelo próprio Rawls, entre o procedimento legitimador e os princípios da justiça, indicando a possibilidade de atender a apenas uma das partes. Ademais, talvez Habermas tenha razão quando critica Rawls por delinear alguns princípios com conteúdo, tarefa que excede a competência de um filósofo moral "procedimentalista". O eticista "pós-convencional" ocupa-se em assinalar os traços formais do procedimento, mas não o conteúdo das normas. Se Rawls pretende construir uma teoria da justiça "substantiva", superando o formalismo kantiano, deve recordar que as normas materiais são assunto do homem comum e não do filósofo moral.

Por isso, prescindindo do conteúdo dos primeiros rawlsianos, limitamo-nos a questionar um traço formal: sua pretensão à normatividade que lhes permite regular a conduta, discriminando entre normas justas e injustas. Evitando as dificuldades que o jusnaturalismo "epistemológico", o positivismo jurídico, o utilitarismo e o perfeccionismo podem apresentar, Rawls aposta no "construtivismo kantiano", na *justificação prática* que – seguindo o filósofo de Königsberg – pretende objetividade prática, e não verdade nem objetividade teórica.

Mas Rawls também pretende se esquivar da vertente "perigosa" do kantismo, renunciando a toda pretensão metafísica ou transcendental. Já em *Uma teoria da justiça*, ele anunciou que a sua era uma *teoria empírica*[35]. E se nessa obra ele incorreu no "erro" de anunciar pomposamente que situar-se na posição original equivale a

---

[35] Cf. Rawls, 1978, p. 293.

contemplar o mundo *sub specie aeternitatis*[36]; mais tarde, retratou-se suficientemente de uma afirmação que o levara a enfrentar o clássico problema de conjugar *transcendentalismo* e *história*. Foi Hegel quem enfrentou valorosamente essa problemática legada por Kant, problemática que continua a constituir o núcleo da reflexão hermenêutica: como assinalar condições de possibilidade ou de inteligibilidade da ação humana sem que elas sejam, ao mesmo tempo, normativas? E como defender seu caráter normativo sem renunciar à historicidade? Se a historicidade significa total relativismo, então o juízo moral (os "juízos refletidos") carece de sentido; mas se as condições de inteligibilidade valem atemporalmente, então renunciamos à história.

O "construtivismo" de Kant optou pela normatividade das condições de possibilidade no marco de uma teoria metafísico-transcendental; o "construtivismo kantiano" de Rawls parece inclinar-se pelo relativismo histórico: a teoria empírico-prática da justiça só tem força normativa para as sociedades democráticas que já possuem determinado conceito de pessoa, e só na medida em que o mantenham. Ela tem, sem dúvida, a vantagem da funcionalidade, porque quem já consente implicitamente com os princípios da justiça pode promulgá-los como princípios públicos e inclusive inseri-los no programa educativo, fazendo deles o norte das sociedades democráticas[37]. Mas o que acontece com a força normativa dos princípios da justiça se o conceito de pessoa varia?

A meu ver, é mais promissora uma "terceira via", que conjuga transcendentalismo e história, em atenção ao caráter evolutivo da consciência moral jurídica, mas, ao mesmo tempo, ao valor normativo das condições insuprimíveis do sentido dos juízos.

---

[36] Cf. Rawls, 1978, p. 648.
[37] Cf. Rawls, 1980, p. 552-4. Ernst Tugendhat também tenta um tipo de fundamentação empírica – nesse caso, da moral –, compartilhando o esforço para inserir suas descobertas no processo de socialização. A esse respeito, cf. Tugendhat, 1984, p. 138ss. Talvez o preconceito antimetafísico pudesse ser minorado por novas concepções de metafísica. Cf. Conill, 1988; 2006.

IV
ÉTICA SEM RELIGIÃO?

9
Razão iluminista e ideia de Deus[1]

1. O que é o Iluminismo?

É difícil iniciar um trabalho sobre o Iluminismo sem enfrentar a famosa pergunta kantiana: "O que é o Iluminismo?", e sem tentar, ao menos em princípio, uma resposta. E é impossível esboçar uma resposta aceitável sem recordar, já no começo, que o termo "Iluminismo" é ambivalente, porque nos remete tanto a uma época histórica como a uma forma de vida.

Efetivamente, o Iluminismo apresenta-se como um período da história ocidental encravado no marco mais amplo da modernidade. Com esse termo, referimo-nos concretamente ao século XVIII, também chamado de Século das Luzes, da Razão ou Era da Filosofia. Segundo os especialistas no assunto, duas datas representativas delimitariam o Século das Luzes: a revolução liberal inglesa de 1688, à qual sucede o Édito de Tolerância de 1689, e a revolução francesa de 1789. Ao longo do capítulo, vamos nos referir a esse período histórico, mas não sem antes recordar que o século XVIII gera um *ethos*, uma forma de vida, que transcende amplamente suas fronteiras e

---
[1] Reelaboração de "Reto y ambigüedades de la Ilustración", *Actas del III Simposio de Teología Histórica* (Valência, 1984), p. 33-49. Para esta parte IV do livro, cf. também Cortina, 1995a; 1998, cap. VII; 2001, parte VI.

que, com diferentes meios de expressão, permanece vivo em nossos dias. Em que consiste esse "modo de ser iluminista"?

1.1. A razão crítica diante do obscurantismo dogmático

Não há dúvida de que a raiz de qualquer atitude iluminista consiste na *oposição ao obscurantismo*. Nesse sentido, a expressão "esclarecimento" é mais adequada que o termo "iluminismo" para designar o objetivo dos iluministas: acender uma luz nas dimensões humanas ainda submersas na obscuridade.

Evidentemente, avaliar a falta de luz supõe tê-la contemplado em algum outro lugar, e isso é o que se passa no caso do *ethos* iluminista; o progresso das ciências da natureza contrasta violentamente com o passo vagaroso dos saberes que se ocupam diretamente da conduta humana e têm, portanto, repercussões na vida individual e social. Enquanto as ciências da natureza avançam com segurança, a filosofia, a moral, a religião, a economia, a arte, a política e a história estão muito longe de seu objetivo: a felicidade humana. Não é possível nem mesmo averiguar, em meio a suas perpétuas disputas, se demos um só passo adiante.

Essa é, a meu ver, a chave do *ethos* iluminista: a urgência de introduzir nos saberes que regem a conduta a clareza que já refulge nos saberes da natureza para atingir o progresso autêntico, que é a transformação do agir com vistas à perfeição ou à felicidade.

Como as ciências da natureza conseguiram progredir? Utilizando como critério de certeza ante a verdade de um juízo uma *força comum* a todos os homens chamada *razão*. Portanto, é preciso também aplicar essa faculdade ao âmbito da ação, no qual a autoridade e a tradição ainda exercem seu domínio como critérios de assentimento diante da verdade de um juízo. Por isso, não há progresso na ação, e a felicidade parece inacessível.

Efetivamente, esses dois critérios de certeza se mantêm como irrecusáveis nas "ciências humanas", tendo como resultado que os enunciados e os preceitos que neles se alicerçam constituam autênticos *dogmas*; ou seja, enunciados e preceitos isentos a toda e qualquer discussão possível. As autoridades políticas e religiosas valem-se deles para organizar a convivência, assim como eles também constituem o instrumento preferido de fanáticos e intolerantes. O século XVIII – e isso é fundamental – carrega em si, muito fundo, a marca das guerras de religião, das monarquias absolutas, dos pactos religioso-políticos; assim como traz gravado o gosto amargo da superstição e da intolerância.

Mesmo que as massas não o saibam nem o sintam, é urgente estender à vida filosófica, moral, religiosa e política a luz da razão para destruir os dogmas e suas funestas consequências práticas. A razão não precisa se deter, como no século XVII, diante de dogmas que se pretendam sagrados; deve submeter-se à sua crítica tudo o que "pretenda aspirar a um respeito sincero, que a razão só concede a quem pôde enfrentar exame livre e público"[2]. Nesse sentido, a atitude iluminista atualmente perdura nas correntes que apreendem sua clareza das ciências[3]; contudo, o *ethos*

---

[2] Ampliando um pouco a citação, o texto é o seguinte: "A religião, por sua santidade, e a legislação, por sua majestade, geralmente querem se subtrair à crítica. É quando suscitam contra si suspeitas justificadas, e não podem aspirar a um respeito sincero, que a razão só concede a quem pôde enfrentar exame livre e público" (Kant, *Kr. r. V.*, a XII).

[3] "Iluminismo" significa, portanto, razão crítica, esclarecedora do saber e do agir em sua totalidade, diante do dogma que se pretende infenso à razão. Nesse sentido, geralmente se consideram iluministas os sofistas e se estende esse qualificativo a correntes contemporâneas como o materialismo histórico, a crítica das ideologias, o racionalismo crítico, o "iluminismo aplicado" de que fala Dahrendorf ou o "iluminismo sociológico" de Niklas Luhmann. Para cada uma dessas correntes contemporâneas, o anseio por esclarecimento supõe um desafio específico à religião. O marxismo entenderá as ideologias – entre as quais se encontra a religião – como dogmatismo e identificará, portanto, o esclarecimento com a crítica das ideologias. Por sua vez, sua herdeira, a teoria crítica, registrará a consumação do processo secularizador: a esperança na salvação se transforma em esperança na emancipação.

ilustrado do século XVIII tem sua especificidade centrada no conceito de razão.

Como Cassirer indica bem apropriadamente, o século XVIII vive a experiência de uma força homogênea e unitariamente informadora, cujo desdobramento produz um progresso indefinido; essa força irreprimível, comum a todos os homens, substantiviza-se sob o nome de "razão"[4]. Não se apreende seu modo de proceder na matemática, como acham os racionalistas, porque, nas ciências do real, partir de *axiomas* e deduzir um sistema a partir deles significa partir de *dogmas* e deduzir uma realidade arbitrariamente construída. O método racional é o que triunfa na física de Newton: o *analítico*[5]. O ponto de partida e o critério último de verificação de tal método são os fatos; mas os fatos possuem uma ordem, uma conexão unitária, que não pode partir da experiência porque são comuns a todos os homens. Essa ordem é atribuída à razão, que vem a ser instituída como faculdade do universal. A tarefa da filosofia consiste, como em Newton, em ascender à hipótese: em indicar as condições gerais dos fatos, sem pretender aventurar-se em afirmações que não possam encontrar confirmação nos fatos.

Esse ponto é de importância capital para nosso tema: os conteúdos da religião – ou de qualquer outro saber – só sairão inteiros do exame racional se se submeterem com sucesso ao duplo cânon da universalidade (que todo e qualquer homem possa compreendê-los e aceitá-los) e dos fatos (que sejam necessários para compreender um fato). Caso contrário, nos encontramos diante do dogma e da superstição.

A razão iluminista é, portanto, a faculdade do universal, que se vê impelida a criticar os âmbitos que ainda são inacessíveis,

---

[4] Cf. Cassirer, 1972, p. 20ss.
[5] O Tratado de metafísica de Voltaire, a introdução à Enciclopédia de D'Alembert e a Deutlichkeit kantiana coincidem em exaltar a superioridade do método analítico.

utilizando sempre os fatos como pedra de toque. Todavia, não se pode entender tais fatos ao modo positivista.

1.2. Razão libertadora e razão interessada

O *ethos* específico do século XVIII, e que subsiste em nossos dias, não entende a razão de modo tão formal como podia parecer à primeira vista. É importante destacar isso porque o desafio à teologia e à religião lançado pela atividade desse século não se identifica, em seu conjunto, com aquilo que uma atitude iluminista-positivista, ou iluminista-decisionista, poderia supor. Segundo Habermas, ao qual me uno, a *Aufkärung* referia-se à oposição entre razão e dogmatismo de um modo não positivista e *não decisionista* (Habermas, 1966, p. 127-63).

De um modo não decisionista porque, diante do racionalismo crítico, para o qual a opção entre a razão crítica e o obscurantismo é uma decisão irracional (as decisões últimas não podem mais ser justificadas), o Iluminismo do século XVIII identifica "razão" e "opção pela razão", porque entende a razão como já interessada em sua própria tarefa, que é a libertação.

Por outro lado, a época da qual nos ocupamos entende a relação entre razão e dogmatismo de um modo *não positivista*, porque não concebe a colaboração das ciências no processo de libertação segundo o modelo tecnocientífico, mas como auxílio esclarecedor a serviço da razão moral. Ambos os pontos – o interesse libertador da razão e o papel das ciências no alcance da emancipação – são fundamentais para entender a relação entre o Iluminismo, a religião e a teologia. Por isso os abordamos resumidamente.

Na visão de Habermas, o Iluminismo do século XVIII supõe uma transformação nas relações entre teoria e práxis. Na tradição da "grande filosofia", a teoria ocupava-se da essência humana e, portanto, traçava o marco para a realização da vida feliz, possível por meio da práxis. Mas, a partir do século XVIII, a situação muda: em vez de enfrentar-se com a essência humana, a teoria tem de se ver com um gênero humano que se produz a si mesmo progressivamente por meio da práxis. Sua essência não lhe é dada por natureza, é, antes, um destino a ser realizado através da história. É por isso que a realização da vida feliz se distende ao longo da história universal. A *práxis* racional passará a ser entendida como *libertação* de uma sujeição imposta desde o exterior; a *teoria* se torna esclarecimento guiado pelo *interesse libertador*. A razão iluminista não é, portanto, asséptica: em sua própria estrutura ela contém um interesse libertador, que se acredita capaz de atender progressivamente no transcurso da história mediante sua atividade própria: a reflexão.

Na época de que nos ocupamos, esse interesse libertador ainda é ambivalente: em determinadas ocasiões, serve para conectar com a transcendência, porque só Deus pode consumar a libertação total. Contudo, também vai se esboçando a possibilidade de uma história secular, na qual o homem tome as rédeas de sua própria salvação. A esperança cristã no cumprimento da promessa de salvação se transformará em esperança humana no cumprimento secular da emancipação.

Nesse processo reflexivo libertador, a *contribuição das ciências não é entendida de um modo positivista*, e com isso entramos no segundo dos pontos anunciados. As ciências têm a missão de iluminar a natureza das coisas e dos homens para alcançar uma ação orientada para a felicidade. Não obstante, à medida que as sociedades industriais se desenvolvem, as ciências se "positivam", porque se transformam em forças produtivas da evolução social; limitam-se a produzir recomendações técnicas, a subministrar instruções para o manejo de processos objetivados. Segundo Habermas, a sequela mais grave do positivismo consiste em confundir o *agir* com o *manipular*, em confundir *poder técnico e saber prático* (Habermas, 1966, p. 129). Se o saber se limita àquilo que se deixa manipular, o destino da religião é claro. Com tudo isso, o Iluminismo do século XVIII não é o responsável por esse reducionismo, antes valoriza a colaboração esclarecedora das ciências com vistas à felicidade.

1.3. Razão autônoma

Se o Século das Luzes pode coincidir com a teoria crítica nesse *ethos* interessado, esperançoso, não positivista, não cientificista, também é certo que possui uma propriedade exclusiva: imputa à própria razão o atraso do esclarecimento em relação ao dogmatismo. Nem a infraestrutura econômica, nem o inconsciente psíquico, nem a estrutura sistemática ou o dote genético determinam o lento caminhar da faculdade comum aos homens. A causa reside em sua falta de ousadia, para não dizer de capacidade. E com isso temos de fazer referência à Carta Magna do Iluminismo, confirmada no essencial pelas *Lições de filosofia da história* hegelianas e pelo famoso princípio do tratado kantiano, *O que é o Iluminismo?* Reza o muito célebre texto:

> O *Iluminismo é a libertação do homem de sua culpável incapacidade*. A *incapacidade* significa a impossibilidade de se servir de sua inteligência sem a guia de outro. Essa incapacidade é culpável porque sua causa não reside na falta de inteligência, e sim de decisão e de coragem para se servir dela por si mesma, sem a tutela de outro. *Sapere aude!* Tenha a ousadia de valer-se de sua própria razão! Eis aqui o lema do Iluminismo (*Beantwortung der Frage: Was ist Aufklärung?*, VIII, p. 35).

Concentremo-nos nessas frases delirantes, que não questionam nem sequer a possibilidade de os preconceitos fazerem parte da própria estrutura da razão ou de a razão ser determinada por elementos externos a si. *A razão é autônoma: tem suas próprias leis.* Se ela se armar de coragem suficiente, pode levar os homens, por meio de um processo de esclarecimento, à plenitude que os dogmatismos lhe negam. Por isso é que é culpada de não substituir a autoridade e a tradição como guias da conduta. Que sorte pode reservar à religião uma razão que pretende se desenvolver "sem a guia de outro"? O ato de fé na revelação não consiste em um ato de confiança racional na guia de outro? Parece, pois, que evitar a heteronomia e o obscurantismo que daí se segue exige solapar os alicerces da religião revelada.

2. *Ethos* ilustrado e religião revelada

2.1. Supressão da religião revelada?

A natureza da razão, tal como a caracterizamos, parece *prima facie* rejeitar toda religião revelada. Uma *razão crítica* deve classificar como dogmática a aceitação da guia de outro, o ato de confiança em que consiste o ato de fé. Uma *razão interessada* na libertação da infelicidade, que projeta seus planos na história, secularizou o esquema cristão da história da salvação, e não necessita de ajuda sobrenatural para realizar o Reino de Deus na Terra. Uma razão que só reconhece como experiência humana – não meramente individual – *a experiência do universal e necessário* repudia como irracional, como inumana, uma revelação que se produz no tempo e para a qual não se pede um assentimento necessário, e sim individual, contingente, mediante o ato de fé. Uma *razão autônoma* como a descrita deveria ver no Deus revelado exclusivamente um competidor. O progresso do esclarecimento exige eliminar o Deus de Jesus Cristo? É esse o resultado do Iluminismo?

Certamente, no amplo marco do Iluminismo oitocentista, que se estende fundamentalmente e com diferentes matizes para a Inglaterra, a França e a Alemanha, existem respostas afirmativas para essa pergunta, porque, nesses casos, o ideal de autonomia está plasmado no materialismo e no ateísmo. É o caso de autores como Lamettrie, D'Holbach, Helvetius, Sade e Mandeville. Contudo, tais respostas não procedem das figuras mais importantes nem constituem a atitude mais coerente com as posições do Iluminismo[6].

A atitude geral da época para com o tema religioso não é de rejeição frívola, cientificista ou libertina. Até me atreveria a dizer que, em seu conjunto, é a atitude cautelosa de quem, ao comprovar as consequências práticas da religião (aliança com o poder, fanatismo, guerras religiosas), tenta examinar cuidadosamente o que é que podemos aceitar nela, por contribuir para o progresso humano, e o que devemos rejeitar, por ser fonte de infelicidade. A razão é o único cânon que se revelou como progressista: a ele terão de se submeter tanto os conteúdos da *religião revelada* como os da *teologia filosófica*. A religião revelada é um fato e, na medida em que é majoritariamente aceita no Ocidente, respeitável como fato; submetida à prova da universalidade, dará um novo produto: a *religião natural*.

De seu lado, a teologia chamada "racional", que faz parte da metafísica, tem de demonstrar que pode continuar a ser verdadeiramente chamada de racional, com todo o direito. Nesse caso, o resultado do teste é diferente para duas vertentes humanas: em nível teórico, o *deísmo* e o *agnosticismo* são as únicas respostas viáveis; mas para dirigir nossas ações, ou seja, em nível prático, é razoável

---

[6] Nesse sentido, Hume configura uma exceção, dado que reduz a religião a sentimentos patológicos nos *Diálogos sobre a religião natural* e na *História natural da religião*. Todavia, é interessante ressaltar que o espírito iluminista de Hume se contenta quase que exclusivamente com essa crítica à religião. Sua desconfiança da razão e seu conservadorismo político afastaram-no da atitude iluminista. Cf. Bongie, 1967. Para uma análise das relações entre Iluminismo e fé religiosa, cf. Gómez-Heras, 1986.

afirmar que Deus existe e, inclusive e de certo modo, determinar sua essência.

A seguir, abordaremos sumariamente essas novas propostas do Iluminismo em matéria de religião, tanto aquelas que são majoritariamente aceitas – *deísmo* e *religião natural* – como as que são defendidas minoritariamente, mas que são de suma transcendência histórica: o *agnosticismo teórico* e *a teologia moral*.

2.2. O deísmo teórico

Como se sabe, o deísmo constitui uma postura "crente", dado que sustenta, sem rodeios, a existência de Deus, ou por considerá-la evidente ou porque necessita de Deus como causa do mundo. Com tudo isso, o deísta se confessa impotente para conhecer a essência divina, apresenta-se como um *agnóstico essencial*, mesmo não sendo um. Que razões o conduzem a esse agnosticismo essencial?

No período histórico que nos compete, poderíamos indicar três razões estreitamente ligadas entre si: a irracionalidade teórica do problema do mal, a impossibilidade de ampliar os conceitos teóricos para além da experiência, na tentativa de que eles continuem a conservar o sentido e a significação que têm para nós e, consequentemente, o risco que corremos com esse atrevimento de criar deuses a nosso gosto. Esse atrevimento é perigoso sobretudo por suas consequências práticas.

Comecemos pelo secular problema do mal, que foi e é uma das pedras de tropeço para a razão e o sentimento humanos. O século XVIII vive com especial virulência essa difícil conciliação entre a existência de um Deus onipotente e bom com a inegável realidade do mal no mundo. Contribui para isso a irritante solução oferecida por Leibniz, que, vangloriando-se do afã sistemático-racionalista do século anterior, dilui o absurdo do mal no mundo dos compossíveis e justifica a eleição divina de um mundo doloroso que, definitivamente, é o melhor dos mundos possíveis[7].

A afirmação de que, na realidade, tudo vai bem é irritante. O mal existe. É preciso afirmar, com Voltaire, que, se nem tudo vai bem, tudo passa; ou que a solução mais sensata consiste em cultivar o próprio jardim[8]; contudo, a resposta mais difundida é o *deísmo*. Sabemos que Deus põe o mundo em marcha, mas desconhecemos o que ele faz posteriormente aqui; o mecanismo da natureza explica as desgraças físicas e a liberdade humana, as morais. Em todo caso, o problema do mal continuará a constituir um desafio em nível prático: segundo Rousseau, a atitude mais útil para que se possa propor uma vida verdadeiramente boa não consiste em perguntar por que, se Deus é bom, o mal existe, e sim por que os homens são como são.

Outro dos fatores desencadeadores do deísmo é, como dissemos, a constatação de que é impossível ampliar os conceitos teóricos para além do âmbito da experiência, quando se pretende que eles conservem sentido e significação. A razão analítica não quer cair no erro dogmático daqueles que, tomando conceitos puros, pretendem construir a existência e a essência de Deus sem recorrer verdadeiramente à experiência. A solução consiste em confessar que, em nível teórico, nada sabemos da essência de Deus.

Mesmo que essa opção seja majoritária, não creio que ela seja coerente: se não podemos ampliar nossos conceitos para além da experiência, tampouco podemos continuar afirmando que Deus, não obstante, *existe* como causa do mundo. Nesse ponto é que têm espaço as críticas à teologia teórica, elaboradas sistematicamente por Kant: as críticas aos argumentos ontológico, cosmológico e físico-teológico. A proposta kantiana é mais consequente que o

---

[7] Cf. Leibniz, 1959, p. 506.
[8] Para o tratamento conferido por Voltaire à religião, cf. Pomeau, 1974.

deísmo: visto que a razão teórica não chega a conceitos com significado para além de sua aplicação à experiência, nesse nível, nada sabemos de Deus, nem essencial nem existencialmente. O agnosticismo teórico é mais rigoroso que o deísmo[9].

Em todo caso, tanto o agnosticismo como o deísmo teóricos repudiam o teísmo teórico por um duplo motivo: porque ele é um produto da *ignava ratio* – inimiga declarada do Iluminismo – e por suas funestas consequências práticas.

A *ignava ratio*, a razão preguiçosa, considera aceitável aquilo que é provado pelo conteúdo da fé, mesmo que apenas aparentemente. Isso supõe admitir um engano e, além do mais, quando o engano é descoberto, leva os homens a repudiar não apenas a demonstração, como também o conteúdo da fé.

Por outro lado, o teísmo teórico tem consequências funestas, pelo menos no âmbito prático, em um tríplice sentido. Em primeiro lugar, as autoridades civis e eclesiásticas do momento podem valer-se de um deus criado à medida de seus desejos para impor aos súditos aquilo que as agrade, recorrendo a uma pretensa vontade de Deus. Em segundo lugar, o povo cai em todo tipo de figurações e superstições que o afastam da felicidade. Por fim, a pretensão de conhecer a Deus mediante conceitos cujo significado além da experiência desconhecemos nos leva à idolatria, à "ilusão supersticiosa de poder agradar ao Ser Supremo por outros meios que não uma disposição moral" (Kant, *Kr. Uk.*, V, p. 459). As figurações teóricas no terreno teológico levam a uma conduta imoral: a convicção de que se agrada a Deus mediante o culto, os sacrifícios e até mesmo a guerra e a tortura.

> As festas de ação de graças celebradas durante a guerra por ocasião de uma vitória; os hinos que são entoados ao Senhor dos

---

[9] Para o agnosticismo teórico de Kant, cf. Cortina, 1981b, cap. I.

exércitos [...] tudo isso contrasta, e não pouco, com a ideia moral do Pai dos homens (Kant, *Zum ewigen Frieden. Ein philosophischer Entwurf*, VIII, p. 357, nota).

A ideia moral do Pai dos homens: *essa será a chave religiosa e teológica do Iluminismo*. Se, na verdade, pouco (deísmo) ou nada (agnosticismo) podemos dizer de Deus em nível teórico e, mesmo assim, a razão não consegue se desembaraçar da ideia dele, isso se deve à influência positiva que ela pode ter na realização moral dos homens. A religião e a teologia estão a serviço do progresso moral da humanidade. Situá-la sem outro contexto significa privá-las de todo sentido. Por esse motivo, tanto a religião natural como a teologia moral – as outras duas novas ofertas do Iluminismo – se fundamentam no *valor que a ideia de Deus supõe para a moral*. Não obstante, a evolução de cada uma delas será diferente: enquanto a religião natural acabará por se reduzir à moral, dado que é da moral que haure todo o seu sentido, a teologia moral pode continuar mantendo a necessidade de Deus existir.

2.3. A religião natural

A religião natural inicia sua marcha com Locke e o deísmo inglês[10] como mera tentativa de fazer frente ao fanatismo e às extravagâncias religiosas, impondo limites à fé como órgão de conhecimento. As religiões reveladas obrigam a realizar dois tipos de ato de fé: o daqueles que são receptores diretos da revelação e que captam sua verdade como evidente e o daqueles que têm de crer por tradição em uma revelação que os primeiros dizem haver recebido. Como é possível certificar-se da verdade da revelação pretensamente transmitida? Nosso único juiz supremo é a razão e, por isso, todo

---

[10] Cf. Locke, *Ensaio sobre o entendimento humano*, livro IV, caps. XVIII e XIX.

conteúdo que se considere revelado por tradição deve ser submetido a seu crivo. Mas, sobretudo, se Deus pretende que sua vontade seja universal e atemporalmente conhecida, não pode se limitar a uma revelação *histórica*, produzida em um tempo determinado com meios determinados: a vontade de Deus tem de ser acessível – universal e atemporalmente – a todo homem.

No decorrer do século XVIII, em seu afã de universalidade racional, a religião revelada vai perdendo concreção histórica, particularidade e caráter sobrenatural até chegar às formulações paradigmáticas de Lessing e Kant, nas quais se vê diluída toda diferença entre religiões positivas em uma única religião universal, insensível à história, serva do ideal moral[11] iluminista.

A história humana é a história do crescimento moral humano que, em determinados momentos de seus primórdios, recebe uma ajuda especial de Deus para que os homens venham a conhecer com maior rapidez (Lessing) ou mediante um apoio sensível (Kant) aquilo que definitivamente estava inserido em nossa razão. Jesus Cristo constitui o ideal moral da humanidade. Se Deus confirma sua ação com sinais maravilhosos é para ajudar uma humanidade ainda moralmente infantil a acreditar. Mas o crescimento no esclarecimento moral torna tais sinais desnecessários e até mesmo os torna incompreensíveis para nós. Vemo-nos obrigados a interpretá-los para poder entendê-los, e isso só é possível por meio da razão. Dirá Kant em *O conflito das faculdades*: "O deus em nós é o próprio exegeta, porque não compreendemos ninguém mais do que aquele que nos fala por nosso próprio juízo" (*Streit*, VII, p. 48).

Só podemos alcançar uma interpretação das distintas revelações positivas que possa ser universalmente compreendida por meio da *razão moral*; nossa interpretação só pode estar garantida

---

[11] Cf. Lessing, *A educação do gênero humano*; Kant, *A religião dentro dos limites da simples razão*.

se estiver a favor do progresso moral. Uma fé pessoal, contingente, na pessoa de Cristo é, em realidade, uma fé supérflua, porque se torna desnecessária na admissão das verdades morais, dado o grau de desenvolvimento alcançado. Por sua superioridade moral, o cristianismo está destinado a se transformar em religião universal, mas ao preço de tornar-se a-histórico, ao preço de apagar as particularidades, ao preço de eliminar a contingência do ato de fé, ao preço de interpretar racionalmente a totalidade de sua contribuição; definitivamente, ao preço de se reduzir ao ideal moral do Iluminismo.

2.4. A teologia moral

É exatamente a moral que também constituirá o elemento chave da teologia filosófica que o Iluminismo traz como novidade: a teologia moral. Certamente, é uma oferta minoritária, em comparação com o deísmo e a religião natural, que, assistemáticos e pouco rigorosos, se adaptam mais ao gosto do século. Todavia, essa nova teologia filosófica, sistematizada por Kant na linha de Rousseau, tem uma repercussão histórica ilimitada e é a única proposta do século XVIII que permite afirmar a existência de Deus[12].

Pela primeira vez na história, a teologia moral traslada completamente o problema de Deus do campo da lógica (argumento ontológico) e da cosmologia (argumentos cosmológico e teleológico) para o âmbito humano: temos de admitir que Deus existe, não para eliminar a *contradição lógico-formal* que se produziria ao se afirmar a não existência de um ser cujo conceito contém todas as perfeições possíveis; não para eliminar a *contradição lógico-real* de que exista um mundo contingente sem um Ser Necessário ou que a ordem cósmica careça de um Ordenador Supremo. Deus tem de

---

[12] Para a teologia moral de Rousseau, cf. Pintor Ramos, 1982. Para a teologia moral de Kant, cf. Cortina, 1981b, caps. II e III.

existir para que se possa destruir um *absurdo lógico-humano, lógico-moral*: que os homens bons, como o mostra a experiência, não recebam por recompensa senão a desgraça e, mesmo assim, os maus gozem a felicidade. A ordem da natureza é insensível à ordem moral? A experiência dessa contradição (que levou o justo do Antigo Testamento a gritar tantas vezes "Hão de rir de mim meus inimigos e hão de perguntar onde está teu Deus") é que exige que exista um Deus para que o mundo moral humano não se veja tomado pelo absurdo.

Foi assim que a humanidade viveu e, não obstante, os filósofos não souberam traduzir argumentativamente sua vivência. Muito antes de os homens sentirem falta de um Deus que justificasse a ordem lógico-formal; muito antes de necessitarem dele para dar razão da ordem natural, precisavam de um Deus para poder *confiar*, para poder *esperar* que uma ordem moral exista. Os homens bons podem prosseguir confiante e esperançosamente sua tarefa de realizar a bondade, porque existe um Deus bom que reparará no sofrimento do justo e porá fim à sorte feliz do mau. *Deus é a resposta para uma contradição do mundo humano.*

Naturalmente, esse novo argumento, que ao mesmo tempo descobre para nós a essência moral de Deus – seu interesse pela virtude –, não demonstra com contundência para todos os homens que Deus existe. E esse foi um dos erros da teologia teórica: buscar um argumento tão implacável quanto os que se depreendem de um enunciado analítico ou com os que procedem da experiência do objeto. Contrariamente, o assentimento à proposição "Deus existe" apoia-se em bases racionais, porque é razoável esperar uma ordem do mundo e não um caos ético; mas só tem força probatória para aqueles que estão interessados na existência dessa ordem moral.

O mau nem mesmo se pergunta pela existência de Deus, porque não a deseja. Para ele, a pergunta carece de sentido em si mesma, porque não necessita de uma resposta positiva. Todavia, para quem *se interessa* pela virtude, para quem se *compromete* a realizá-la no mundo buscando a felicidade dos demais homens, é *moralmente absurdo* que Deus não exista.

A teologia moral transfere, portanto, a pergunta por Deus do âmbito formal ou da racionalidade ontológica para o âmbito da *racionalidade moral*, que também é comum a todos os homens. É racional afirmar que Deus existe como conector de virtude e de felicidade, mas para percebê-lo a própria razão nos mostra que ser racional não basta: é preciso estar *interessado* na virtude e *comprometido* com ela. Esse novo tipo de assentimento, que Rousseau chama de "crença", é denominado por Kant como "fé moral pura", erguida sobre o alicerce sólido da razão moral[13].

Para admitir que Deus existe, a lógica da ação exige uma razão interessada e comprometida com a moralidade. Mas, nesse caso, a conclusão da prova não afirma "Deus existe", e sim "eu quero que um Deus exista" (Kr. p. V., v, p. 143). *Eu quero que exista um Deus que dê a razão de minha esperança.*

3. O desafio do Iluminismo à religião revelada

Visto que já expusemos esquematicamente os traços fundamentais do Iluminismo e suas propostas religiosas, é chegado o momento de colher os frutos. A partir do trabalho realizado, tentarei concretizar em duas séries os desafios lançados – ao menos em minha visão – pelo Iluminismo à religião revelada. Na primeira, reunirei as críticas que acredito devam ser seriamente assumidas por toda religião que tenha zelo pela verdade; na segunda, as críticas que desvirtuam paulatinamente a natureza da religião, até eliminá-la.

---

[13] Para a fé moral como grau de assentimento adequado diante da verdade da proposição "Deus existe", cf. Cortina, 1981b, p. 273-9.

1) Em primeiro lugar, recordemos que o desafio iluminista não é fundamentalmente positivista nem cientificista. O espírito iluminista não desqualifica a religião por não se ocupar de fatos positivos, não a repudia por não reunir os requisitos de uma ciência empírica. A religião e a teologia são modos legítimos de saber acerca da realidade, são sobretudo modos legítimos de dirigir o comportamento, desde que se submetam à crítica racional.

2) A meu ver, a chave do desafio do iluminista, que explica inclusive seus excessos, é a amarga experiência do *dogmatismo*. Quando, diante de determinadas afirmações ou prescrições dificilmente aceitáveis, se diz "não pense, obedeça", as consequências de tal prepotência são duradouramente funestas para a vida. Os poderes religiosos e políticos se valem da religião, dogmaticamente criada, para fazer seus súditos se submeterem com aval divino; as superstições impedem a vida feliz ou alienam; o fanatismo cria divisão e guerras; a intolerância oprime os que carecem de poder, e os homens acreditam agradar a Deus por meio de culto, ritos e até mesmo mediante tortura e assassinato.

Portanto, o Iluminismo supõe, originária e fundamentalmente, um *desafio ao dogmatismo,* porque este incita à *imoralidade na vida individual* e coletiva (entendendo por "imoralidade" tanto a negação da vida feliz como da vida virtuosa).

3) O Iluminismo também supõe um desafio, mais ou menos sistematicamente expresso, à *teologia teórica, sobretudo em sua vertente essencial*. Essa teologia tradicional mostra sua insuficiência em múltiplos aspectos.

Em princípio, transita de modo ilegítimo do mundo empírico para o mundo transcendente, ao pretender utilizar em ambos os mesmos conceitos. Uma vez situada na transcendência, inventa um mundo capaz de justificar qualquer coisa: desde a realidade do mal, *more leibniziano*, até o poder dos reis, dos príncipes e das autoridades eclesiásticas.

Por outro lado, a teologia teórica é um claro produto da razão preguiçosa – situada nos antípodas da razão iluminista – que aceita qualquer raciocínio aparentemente concludente, desde que ele dê aval ao pretenso conteúdo da fé. As consequências de sua indolência são nefastas: quando se descobre a inconsistência do argumento, ele arrasta consigo em sua queda o próprio conteúdo da fé.

Por fim – e isso só vale para os autores da teologia moral –, a teologia teórica se esquece de que o juízo "Deus existe" exige um tipo especial de assentimento: a fé racional, a convicção racional de quem deseja que ele exista.

Não obstante, apesar de que a percepção dessas deficiências por parte do espírito iluminista é, a meu ver, sumamente lúcida, é igualmente certo que a solução se apresenta como ainda mais discutível. O objetivo do Iluminismo consiste em eliminar as aderências dogmáticas da religião para devolver-lhe a pureza requerida por sua missão moral. Como purificar a religião? Submetendo-a ao único critério de assentimento que se demonstrou progressista: a razão, tal como os iluministas a entendem. Os conteúdos da religião *não devem ser apenas razoáveis, mas também racionais*, segundo uma racionalidade muito concreta. O desejo de purificação leva, portanto, a desafios que deságuam na redução da religião à moral ilustrada.

1) O primeiro desafio volta-se contra a *interpretação da Bíblia realizada pelo magistério da Igreja*. Como dissemos, existe uma grande diferença entre os receptores da revelação originária, que percebem imediatamente sua verdade, e aqueles aos quais ela chega por tradição. Nesse segundo caso, os sujeitos se enfrentam com

um documento *histórico* e, para entendê-lo, têm de interpretá-lo. A interpretação literal fica descartada, porque só é compreensível no próprio momento da revelação originária. A interpretação do magistério deve ser repudiada por ser dogmática: aceitá-la como correta significa continuar à mercê dos preconceitos. Por isso não apenas os anticlericais acerbos, mas também os iluministas mais sensatos, repudiarão a autoridade do magistério como intérprete legítimo da Escritura."O *deus in nobis* é o próprio exegeta."

2) Mas, em longo prazo, *o caráter histórico da revelação e, inclusive, a própria religião* também ficam sob suspeita não só por parte de materialistas e ateus, mas também por parte de todos os que tentam salvar a ideia de Deus por causa de seu valor moral.

Se o conteúdo das Escrituras pretende proceder de Deus, tem de ser completamente acessível à razão de todos os homens. Isso significa que já estava implícito na razão humana desde o começo, e que a história não supõe aparecimento de nenhuma novidade, mas desdobramento do que já estava contido na razão. A revelação positiva se produz na infância moral dos homens como uma ajuda extraordinária, mas só tem como missão apressar o conhecimento moral que, de todos os modos, já se produzira. Crer na pessoa de Cristo é um ato subjetivo, incomunicável. O que é comunicável e aceitável por todos é o conteúdo moral de sua doutrina, algo que a razão de todos os homens já pode compreender no século XVIII; mas a fé na pessoa histórica é supérflua no grau de desenvolvimento moral atingido pela humanidade.

A única revelação fiável é a revelação natural, aquela que se produz por meio da razão moral. Moral e religião diferem apenas na forma: o conteúdo é o mesmo, mas, no caso da religião, nós o consideramos como provindo de Deus.

Chegados a este ponto, uma pergunta é inevitável: qual é a garantia de que esses preceitos morais procedem de Deus? Ou, de todo modo, que falta faz a religião, se a única função que tinha a cumprir – contribuir positivamente para o progresso moral dos homens – é perfeitamente levada a cabo pela razão moral?

Deus só é necessário, segundo a porta aberta pela teologia moral, para manter a ordem moral no mundo, de tal modo que os justos fomentem esperançosamente a criação de um Reino de Deus na Terra, no qual os virtuosos sejam também felizes. A missão de Deus será a de dar razão da esperança do justo. Mas o que aconteceria com a ideia de Deus se descobríssemos que a esperança na existência de uma ordem moral não tem fundamento na razão?

4. Crítica da razão iluminista

Se a religião, tal como era majoritariamente vivida no Século das Luzes, não parecia cumprir a missão de tornar os homens bons e felizes, tampouco o conseguiu a razão iluminista. Visceralmente contrária ao dogmatismo, não soube medir as próprias forças no ataque, não soube reconhecer seus limites. Foi exatamente o progresso na reflexão, por ela mesma preconizado, que pôs a nu as tremendas insuficiências do Iluminismo.

A razão iluminista se pretendia *autônoma* por ser *abstrata*. Servir-se de si mesma sem a tutela de outro, seguir suas próprias leis, significava prescindir dos elementos condicionantes, ou até mesmo – segundo alguns – determinantes, que concorrem no movimento da história. Significava prescindir dos interesses vitais entranhados na própria trama da razão (vitalismo), ignorar o inconsciente psíquico (psicologia profunda), a estrutura econômica (*crítica* das ideologias) e a dotação genética (sociobiologia).

A razão iluminista acreditou ser crítica, porque tentou libertar-se dos preconceitos, tanto da tradição quanto da autoridade. Mas essa pretensão constitui, segundo a hermenêutica, um de seus maiores preconceitos, porque os "juízos prévios" pertencem à própria estrutura de uma razão finita. Antes de compreender a si mesma mediante a reflexão, uma razão real e concreta já se compreende na história na qual está necessariamente implantada. Ela se compreende em uma trama de tradições, a partir das quais se reconhece[14].

A razão iluminista acreditou que era *universal* porque prescindiu das diferenças e da história. Ao apostar na humanidade universal, ignorou as diferenças reais que nos obrigam a chegar ao universal por meio do particular. Ao apostar no progresso do que está em germe já desde o começo, e para o que o tempo não é nada além de ocasião de desenvolvimento, eliminou a possibilidade de encontrar alguma experiência nova na história e que serviria de crítica a ela mesma[15].

Na segunda metade do século XIX, quando a ciência se transformou em força produtiva de uma sociedade industrial, o termo "razão" fragmenta-se em pedaços retidos pelo positivismo, pelo historicismo e pelo pragmatismo. Seu próprio intento de justificar a totalidade do real é interpretado como *dogmático*, e a razão se vê rebaixada à posição de "racionalidade" ou, para dizer melhor, de "racionalidades"[16].

Essas parcelas de racionalidade são incapazes de instaurar uma ordem moral universal, na qual se pode esperar racionalmente. Diante das crises ecológica e econômica, diante da realidade de fome e do perigo iminente de uma guerra nuclear, as humildes

---

[14] Cf. Gadamer, 1977, p. 337-53.
[15] Cf. Schillebeeckx, 1983, p. 549-59.
[16] Cf. Habermas, 1983b, p. 137; Schnädelbach, 1984b, p. 8-14.

"racionalidades", contra as quais se quebrou o orgulho da razão iluminista, sentem-se impotentes. Suas incursões nos âmbitos da moral, da política e da economia (dos saberes que parecem se ocupar diretamente da felicidade) limitam-se a apresentar estratégias e regras técnicas que costumam ser capitalizadas pelos mais fortes em benefício próprio. Fala-se do *mito* do progresso, do *mito* da esperança em uma humanidade reconciliada e feliz. *Não há razão para a esperança.*

Alguns crentes sorrirão satisfeitos diante do fracasso da razão iluminista. E achacarão – satisfeitos – seu orgulho, seu afã prometeico. "Bem feito" – pensarão – "por ter pretendido usurpar o lugar de Deus na história." É possível que tenham razão. O pecado dos iluministas consistiu, em minha opinião, em não reconhecer verdadeiramente os limites da razão e em não recorrer, quando *razoável*, à ajuda do outro. Mas não me alegro com o abismo novamente escancarado entre *racionalidades* e *fé religiosa*. Não me alegra a ruptura entre uma vida pública – desesperançosa, estratégica, carente de ideais morais – e uma fé incomunicável – privada e dogmática. Eu não me alegraria em ter de reconhecer que se comportam irracionalmente aqueles que, diante da injustiça, da dor e da morte – diante do absurdo humano –, desejam ardentemente que um Deus exista.

10
Racionalidade e fé religiosa: uma ética aberta à religião[1]

0. Introdução

0.1. O primeiro obstáculo com o qual esbarram todos aqueles que, em nosso século XXI, tentam examinar as relações que existem *de iure* entre racionalidade e fé religiosa parte da confusão inconsciente que, *de facto*, reina sobre os termos da questão nos círculos mais próximos do tema. Essa confusão leva, inclusive, a uma renúncia generalizada ao tratamento do problema nesses círculos, com o abandono do campo das chamadas "questões de fronteira", das quais geralmente se ocupavam a teodiceia, no âmbito filosófico, e a teologia fundamental, no âmbito teológico. Essas questões de fronteira possibilitavam o intercâmbio entre a teologia dogmática, a filosofia e as ciências específicas, o que fazia do saber humano uma unidade na diferença. Sua supressão em nosso tempo implica o abismo tantas vezes escancarado entre uma fé irracional, solo nutridor de uma religião; uma teologia e uma vida consequentemente irracionais; e uma razão expressa fundamentalmente nas ciências.

A acusação de irracionalidade dirigida *de facto* contra a fé em nosso tempo não é exatamente uma novidade, assim como também

---

[1] Reelaboração de "Racionalidad y fe religiosa", *Iglesia Viva* (Valência, n. 87/88, 1980), p. 297-325.

não o é o fato de que ela parta desde o âmbito das ciências e da filosofia. O verdadeiramente deplorável é que a acusação prospere por causa do abandono da questão por parte de muitos daqueles que parecem ter medo de raciocinar sobre sua própria fé, esquecendo o dever de buscar e de comunicar a verdade que liberta. Porque se a fé pretende ser comunicável, deve possuir uma base de argumentação que possibilite o diálogo e destrua a desconfiança que produz sua resistência a deixar-se examinar pela razão.

Por isso, este trabalho tentará, na medida do possível, prosseguir na tarefa de realizar um "exame livre e público", destruidor da confusão existente quanto às relações entre racionalidade e fé[2]. Com vistas a isso, abordaremos os pontos que, em nossa opinião, podem esclarecer a natureza do vínculo existente entre esses dois tipos de saber e agir.

0.2. Esquema do presente capítulo:

1. Em primeiro lugar, é necessário desfazer duas confusões que já são habituais quando se trata de abordar nosso tema:

1.1. A suposição de que a fé é um tipo de conhecimento discutível, enquanto se produz um consenso universal a respeito da natureza da racionalidade, por força do qual existe uma *única* racionalidade, que deve ser o juiz da fé. Pelo contrário, existem diversos modelos de racionalidade, cada um dos quais pretende representar o máximo de racionalidade ou a racionalidade.

1.2. A falácia cometida por alguns modelos de racionalidade ao acolher no interior de seu sistema dados que não apenas são historicamente conhecidos por revelação, como, sobretudo, são racionalmente injustificáveis dentro do próprio sistema. Um caso paradigmático dessa apropriação não fundamentada é a afirmação do valor absoluto da pessoa, no sentido exposto no ponto 2.3.3.2.

---

[2] A respeito das atuais tentativas de diálogo entre racionalidade e fé religiosa, merecem especial menção a enciclopédia, em 30 vols., *Fe cristiana y sociedad moderna* e trabalhos como Ruiz de la Peña, 1983; C. Díaz, 1989; Amengual, 1996.

2. A segunda parte do capítulo pretende examinar se o ato de fé possui uma base racional; ou seja, se é possível evitar riscos para o crente, como os seguintes: a esquizofrenia que suporia viver racionalmente algumas dimensões vitais e irracionalmente a dimensão da fé; a impossibilidade de *comunicar-se pessoalmente* com o não crente quanto à instância última de sua escolhas, porque a pessoa é reflexão-ação, e se só desenvolvemos juntos "atividades", mas não podemos dialogar argumentadamente, tampouco "agimos" pessoalmente juntos. O último risco que tentamos prevenir é a irracionalidade, que parecerá atrativa a muitos, dada a antipatia que a razão parece despertar em certos setores. Contudo, "irracionalidade" tem um significado que, com toda certeza, agradará menos ao mesmo público: "Manter afirmações irracionalmente" significa que não podem ser argumentadas e, portanto, são afirmações dogmáticas no sentido exposto por H. Albert em seu *Traktat über kritische Vernunft* (p 14ss). "Dogma" é toda asserção sobre a qual não se pode discutir, porque carece de base racional. Uma fé irracional é uma fé dogmática.

Exatamente porque o crente pode se ver livre desses riscos, dado que o ato de fé possui base racional, tentamos percorrer todas as mediações racionais possíveis para chegar à afirmação de Deus apenas quando a coerência da razão consigo mesma assim o exija.

Mesmo sendo suficiente, esse empenho em utilizar a razão – isto é, argumentos intersubjetivos – confere ao trabalho prolixidade e lentidão. Esse não é nosso objetivo, e sim evitar dois perigos: aquele que Kant chamou de "razão preguiçosa", que recorre a Deus como deus *ex machina* quando cansa de investigar por seus próprios meios, e o perigo que espreita o crente, tão convicto daquilo em que crê que qualquer argumento, por mais superficial que seja, parece-lhe concludente para demonstrar a razoabilidade da fé. Isso leva a manter precipitadamente raciocínios que talvez não resistiriam a uma análise mais acurada.

Por isso escolhemos como ponto de partida de nossa argumentação um dado de consciência o mais intersubjetivo possível (a defesa do valor absoluto da pessoa) e um processo prolixo em mediações racionais (o método transcendental sistemático). Naturalmente, é possível assumir outros pontos de partida, como a necessidade de um marco total de verdade, a pergunta pelo sentido da vida, a questão da imortalidade em face do absurdo da morte, a esperança que determinados modelos racionais pretendem atribuir à práxis na realização de um mundo utópico, o desejo de felicidade, a exigência de justiça. Mas, mesmo que qualquer um desses dados pareça uma porta aberta para a exigência razoável de Deus, é necessário realizar o esforço de trabalhar o dado reflexivamente para mostrar que ele realmente constitui essa porta aberta. Só se a razão se vir obrigada a recorrer a Deus para estabelecer a coerência do dado inicial, depois de todas as mediações racionais possíveis, é que se pode afirmar que a presença do dado na consciência exige Deus e, portanto, é base de argumentação para a fé.

Essa demonstração reflexiva constitui um esforço que nos obriga a escolher o dado que julgamos o mais crucial e intersubjetivo na atualidade, deixando os demais ou para um trabalho futuro, ou como sugestões para aqueles que desejem cultivar esse âmbito.

Em uma tentativa de prevenir os riscos supramencionados, na segunda parte, tratamos dos seguintes pontos:

2.1. Busca de um marco de racionalidade que seja interlocutor válido para a fé ao superar as insuficiências dos modelos oferecidos até o presente.

2.2. Exposição desse marco, que é o da racionalidade entendida como coerência[3]. Segundo esse modelo, a verdade consiste em uma

---

[3] A exposição da verdade como coerência é obra de Hegel. A conexão da fé com esse tipo de racionalidade é sugerida em nosso país por José María Gómez Caffarena, J. Manzana e, explicitamente, por Cabada (1980), p. 211-20; especialmente nas

justificação dos dados dos quais a consciência humana atual tem experiência. Visto que uma concepção realista da verdade é insuficiente, como expomos nesse tópico, adotamos a concepção que contém e supera as anteriores: a verdade consiste em um sistema que estabelece racionalmente os dados da consciência, de modo que eles se tornem coerentes.

2.3. O restante do trabalho trata de determinar em que nível do sistema Deus é necessário para conferir coerência aos demais dados.

2.3.2. O nível teórico é descartado, porque Deus não se apresenta nem como necessário nem como acessível à razão como hipótese científica.

2.3.3. Deus é encontrado no nível mais integralmente humano, aquele no qual se exige não apenas consciência, mas também um ato de liberdade para aceitar a verdade.

Deus confere coerência ao livre agir humano. E essa afirmação é perfeitamente racional, porque a aceitação do "tu deves" incondicional continua a ser um fato irrefutável enquanto os homens julgarmos as ações[4]; porque esse fato é incoerente se algo absolutamente valioso não existir; porque a consciência atual vive como incondicionalmente valiosa para a pessoa; porque a determinação do dato "pessoa" como valor absoluto é incoerente se não se contar com categorias que o ponham em relação com Deus.

2.4. A inserção de Deus no âmbito prático implica que sua afirmação é logicamente necessária para que o agir humano se torne racional. Não se trata, portanto, de uma afirmação dogmática,

---

p. 218-9. Tentaremos ir além da sugestão, expondo o método transcendental-sistemático que pertence a esse modelo e aplicando-o a um dado de consciência – o valor absoluto da pessoa – até suas últimas consequências. Ver V. I. Lenin, Obras completas, t. II. (N. de E.)

[4] Não é necessário recorrer à "confiança radical" proposta por Küng e cuja racionalidade interna é gratuitamente afirmada pelo autor (cf. Küng, 1979, p. 743). Por outro lado, o tratamento que Küng confere a Kant é inadequado e até mesmo contraditório, porque critica o incondicionado kantiano na p. 743 e a ele recorre na p. 787.

mas avalizável mediante argumentos. Todavia, posto que se trata do âmbito prático, a necessidade lógica da afirmação é mediada pelo ato de liberdade e fundamenta-se, em última instância, na opção humana.

1. Caráter problemático do termo "racionalidade"

1.1. Racionalidade ou racionalidades?

Uma das principais fontes de confusão (se não a principal fonte), no momento de determinar as relações existentes entre racionalidade e fé religiosa, é a difundida convicção de que o segundo termo do problema consiste em um conceito altamente discutível, ao passo que é excessivamente clara a natureza do primeiro.

Não é necessário recorrer à história para comprovar que *a* racionalidade não existe, dado que até mesmo em nosso tempo convivem diversos modelos de racionalidade, cada um dos quais com a pretensão de deter o monopólio do termo. Ninguém estranha quando ouve falar de razão analítica, de racionalidade marxista, de razão formal, de racionalidade crítica etc.

Essa multiplicidade de modelos tem relevantes consequências para nosso tema. Em primeiro lugar, porque não se pode afirmar, pelos menos até o presente momento, que a racionalidade rejeite a fé tampouco que a admita ou a exija, e sim que é necessário determinar qual é a natureza *da* racionalidade com que dialogamos. Em segundo lugar, porque se a fé quiser se submeter ao exame da razão, terá o direito de que seja autêntica a racionalidade que se lhe apresente como juiz. Por isso a primeira "questão de fronteira" consistiria em analisar os modelos de racionalidade mais relevantes, para determinar se é possível encontrar um interlocutor válido. No tópico 2, vamos nos ocupar desse interlocutor.

Ética sem religião? 237

1.2. A fé, inovação e crítica da razão

Visto que, neste tópico, pretendemos considerar brevemente as confusões suscitadas por uma compreensão não reflexiva do termo "racionalidade" que afetam nosso tema, devemos agora renunciar à dupla "falácia abstrativa" que geralmente se apresenta no momento de confrontar racionalidade e fé religiosa. Essa falácia consiste em prescindir de duas dimensões da razão, a histórica e a sistemática, diante do que, como veremos, a razão se mostra a si mesma como autossuficiente, esquecendo tudo aquilo que de histórico e sistemático deve à fé.

Por um lado, convém lembrar que, apesar de em outros âmbitos do saber se valorizar o achado hegeliano do caráter histórico da razão, no momento de relacioná-la com a fé, sua dimensão histórica fica esquecida, e com ela ficam também nas sombras as origens de alguns conceitos que a razão exibe atualmente como próprios.

Um exemplo disso é o caso paradigmático de dois conceitos que são objeto de valorização universal, ao menos publicamente: o conceito de *persona* como valor absoluto – fundamento de todo dever moral – e o de *comunidade harmônica futura* – fundamento da esperança e do compromisso atuais. Nós nos perguntamos se esses conceitos têm origem na razão, se foram "inventados" por nossa suprema faculdade de conhecer ou se o mérito de sua invenção corresponde a um saber que se denomina "revelado".

Nessa disjuntiva, um mínimo de retidão obriga a escolher o segundo membro: o conceito de valor absoluto da pessoa, tal como será exposto na seção 2 deste trabalho, e a certeza da realização de uma comunidade humana perfeita não constituem originariamente saber racional – não nascem da razão –, e sim do saber revelado. E é interessante insistir na denominação desse tipo de saber, porque o termo "revelação" exprime que aquilo que se conhece por meio dela não pode ser mero produto humano, mas que tem de proceder de "outro".

Caso bem diverso seria, por exemplo, o do saber mítico, cujo conteúdo brota da própria humanidade, motivo pelo qual a passagem para o *logos* se produza naturalmente. Pelo contrário, "revelação" significa oferta à humanidade, da parte de algum outro, de um conteúdo que traz uma novidade com relação às criações racionais.

Exatamente, e retomando mais concretamente nosso tema, inovações como as duas que acabamos de expor promovem o avanço decisivo da humanidade, porque desvelam a verdade última do homem, que deve ser realizada pela ação. Mas, atualmente, aquele que queira apelar para o valor sagrado da pessoa humana ou que pretenda assegurar um mundo futuro harmonioso deve recordar a origem revelada desses conteúdos e não praticar a "falácia abstrativa" no que diz respeito à dimensão histórica da razão[5].

Contudo – e aqui entramos na segunda denúncia deste tópico –, a abstração mais enganosa está em prescindir da dimensão sistemática da razão quando se trata de confrontá-la com a fé religiosa. Porque uma das características da racionalidade consiste em sua sistematicidade, ou seja, a razão apresenta um corpo de conhecimentos conectados entre si, nenhum dos quais se oferecendo isolado dos demais, mas sempre fundamentado em sua relação com eles. Mesmo assim, naquilo que se refere aos conceitos obtidos por meio da revelação religiosa, uma rara exceção se produz: geralmente os modelos de racionalidade incorporam a inovação revelada, como se se tratasse de produtos seus, sem oferecer um fundamento dentro do próprio modelo. Por exemplo, o caráter intangível da

---

[5] P. Cerezo pronuncia-se nesse mesmo sentido em seu artigo "La reducción antropológica de la teología" (1973); especialmente nas p. 222-3. Para uma concepção ponderada da revelação como maiêutica histórica, cf. Torres Queiruga, 1987; Fraijó, 1986.

pessoa aparece nos modelos filosóficos, mas sem oferecer uma resposta racional satisfatória para a simples pergunta "por quê?".

Por isso podemos afirmar que a fé não apenas constituiu um impulso historicamente renovador da razão, como, e sobretudo, deve submeter a razão a um "exame livre e público", porque, até o momento, nenhum modelo de racionalidade consegue "dar razão" ao dado, pretensamente incorporado, do valor absoluto do homem. Se a fé deve se submeter à crítica da razão, ela não deve criticar menos a razão incoerente, incapaz de fundamentar sistematicamente suas próprias afirmações.

2. Fé religiosa e racionalidade como coerência

2.1. Necessidade de um marco de racionalidade que supere as insuficiências dos demais modelos

A crítica da qual os modelos de racionalidade se tornam objeto mútuo supõe a oferta por parte de cada um deles *do* modelo autenticamente racional, ou, pelo menos, de um modelo *mais* racional que os demais. O índice de racionalidade estaria na maior veracidade, mas o que significa "ser verdadeiro"?

Todo sistema pode ser julgado naquilo que diz respeito à sua suficiência racional – naquilo que se refere à sua verdade – a partir de uma dupla perspectiva: ou a partir de sua lógica interna, que consiste na coesão do modelo com os pressupostos que ele mesmo aduz para justificar dados que considera relevantes, ou a partir de sua capacidade lógica de fundamentar racionalmente os dados que são relevantes para a humanidade. Mesmo no caso de um modelo justificar satisfatoriamente um conjunto de dados que ele mesmo selecionou, duas questões ainda ficariam abertas: se a justificação oferecida também é coordenável com os dados significativos da consciência humana de que se prescindiu; se existe outro sistema que dê razão de um maior número de dados da consciência humana. Porque é possível adotar desde o princípio uma pretensão unilateral, a de justificar uma pequena parcela de consciência, e depois proclamar a própria consistência com base naquilo que se queira fundamentar, sem levar em conta que um ponto de partida mutilado nunca é *o* ponto de partida e que a justificação de uma parte só pode vir a ser verdadeira em sua inserção no todo.

Se os modelos racionais buscam *a verdade*, é necessário poder determinar quais dentre eles possuem um maior *grau lógico*, ou seja, quais deles justificam racionalmente um número mais abrangente de interesses humanos. Essa avaliação só é possível quando se proporciona um marco lógico no qual qualquer sistema possa ser enquadrado e no qual se possa decidir seu grau de verdade.

Se a construção desse marco parece tarefa excessivamente ambiciosa para a capacidade humana, é preciso reconhecer que não se oferece solução superior que dê conta de duas incontornáveis pretensões da racionalidade: estabelecer uma argumentação entre modelos racionais e preferir um modelo a outro por sua maior racionalidade.

Quanto à primeira das duas pretensões, diremos que a possibilidade de um diálogo *autêntico* entre sistemas racionais distintos supõe o abandono do dogmatismo da parte de cada um deles e a inserção em um sistema mais amplo, que permita reconhecer a própria capacidade racional de justificação e dados e compará-la com a capacidade dos demais sistemas. Proclamar a necessidade de diálogo e negar-se a entrar em um marco lógico que possibilite medir a própria gradação de verdade realmente indica dogmatismo e, mais que isso, demagogia. Enquanto não se oferecer uma solução superior, a disjuntiva é irresolúvel: sistema racional ou impossibilidade de argumentação; ou seja, sistema racional ou irracionalidade dogmática porque "racionalidade" e "argumentabilidade" são sinônimas.

Mas não apenas o diálogo, como também – e aqui entramos na segunda pretensão incontornável à qual aludíamos – a *decisão racional* por um modelo, exige a elaboração do marco indicado. Dado que todo sistema pode se tornar enganosamente persuasivo em virtude de sua lógica interna, é necessário considerar a capacidade lógica de cada um deles no âmbito total, para poder decidir racionalmente, e não visceralmente, o modelo mais satisfatório, ou seja, mais verdadeiro. Por isso é que se faz necessário construir um sistema lógico-transcendental que indique os distintos níveis lógicos do saber, a constatação de categorias necessárias para compreender cada um deles, o método e os critérios de verificação adequados e as relações lógicas existentes entre os diversos sistemas.

O sistema que satisfaz dois interesses racionais – argumentação e preferência – consiste na racionalidade entendida como coerência.

2.2. Racionalidade como coerência

Como indicávamos no início do tópico anterior, o índice de racionalidade de um modelo consiste em sua verdade e caracterizávamos essa verdade como "capacidade de justificação de dados". Trata-se, portanto, de tornar os dados inteligíveis, estabelecendo entre eles uma relação pela qual se tornem coerentes. Visto que essa caracterização da verdade como coerência não é a mais usual, uma vez que provém do idealismo, é preciso explicar brevemente no que ela consiste.

A determinação da verdade – ou racionalidade – como coerência pretende reparar os defeitos apresentados por outras teorias, dentre as quais a mais comum é a teoria realista. A concepção tradicional da verdade como *adaequatio intellectus cum re* comporta, de início, duas dificuldades, sendo a segunda delas nuclear para nosso tema.

Diremos, em primeiro lugar, que essa teoria exige como pressuposto uma situação irreal: a de um sujeito dotado de conhecimento intelectual que, depois de exercer o ato de conhecer e de tê-lo expressado em um juízo, é capaz de separar de si o juízo elaborado e de compará-lo com a realidade nua, como se a comparação com a realidade não se efetuasse de novo mediante um juízo, e sim através de "uma realidade não julgada". Evidentemente, esse sujeito que deve confirmar o acordo do juízo com a coisa, sem o que a verdade é impossível, consiste em uma ficção, porque não se pode conhecer prescindindo das capacidades categorizadora e judicativa. Por isso, mesmo que o idealismo continue aceitando como verdade o acordo com a coisa, ele o estabelecerá contando com nosso inevitável modo categorizador e judicativo de conhecer.

Essa superação idealista da concepção tradicional da verdade será sumamente vantajosa para remediar o segundo obstáculo que o realismo oferece para responder ao tema que nos ocupa e que se refere à comprovação dos juízos que são pronunciados sobre coisas não observáveis, como é o caso da existência de Deus.

É óbvio que, em tais situações, a comparação do juízo com a coisa só é possível mediante um raciocínio, porque o único modo de comprovar sua verdade é a maior ou menor capacidade de justificação que o juízo possui diante da realidade experimentável. Bastaria citar como exemplo que as "provas" da existência de Deus, elaboradas pelo realismo, sempre foram provas *a contingentia*, ou melhor, teleológicas, ou seja, modos de dar razão do universo experimentável, modos de mostrar que o juízo afirmativo sobre a existência de Deus deve ser mantido se a existência do mundo pretende ser *inteligível*.

Portanto, não há nesse proceder comparação com coisa alguma, mas sim uma primeira construção de juízos acerca do observável e uma posterior elaboração do juízo racional acerca da existência de Deus, que justifica, que *torna coerentes* os juízos de experiência para toda razão. A razão demonstra a si mesma a capacidade de conceber o ponto de partida, apresentando como condição de possibilidade de sua coerência o juízo que afirma que "Deus existe".

Por consequência, é ilusório pretender que a *verdade* dos dados que enriquecem historicamente a consciência humana possa consistir em uma comparação com coisas que se situam para além da consciência. A racionalidade de sua afirmação está antes no fato de que são necessários para fazer dos demais dados um universo coerente. Por isso afirmamos que, inclusive no realismo, se pensa verdade como *coerência* e que a declaração da existência de Deus não é alheia à razão – irracional – se ela é imprescindível para dar razão de *dado*s intersubjetivamente admitidos[6].

Trataremos concretamente desses dados mais adiante. Baste-nos agora indicar que elementos devemos levar em conta para a determinação da verdade como coerência.

No processo de conhecimento, é necessário atender a dois polos: o *dado* e os *elementos lógicos* dos quais o homem não pode prescindir para concebê-lo. É *dado* aquilo que é dado à consciência humana e se torna, exatamente por isso, "candidato à verdade". O trabalho da razão consistirá em relacioná-lo com os demais dados, situando-o no nível lógico que lhe corresponde dentro do marco de coerência.

Em que nível lógico deve ser inserido o dado "Deus"?

---

[6] Nossa concepção de "racionalidade" de modo algum implica um processo de "imanentização" de Deus. O fato de o homem só poder afirmar Deus racionalmente – coerentemente – a partir de sua consciência não significa que o afirme como existindo apenas em sua consciência. Se a consciência precisa de Deus para conferir coerência a seus dados, vai precisar dele como "outro", transcendente e livre.

2.3. Nível lógico no qual se insere o dado "Deus"

2.3.1. *Os diversos usos da razão*

Tentamos demonstrar que o termo racionalidade não é unívoco por força dos diversos modelos surgidos, tanto sincrônica quanto diacronicamente. Mesmo assim, falta-nos ainda destacar uma última diversidade: a diversidade existente entre os usos da razão.

Nossa suprema faculdade de conhecer pode ser aplicada a distintos âmbitos e, consequentemente, deve ajustar seu proceder à natureza do âmbito ao qual se aplica. É daí que vem a diversidade de usos da razão que, distinguidos já por Aristóteles, são consagrados por Kant:

> Nossa faculdade de conhecer tem duas esferas: a dos conceitos da natureza e a do conceito da liberdade, pois em ambas é legisladora *a priori* (...); a legislação por meio de conceitos da natureza é realizada pelo entendimento e é teórica; a legislação por meio do conceito de liberdade é realizada pela razão e é apenas prática (*Kr. Uk.*, V, p. 174).

Portanto, é preciso introduzir dois níveis no âmbito de nossa consciência: o *teórico*, que se limita à consideração da natureza, e o *prático*, que se ocupa de tudo quanto é possível por meio da liberdade. E isso porque a consciência apresenta a *natureza* e a *liberdade* como dados irredutíveis entre si: a natureza consiste no conjunto de leis segundo as quais tudo acontece e nos submerge, portanto, na *esfera da necessidade*; por isso o conhecimento teórico se limita a uma reflexão sobre o que é inevitável. Por sua vez, a *liberdade* expressa a lei segundo a qual tudo deve acontecer, porque o saber prático é formulado em vista do agir dos homens, que pode ser dirigido por um conhecimento não do que é, mas do que deveria ser; a consciência *livre* é capaz de criar um modo de agir diferente daquilo que de fato ocorre.

A recordação de distinções tão conhecidas tem como objetivo maior tentar responder à pergunta anteriormente formulada: em que nível lógico – teórico/prático – o dado "Deus" é imprescindível para conferir coerência, no caso de ser necessário em algum desses níveis?

2.3.2. *A racionalidade teórica*

Até o advento do idealismo, a inserção do dado "Deus" no nível lógico-prático, com o fim de lhe conferir coerência, é impensável, e isso por razões bem fundamentadas. O nível prático não constitui propriamente um saber, porque, para regular a ação, são utilizadas duas linguagens, a primeira das quais é prática, mas não cognoscitiva; a segunda é cognoscitiva, mas não prática. Efetivamente, a linguagem moral dirige o agir e é, portanto, prática, mas se reduz a um conjunto de prescrições que não proporciona saber algum. Por seu lado, a linguagem ética trata de fundamentar as prescrições e proporciona a base cognoscitiva da linguagem moral, mas essa fundamentação é teórica.

Naturalmente, "Deus" é um dado utilizado pela ética para justificar a realidade das prescrições morais e determinar sua correção, mas a ética é teórica e, consequentemente, a existência de Deus é uma verdade primordialmente teórica, secundariamente necessária para a ação.

A concepção de Deus como dado que deve conferir coerência ao campo teórico apresenta dificuldades que foram denunciadas pelo idealismo transcendental, e delas nos ocuparemos depois de uma breve exposição das possíveis "provas teóricas" da existência de Deus, isto é, dos possíveis modos de introduzir Deus no âmbito teórico.

2.3.2.1. As provas teóricas da existência de Deus

Os diversos tipos de prova da existência de Deus, realizados até a "inversão copernicana" do idealismo transcendental – inversão que é tão fundamental para a teologia filosófica quanto para a gnosiologia e a ética –, são magistralmente recolhidos por Kant nos modelos que serão expostos a seguir (*Kr. r. V.*, b 659, 660 a 631, 632).

1) A *teologia transcendental* pretende demonstrar a existência de Deus a partir de conceitos puros da razão. A história da teologia tomou esse caminho a partir de dois pontos de partida diferentes que, não obstante, convergem no desenvolvimento da prova: 1.1.) a *ontoteologia* parte claramente de puros conceitos, sem auxílio da experiência, porque extrai analiticamente a partir do conceito de "ser que contém a realidade máxima" o predicado de "existência necessária"; 1.2.) a *cosmoteologia* reúne as vias que são denominadas *a contingentia*, porque partem de uma experiência intramundana que se apresenta como contingente depois de uma análise atenta e que exige, portanto, a existência de um "ser necessário" como sua causa. A cosmoteologia faz parte da teologia transcendental porque, mesmo que pareça tomar a experiência como ponto de partida, abandona de repente o campo empírico: do conceito de "contingente empírico", que é sempre um contingente relativo, infere-se sua contingência absoluta, que precisa, portanto, da existência de um ser absolutamente necessário. Essa *metabasis eis allo genos* já é ilegítima. Posteriormente, tenta-se identificar esse ser necessário como o *ens realissimum* das provas ontológicas, ao qual necessariamente pertencerá a existência, e que se mostrará como causa eficiente do ponto de partida, encerrando assim o processo da prova. Se a prova ontológica é válida, a cosmologia é supérflua; se não o for, a cosmologia carecerá de força probatória.

2) A *teologia natural* ou *físico-teologia* tem como ponto de partida a comprovação da ordem da natureza, expressão de que ela procede de acordo com os fins. A teologia natural compreende as provas teleológicas, que apresentam maiores dificuldades e vantagens do que as proporcionadas pela teologia transcendental. Maiores dificuldades, porque, para ter força demonstrativa, devemos provar em primeiro termo que a natureza age por um fim e que não pode dar-se tal fim a si mesma. A seguir, precisamos recorrer a uma causa intencional da natureza, que a criou com vistas a tal fim, e nesse ponto convergimos para as provas cosmológicas, que também buscam uma causa para dar a razão de um fato contingente.

Todavia, no caso de uma prova teleológica possuir força demonstrativa, ela comportaria a vantagem do *teísmo* em relação às provas transcendentais, que nos encerram em um deísmo com o qual, segundo Kant, "não se pode fazer nada, não nos serve para nada e não pode servir de fundamento algum para a religião e os costumes" (Prolegomena, iv, p. 356).

Se o deísta só pode admitir uma causa do mundo, carente de determinações, as provas teleológicas partem da afirmação de um fim da natureza. Esse é o motivo pelo qual a causa que cria o mundo, dotando-o desse fim, deve possuir um entendimento capaz de representar fins a si mesma, vontade que os desencadeie, e, por último, a natureza do fim revelará algo acerca da natureza do próprio criador. A descoberta de um fim no mundo e a demonstração de que o mundo é incapaz de justificar a existência desse fim nos levam à busca de um criador intencional.

Mas a físico-teologia, como "tentativa de a razão, a partir dos fins da natureza (que só podem ser conhecidos empiricamente), extrair conclusões sobre a Causa Suprema da natureza e seus atributos" (*Kr. Uk.*, v, p. 436), é incapaz de achar um fim. A experiência mostra que as leis naturais não respeitam nenhum ser natural, considerando-o como seu fim.

Contudo, a *realidade* não se reduz à *realidade natural*. A teleologia física não é a única teleologia de que a razão tem conhecimento. É possível encontrar um fim não natural, que não seja autossuficiente e que, para ser razoável, exija a existência de um criador intencional, de um Deus dotado de características específicas; em suma, de um Deus vivo.

2.3.2.2. Crítica às provas da racionalidade teórica

A transformação radical que a teologia filosófica experimenta no idealismo transcendental está fundamentalmente marcada na negativa a considerar o dado "Deus" imprescindível para dar razão do âmbito teórico, enquanto se afirma sua necessidade para o âmbito prático.

Dado que assumimos essa postura, tentaremos apresentar suas raízes últimas, a fim de evitar duas possíveis interpretações errôneas: o agnosticismo e o irracionalismo.

O repúdio à teologia teórica deve-se fundamentalmente ao fato de que se trata de uma disciplina que exige para seus enunciados o grau de assentimento chamado "certeza objetiva", quando só se pode pedir "convicção subjetiva". Portanto, a teologia teórica vê-se atingida por uma das maiores transformações do idealismo na ordem epistemológica, que consiste na separação, dentro do que até então se considerava "saber teórico", entre dois níveis: o que proporciona certeza objetiva e aquele que nunca pode ultrapassar a convicção subjetiva (*Kr. r. V.*, iv, "Von Meinen, Wissen und Glauben").

O saber teórico constituiu, desde Aristóteles, o âmbito próprio da ciência, capaz de exigir assentimento universal para seus enunciados, fosse ele saber físico, cosmológico ou filosófico, no qual estava incluído também o saber teológico. O surgimento da teologia revelada comporta a constituição de outro tipo de saber, que não pode exigir assentimento universal para seus enunciados, porque "a ciência baseia-se em princípios evidentes. Mas a Doutrina Sagrada apoia-se nos artigos da fé, que não são evidentes, dado que nem todos os admitem" (*Summa theologiae* 1 q. 1 a. 2).

Por esse motivo, até o advento do idealismo, "saber teórico", "ciência" (*episteme*) e "assentimento necessário" se identificavam. Essa identificação é um dos pontos transformados pelo idealismo.

Se quisermos manter a certeza objetiva acerca de alguns enunciados, será necessário distingui-los claramente daqueles que podem pedir, no máximo, convicção. Que critério podemos empregar para distinguir entre certeza objetiva e convicção? "A verdade apoia-se no acordo com o objeto e, consequentemente, em consideração a esse objeto, os juízos de todo entendimento devem estar de acordo" (*Kr. r. V.*, iv, b 849 a 821). A certeza se produz quando não apenas o sujeito está convicto da verdade do objeto, mas quando está apto a comunicar sua convicção e a torná-la admissível para todo homem. Nesse caso, possui certeza científica.

Quais saberes possuem meios para comunicar suas descobertas e atingir admissão universal? É nessa ordem de coisas que o idealismo se vê situado diante de uma disjuntiva: ou mantém o nome de "conhecimento teórico" para todos os saberes que se ocupam de "coisas que não podem ser de outro modo" – mas distinguindo entre aqueles que atingem certeza objetiva dos outros, que merecem apenas convicção, destruindo portanto a implicação saber teórico-certeza objetiva – ou então mantém essa implicação, afastando da teoria as disciplinas que não têm meios de comunicar sua convicção e torná-la admissível para todo homem. Esse é o caso da metafísica e, nela incluída, o caso da teologia teórica.

O idealismo decide-se pelo segundo membro da disjuntiva, reduzindo o conhecimento científico ao conhecimento de experiência e declarando ilegal – naquilo que compete a este trabalho – o *status* da físico-teologia e da cosmoteologia. Ambos os saberes promovem uma passagem entre duas ordens epistemológicas: a ordem do conhecimento empírico da natureza, dotada de proposições cuja verdade merece ser qualificada de certeza objetiva, e a ordem metafísica, que só pode exigir para seus enunciados o grau de convicção subjetiva.

Essa convicção consiste na consciência subjetiva de que, se houvesse um meio objetivo para estabelecer a certeza do juízo, ele seria evidente para todos os homens. Tal meio não existe, porque, por um lado, falta a possibilidade de constatação empírica e, por outro, Deus não é a única explicação possível daquilo que é empiricamente constatável. Portanto, "tenho da natureza de uma causa do mundo e da outra vida um conceito mais perfeito do que posso realmente mostrar" (*Kr. r. V.*, b 855 a 827).

Todavia, o teólogo faz da teologia um prolongamento da física e pretende que seus enunciados recebam a mesma aceitação dos enunciados físicos. Essa exigência injustificada acarreta inconvenientes irresolúveis para todos os que desejam mostrar que o dado "Deus" confere coerência à ordem racional e que, por conseguinte, a aceitação do mistério é comunicável – argumentável –, mesmo que não possa se transformar em assentimento necessário.

Esses inconvenientes poderiam ser resumidos do seguinte modo: 1) se a teologia natural e a cosmoteologia podem proporcionar uma pedra de toque da verdade de suas proposições de experiência, o mesmo não ocorre com as proposições metafísicas de que se vale para explicar a constituição da natureza, nas quais Deus tem um lugar. Por isso, podem-se opor à afirmação de Deus como criador intencional ou como causa que confere coerência ao mundo natural outras afirmações igualmente metafísicas, não constatáveis, com as quais caímos nas famosas antinomias, naquelas disputas sem fim, porque não se pode encontrar uma pedra de toque intersubjetiva da verdade[7]. O necessário surgimento de antinomias no seio da teologia comporta desconfiança generalizada acerca de suas asserções, quando essas asserções são perfeitamente defensáveis em outras frentes; a rejeição do caminho empreendido leva muitos a também repudiar o ponto de chegada.

2) Se afirmamos a necessidade de Deus para o âmbito natural, parece lógico empregar, para verificar os enunciados que lhe digam respeito, o mesmo critério que utilizamos para os demais enunciados desse campo. Mesmo que a teologia teórica nunca o tenha pretendido, involuntariamente deu oportunidade para que certos pensadores exigissem uma verificação empírica do enunciado "Deus existe". Tal é o caso dos célebres artigos "El dilema del agnóstico" e "Lo que yo no creo", de N. R. Hanson[8]. Nos dois trabalhos, Hanson trata de mostrar que o ateísmo é racional; o teísmo, irracional; e o agnosticismo, incoerente; tudo isso porque a existência de Deus não pode ser faticamente comprovada. Dentro da ordem das coisas em que nos movemos, Hanson exige algum acontecimento natural que estabeleça definitivamente a existência de Deus, porque "para provar a existência de algum organismo que ainda não haja sido descoberto é preciso fazer algo além de um simples cálculo, é preciso ver e observar" (p. 28). Em outro lugar, já criticamos o procedimento de Hanson. Neste trabalho, queremos apenas assinalar como na base da pretensão de comprovar a existência de Deus, com os mesmos métodos utilizados na comprovação da existência de um organismo, encontra-se a "ilusão" da teologia natural: a ilusão de afirmar Deus como uma hipótese natural, mesmo que se mantenha essa

---

[7] Nessa situação, encontram-se as famosas parábolas de J. Wisdom, A. Flew, B. Mitchell e J. Hick. Sobre esse tema, cf. Antiseri, 1976; Muguerza, 1973; Caffarena, 1973.

[8] Hanson, Nelson & Feyerabend, 1976, p. 19-53. Critiquei os artigos de Hanson em Cortina, 1977.

hipótese que jamais poderá ser verificada pelos mesmos procedimentos utilizados para os acontecimentos naturais.

3) A teologia teórica é fruto da chamada *ignava ratio*, da razão preguiçosa, que investiga empiricamente no campo natural e, quando a resposta empírica é difícil de ser achada, recorre a Deus. Isso implica, além das duas dificuldades já expostas – antinomias e risco de se requerer um critério de verificabilidade empírico para a teologia –, uma terceira: aquela segundo a qual, quando a ciência avança, Deus retrocede. A utilização de Deus como hipótese científica supõe relegá-lo no momento em que outra causa diversa e experimentável venha a dar razão do fato para o qual Deus servia de razão.

Depois de tudo o que expusemos, é necessário concluir que, se concordamos em entender por "uso teórico" da razão aquele que é exercido sobre a natureza, esperando um assentimento necessário para suas afirmativas, o dado "Deus" é desnecessário para lhe conferir coerência. É perfeitamente possível encontrar hipóteses contrárias à divina para dar razão dos fatos naturais, e não possuímos pedra de toque para decidir entre elas[9]. O nível lógico-teórico não é o lugar sistemático de Deus.

2.3.3. *A racionalidade prática*

2.3.3.1. Caracterização da racionalidade prática

O uso prático da razão realiza-se no âmbito do agir propriamente humano, que é o atuar livremente. Diferentemente do uso teórico, o prático não se refere a coisas que não podem ser diferentes, mas se exerce sobre ações que podem ser de outra maneira, indicando como devem ser. Exatamente o fato de a razão se expressar

---

[9] Motivo pelo qual considero muito débeis as afirmações avançadas por Küng (1979), p. 765ss.

no nível da razão formulando o que se deve fazer, ou seja, mediante prescrições, levou tradicionalmente a excluir o saber certo desse nível. Mas essa é uma posição que carece de revisão.

O agir humano ser racional significa: 1) que pode ser justificado mediante um fim; 2) que, mesmo quando esse fim possa ser simultaneamente meio, existe uma ordenação de fins voltada para um fim último, em virtude do qual os fins anteriores são buscados; 3) que o fim último possa ser escolhido; 4) que o fim último seja comunicável e avalizado por meio de argumentos intersubjetivos. Se ele fosse irracional – não argumentável intersubjetivamente –, a totalidade do agir também o seria; 5) que esse fim foi escolhido, e não outros, depois de um processo de argumentação. A racionalidade prática supõe, portanto, como condição de possibilidade, a existência do sistema lógico, anteriormente indicado, que permita a argumentação entre fins e a preferência daquele que comporte verdadeira coerência com os dados oferecidos pelo agir humano.

Essa caracterização da racionalidade do agir suscita as seguintes consequências de interesse para nosso tema: 1) Se a justificação racional é necessária na preferência de um fim, existe saber a respeito desse fim. 2) Se se trata de um fim do agir humano, só a estrutura do agir pode gerá-lo e, portanto, apenas a análise do agir do ponto de vista de sua racionalidade é meio adequado para descobrir o fim. 3) A investigação teórica da natureza, que se reduz às coisas que não podem ser de outra maneira, é incapaz de descobrir um fim possível pela liberdade. Portanto, nesse sentido, o conhecimento do fim prático é *conhecimento prático*. 4) Visto que o fim último é elegível como meta do agir, a aceitação de sua verdade é sempre mediada pelo ato de liberdade. 5) Se esse fim não for inteligível por si mesmo, se precisa de *condições que o constituam coerentemente como fim último*, tais condições também pertencerão ao conhecimento prático. Mesmo assim, a aceitação de tais condições, cuja coerência no sistema expressaria a verdade, seria mediada pelo ato de liberdade. No caso de Deus ser alguma dessas condições, a admissão dele seria racional e livre, diferentemente da aceitação que mereceria no campo teórico, que seria racional, mas não mediada pela liberdade.

Esclarecidos esses pontos prévios, tentaremos esclarecer se o dado "Deus" é necessário no âmbito do agir humano, para conferir-lhe coerência, seja como fim do agir ou como sua condição de inteligibilidade.

2.3.3.2. O fim do agir humano

Nossa intenção não é dialogar com todas as filosofias práticas que apresentaram um fim último da ação propriamente humana como elemento "racionalizador" do agir, mas expor aquele que consideramos mais verdadeiro depois da prova do sistema lógico, em referência aos dados da consciência humana atual. Para descobri-lo, utilizaremos o método transcendental que, tomando como *ponto de partida* um fato prático intersubjetivamente admitido, proporciona as condições que o demonstram como coerente, como concebível, para nossa razão. Dito isso, mesmo que adotemos o método transcendental, concordaremos com seu criador apenas no ponto de partida e na indicação de algumas de suas condições de possibilidade, mas nos veremos obrigados a ir além de Kant. E é exatamente nesse além que Deus terá lugar.

1) O ponto de partida consiste na comprovação de que, em nosso agir, por vezes nos vemos sob uma restrição que reveste características peculiares: 1.1) não procede de algo exterior a nós mesmos; 1.2) temos consciência dela como de uma obrigação que se impõe a todo ser racional; 1.3) a obediência à restrição não promete benefício algum a quem age segundo ela.

Em linguagem kantiana, chamamos de "consciência do imperativo" a consciência dessa restrição. Sua universalidade é posta radicalmente em dúvida apenas por aqueles que aventuram a possibilidade de se situarem para além do bem e do mal, para além do ponto de vista moral; mas essa dúvida é produto de uma abstração racionalmente infundada. Evidentemente, dado que nos movemos no âmbito da liberdade, rejeitar o preceito sempre é possível, e a reiteração da rejeição pode levar ao total obscurecimento da consciência, mas isso não implica a negação da universalidade do preceito, e sim a afirmação da possibilidade de optar. Por outro lado, um homem que não sinta a necessidade de partilhar com seus congêneres as diretrizes últimas da ação se autoexclui da sociedade humana e se incapacita para apresentar exigências racionalmente fundadas em direitos. A consciência de certas obrigações universais não apenas é um fato, como também é a condição de possibilidade da vida social.

Uma vez exposto o ponto de partida, é necessário torná-lo inteligível, coerente, mediante a utilização de categorias lógicas.

2) *A justificação* do ponto de partida. "Preceito incondicional" significa não ser cumprido como meio para alcançar um fim diferente dele, o que implica que o fim buscado com a ação que obedece ao preceito já foi alcançado no cumprimento da ação. Esse fim, que não pode nunca ser transformado em meio, é, consequentemente, fim último.

Eis o motivo pelo qual só a incondicionalidade do preceito seja inteligível.

> Supondo que exista algo cuja existência em si mesma possua um valor absoluto; algo que, como fim em si mesmo, possa ser fundamento de determinadas leis, então nisso e só nisso estaria o

fundamento de um possível imperativo categórico, ou seja, da lei prática (*Grundlegung*, IV, p. 428).

Portanto, a justificação da moralidade só é possível pela existência de algo que seja *fim em si mesmo* (não meio) e que *valha absolutamente* (não relativamente).

Pode-se alegar que a subsistência da moral não exige a existência de um fim incondicional para todos os homens e, consequentemente, de um valor absoluto. Os fins condicionados e os valores relativos seriam suficientes para os limitados seres humanos. Diante de uma proposta dessas, acreditamos ser preciso esclarecer em que consiste a necessidade do absoluto e do incondicional para a moral e como as posturas que repudiam essa necessidade são incoerentes e, logo, irracionais.

Se há uma prescrição que pode ser imposta a todo homem e de cujo cumprimento se exige contas, como é o caso básico do respeito à vida, é necessário que esse "poder impor" seja justificado, mesmo que seja apenas para argumentar com quem não esteja disposto a admiti-lo. A justificação pode tomar três caminhos: 1) Apelar para um sentimento de benevolência, daquilo que todo homem não pode desfrutar e daquilo que de fato não parece desfrutar. 2) Utilizar o possível egoísmo do interlocutor, propondo-lhe um imperativo hipotético: "Se queres que não o matem, não mate". Essa é a demonstração típica de justificação de um preceito com base em valores relativos e condicionais; *relativo* significa que vale para quem age e em determinadas circunstâncias; *condicional* implica que a vida do outro será respeitável enquanto for útil para o respeito à própria vida; a vida do outro não é valiosa por si mesma, mas um meio para meu próprio benefício, que só deverei respeitar enquanto cumprir seu fim[10]. 3) A única possibilidade de justificar uma prescrição moral reside em anunciar que o objeto aludido pela prescrição é um valor por si mesmo – isso significa *absoluto* – cuja respeitabilidade não pode variar porque não serve para nada além disso – isso significa *incondicional* – e nisso se funda sua dignidade.

Nossa sociedade ocidental não se atreve a prescindir de nenhum desses três modelos de argumentação, mesmo que os dois últimos sejam incompatíveis. Verbalmente se afirma o valor absoluto do homem, em virtude do qual ele possui direitos inalienáveis, mas, na hora de influir sobre a conduta correta dos cidadãos ou de guiar a conduta individual, argumenta-se pragmaticamente. Essa dupla argumentação é racionalmente incompatível, mas a irracionalidade chega a seu ponto máximo quando se defendem, ao mesmo tempo, a inalienável dignidade do homem e a impossibilidade, para nossas modestas capacidades humanas, de estabelecer valores absolutos.

Se entendemos, então, "valor absoluto" como aquele que não é relativo a nenhuma outra vantagem; se entendemos por "fim incondicionado" o que não é meio para nenhum outro, afirmamos que o fato da moralidade é inconcebível sem a existência de um valor absoluto e de um fim incondicionado. A que tipo de seres convêm essas duas categorias?

Segundo o idealismo transcendental, elas só podem ser adequadamente aplicadas aos seres racionais em seu caráter de racionais, e tal atribuição os distingue das coisas, tornando-os merecedores do nome de "pessoas". Graças à existência das pessoas, é

---

[10] A obrigatoriedade das prescrições só será possível mediante um consenso de egoísmos, que nunca abarcará todos os homens, mas só aqueles que queiram afirmar positivamente um pacto provisório. Mas isso suscita, inclusive, dois problemas práticos: o cumprimento da prescrição pode ser exigido dos que não consentem com o pacto e, por outro lado, em virtude do que os que pactuam devem cumprir o acordo se todo valor é relativo? No momento em que a fidelidade ao pacto deixar de proporcionar vantagens, é perfeitamente lícito rompê-la.

lícito afirmar em nosso universo a existência de um valor absoluto, porque a pessoa "não vale para nada", é valiosa em si mesma.

2.3.3.3. O problema da fundamentação do ponto de partida

Até o momento, assumimos o procedimento seguido pelo idealismo transcendental em sua tentativa de estabelecer a racionalidade prática ou – o que dá no mesmo – em sua tentativa de conectar as categorias práticas, de modo que a relação que daí resulta as torne coerentes. As categorias de *fim em si mesmo* e *valor absoluto*, aplicadas à *pessoa*, parecem constituir a condição última da moralidade, condição que tradicionalmente entendida como "fundamento": o fato moral receberia sua justificação ou fundamento da existência da pessoa como valor absoluto.

Todavia, uma afirmação como a anterior carece de esclarecimentos, que resumiremos em dois: 1) o que entendemos por fundamento; 2) se o agir humano justifica suficientemente o nexo sintético entre "valor absoluto/fim em si mesmo" e "pessoa".

1) *A questão do fundamento*. O primeiro obstáculo com o qual topamos na hora de tentar estabelecer um fundamento para o fato da moralidade é a questão do significado do termo "fundamento". Hans Albert, em nossos dias, declara como impossível a fundamentação do conhecer e do agir, em virtude de uma compreensão axiomática do fundamento. Albert entende os termos "fundamento", "razão suficiente", "justificação" e "axioma" como sinônimos e, por isso, apela para a lógica formal como único critério para julgar a possibilidade de toda fundamentação[11].

O abstracionismo de Albert, que prescinde da dimensão pragmática dos termos, admitindo apenas as dimensões sintática e

---
[11] Cf. cap. 4 deste livro.

semântica, já foi criticado por Apel. Por isso, neste capítulo, não vamos seguir suas discussões, mas sugerir sistematicamente a noção de "fundamento" que consideramos logicamente mais adequada e que foi exposta por Hegel no livro II da *Ciência da lógica*.

Segundo Hegel, a categoria de "fundamento" não é unívoca, mas se desdobra em momentos distintos, dois dos quais são unilaterais, sendo o terceiro a superação dos anteriores. A noção de "fundamento" expressa, em geral, que "o que existe tem de ser considerado não como um existente imediato, mas como algo posto" (Hegel, 1934, p. 65. 1974, p. 393)[12], por isso a necessidade da mediação reflexiva. O imediato, o dado, o "puro ser" ainda não é verdadeiro, antes necessita da mediação reflexiva para entrar no nível da verdade. Por isso, quando pretendemos determinar a verdade de um fato, o procedimento consiste em categorizá-lo, a fim de que ele se torne inteligível para nós. O primeiro passo habitual é o de aplicar a ele a categoria de "efeito" e buscar uma causa que nos permita compreender o fato. Mas essa categorização efeito-causa é uma fundamentação unilateral porque, dentre as múltiplas condições do fato, se seleciona arbitrariamente apenas uma, pretendendo que constitua o fundamento, e prescinde-se das demais. Hegel esclarece, por exemplo, que não se pode dizer que a gravidade seja o fundamento da queda de uma pedra, mas também o fato de que seja pedra, o tempo, o espaço, o movimento...

Portanto, a *relação total fundado-fundamento* não é a existente entre efeito-causa, conclusão-premissas do raciocínio. É a relação estabelecida entre o *dado e aquela constelação de categorias que a reflexão proporciona para compreender o dado*. Entendemos, então, por "fundamento" não um axioma nem uma causa, mas sim uma relação de determinações tal que confere racionalidade, coerência

---

[12] Cf. cap. 4 deste livro.

lógica ao fato; no caso da fundamentação da moral, que confira coerência ao âmbito prático.

2) *O nexo sintético "valor absoluto/fim em si mesmo"-"pessoa".* Uma fundamentação não unilateral da moralidade deverá contar com as categorias que a história cunhou como condição de sua inteligibilidade: ação, bem, escolha, fim último, liberdade, felicidade, dever, valor absoluto. A exclusão de qualquer uma delas tem como consequência a irracionalidade do agir moral. Todavia, urge estabelecer uma relação entre elas que as torne coerentes, e essa relação seria, segundo o idealismo transcendental, o conceito de "pessoa". Mas essa afirmação deve ser justificada pelo esclarecimento de que tipo de nexo une necessariamente os conceitos "valor absoluto/fim em si mesmo" e "pessoa".

Mediante a análise do sujeito, fica claro que não se trata de um nexo analítico, pois no conceito de sujeito não se acha implicado o de pessoa. Pode-se comprovar que não se trata de uma conexão intuitivamente captável por meio de uma pesquisa pública na qual trataríamos de averiguar se todos os homens intuem que o único valor absoluto é a pessoa.

Deve tratar-se, então, de um nexo sintético, mas nesse caso é necessário estabelecer o terceiro elemento que permite ligar sujeito e predicado. Esse elemento seria, segundo o idealismo transcendental, a razoabilidade do agir humano, e o modo de demonstrar tal razoabilidade seria o seguinte: *a)* partimos de um fato universal e incondicionado que se produz em nosso agir; *b)* para que o fato seja razoável, é necessário que seja real a única condição que nossa razão pode sugerir para torná-lo coerente; *c)* a razão só pode sugerir, como condição de inteligibilidade do preceito, a existência de pessoas que constituem um valor absoluto; *d)* visto que essa é a única condição de inteligibilidade, se ela for eliminada, o agir é irracional;

e) pode-se aduzir que não há inconveniente em admitir que a moralidade seja irracional, mas mesmo assim ainda subsiste o recurso obrigatório ao ponto de partida. Se o agir é irracional porque não há nenhum valor absoluto, tiremos as consequências: não existe conduta que possa ser repudiada nem ação cujo cumprimento seja exigido; a emissão de juízos de valor positivos ou negativos é rejeitada e, portanto, não se pode argumentar com condenações da mentira, da traição, da injustiça, do assassinato e da tortura. Se não existe um valor absoluto – poderíamos dizer segundo um "plágio" barato, mas claro –, tudo é permitido, menos julgar qualquer conduta. E o único valor absoluto que a razão apresenta é a pessoa.

Dito isso, mesmo que no momento de construir um sistema prático, cujas categorias se relacionem por meio do conceito de "pessoa", esse conceito confere inteligibilidade – coerência – aos demais dados práticos, ele mesmo permanece ininteligível até o momento em que seja determinado mediante categorias que exijam que a pessoa seja considerada um valor absoluto. Que categorias, dentre aquelas que determinam concretamente o conceito de pessoa, exigem que se lhes atribua um valor absoluto?

A história do pensamento cunhou diversas categorias para destacar a superioridade do homem: racionalidade, capacidade de autodeterminação, capacidade de produzir bens materiais, função simbólica, capacidade de amar, faculdade axiológica... Serão suficientes essas categorias? E quantas foram criadas pelo pensamento em sua história para expressar o que dada "pessoa" implica e exige logicamente na consciência humana atual? Ou esse dado nos obriga a buscar novas determinações que a razão não soube criar?

Para responder a essas interrogações cruciais, é necessário apelar para a "experiência", apelar para aquilo que a consciência atual vive como pessoa.

A pessoa, segundo expressão pública nas sociedades avançadas, representa um valor sagrado, cuja integridade deve ser respeitada, cujo progresso deve ser garantido. O fato de, no âmbito da ação, ela ser utilizada como meio não anula também o fato de, em nível de consciência, ser afirmada a intangibilidade da pessoa. Com base em qual categoria se mantém esse caráter sagrado –"inviolável" – da pessoa? Qual é a extensão do termo "pessoa"? Começaremos respondendo à segunda pergunta, que nos servirá como fio condutor para responder à primeira.

O termo pessoa – e com essa afirmação não estamos excedendo o âmbito do dado – estende-se na consciência pública a quantos indivíduos nasçam, mesmo que careça das faculdades que enunciamos anteriormente. Se a denominação de "pessoa" se aplica a tantos indivíduos quantos nasçam, então uma categoria biológica é suficiente como critério para se aplicar tal denominação. Até aqui chega o dado, o imediato na consciência atual, que ainda não é verdadeiro nem falso, mas simplesmente aquilo que deve ser fundamentado, porque, para alcançar a verdade, deve ser reflexivamente mediado com a utilização das categorias correspondentes.

Já que o critério para distinguir as pessoas é biológico, é a categoria biológica que constitui o fundamento do valor absoluto, da finalidade objetiva da pessoa? De acordo com o que mostramos anteriormente, as disciplinas teóricas que se ocupam do estudo da natureza não atribuem a ela nenhum fim que seja respeitado pelos demais seres naturais. A biologia é uma dessas disciplinas e, portanto, incapaz de fundamentar fins últimos. Portanto, a categoria biológica que indica a origem pessoal de um ser é uma mediação necessária como fundamento para classificar, mas inadequada como fundamento veraz da finalidade objetiva da pessoa.

Isso posto, tampouco as categorias anteriormente citadas oferecem tal fundamento, já que não podem ser aplicadas a todos

Ética sem religião? 263

aqueles que consideramos biologicamente pessoas, antes selecionam dentre eles aqueles que desfrutam, ou têm a possibilidade de desfrutar, de determinadas faculdades, sendo excluídos os demais seres que, por terem nascido pessoas, a consciência atual considera como tais.

Naturalmente, pode-se alegar que o ponto de partida – a extensão que a consciência atual confere ao termo "pessoa" – é incoerente, ou seja, é um fato não justificável racionalmente. Essa objeção pode ser avalizada por dois motivos: ou porque se considera que basta o sentimento para experimentar e tratar como pessoa todo aquele que nasce, ou porque se rejeita essa denotação do termo pessoa como carente de fundamento.

A proposta afetiva que invoca o sentimento, afirmando esse afã "inumano" de dar razão de tudo, não é satisfatória: o cumprimento de ações que têm como "razão" o sentimento não pode ser exigido de quem careça desse sentimento e, mesmo assim, exige-se respeito por aqueles que não possuem as capacidades que a razão assinala como especificamente humanas, por terem nascido homens.

A segunda proposta, segundo a qual é irracional considerar e tratar como humano todos os que nascem homens, é admissível, dado que estamos no âmbito da liberdade, e não existe necessidade incontornável nas escolhas. Mas, se ela pretende se apresentar como proposta racional, deve levar sua racionalidade até as últimas consequências, que poderiam ser resumidas do seguinte modo: a racionalidade exigiria que fossem tratados como meios todos os seres que não desfrutam ou não podem desfrutar do uso das faculdades racionalmente designadas como especificamente humanas.

Levando em conta os perigos provocados por deixar a cargo de certos "modelos de racionalidade" designar quem são os homens, é preciso destacar que, de todo modo, *a razão é seletiva*: os marginalizados por ela poderiam ser relegados, utilizados e até mesmo eliminados, se assim o exigisse o respeito e a promoção dos fins em si, isto é, das pessoas.

Não tenho conhecimento de se alguém na atualidade estaria disposto a manter racionalmente uma proposta dessas, isto é, publicamente e invocando argumentos. Mas afirmo, para que o suposto "alguém" pudesse levá-lo em conta na hora de argumentar, que não só se carece de certas faculdades de modo congênito, como também elas podem se perder no decorrer da vida. Isso implicaria que quem tivesse perdido suas faculdades, inclusive o próprio defensor da proposta, deixaria automaticamente de ser pessoa, e racionalmente haveria espaço para seu abandono, utilização e eliminação.

As categorias cunhadas pela história do pensamento para ressaltar a "eminente dignidade" do homem são imprescindíveis para descobrir que esse homem é muito mais que natureza. Contudo, a aplicação do termo "pessoa" a todos os homens que nascem expressa que a "pessoidade", aquilo a que concedemos imediatamente finalidade objetiva e valor absoluto, não está no que a história do pensamento destacou como a "eminente dignidade" do homem.

2.4. A inserção de Deus no âmbito prático

As categorias criadas pela razão são insuficientes para estabelecer a coerência do dado de consciência exposto – o valor absoluto de todas as pessoas que nascem. Só nos resta o recurso lógico de ligar esse dado oferecido pela revelação como um elemento inovador, segundo o qual o homem *possui valor absoluto* e é *fim em si mesmo* porque é *imagem e semelhança de Deus*. Esse dado não se apresenta pontualmente no livro do Gênesis. A história da salvação é a história da presença ativa de Deus recordando o valor absoluto dos homens. Tal valor não está em característica alguma de que um homem disponha e outros careçam, não radica em uma faculdade que se possa perder. O valor está em todo homem, enquanto homem, porque sua humanidade já é imagem divina.

Para concluir o presente capítulo, faremos breves esclarecimentos. 1) Não compete à razão estabelecer como devem ser entendidas essas novas categorias "imagem e semelhança de Deus", e sim à própria autocompreensão teológica. Porque a racionalidade não está em compreender todo o real, mas em estabelecer sua coerência mediante as categorias adequadas. Racional e coerente é inserir no sistema todas as categorias necessárias para justificar os dados, atribuindo a categoria de "mistério" aos dados provindos de fontes não racionais e que excedam a capacidade humana de compreensão. Uma vez aplicada a categoria de "mistério", o coerente é aceitá-lo como tal, recorrendo, para penetrá-lo no possível, ao autor da revelação do dado. Em nosso caso, o ideal é indicar que o sistema prático precisa contar com a categoria "imagem de Deus", mesmo que ela seja impenetrável para a razão, porque constitui uma inovação para ela, e um esclarecimento só é possível quando se recorre à própria revelação.

2) Visto que a categoria "imagem de Deus" determina o dado "pessoa", se é que ela deve constituir um fim em si mesma como condição de coerência da moralidade, o dado "Deus" é, por sua vez, condição de coerência do fim em si mesmo que confere racionalidade ao agir. Por isso, recorremos neste momento às afirmações feitas anteriormente em relação à natureza do saber prático (2.3.3.1): dado que o fim prático – a pessoa – não é inteligível por si, antes precisa de Deus como condição em virtude da qual se constitui coerentemente como fim prático; dado que as condições de inteligibilidade desse fim pertencem ao saber prático, assim como o fim; dado que a aceitação do fim e de suas condições é mediada pelo ato de liberdade, a admissão de Deus é racional e

livre. A existência de Deus é sabida praticamente por meio da razão do agir e da liberdade.

3) A afirmação de que o valor absoluto da pessoa só é inteligível mediante um categoria que a põe em relação com Deus significa que as pessoas não valem incondicionalmente por si mesmas, e sim por Deus? Significa que o fundamento da moralidade é Deus?

Essa pergunta só tem sentido quando se entende a relação fundado-fundamento como uma relação de efeito e causa. Mas essa é uma concepção unilateral de "fundamento", porque, retomando o exemplo hegeliano anteriormente citado, a razão suficiente da queda das pedras não é a gravidade, porque concorrem para o fato a pedra ser pedra, o movimento, o ar, o espaço, a gravitação... Por isso, uma fundamentação da moralidade precisa de todas as categorias que a história do pensamento criou para dar conta do fato moral. Mas essas categorias devem estar unidas por aquelas que introduzem uma relação coerente entre elas: a categoria de pessoa, para cuja determinação Deus é necessário.

Não se pode dizer que seja Deus o fundamento da moral, porque a relação de Deus com a moralidade só é possível por meio das pessoas. Não se pode dizer que a pessoa seja o fundamento da moral, porque as determinações que a constituem como fundamento são mediadas por Deus. Essas duas tentativas de fundamentação seriam unilaterais porque só levariam em conta uma parte do fundamento total, que consiste na afirmação de que cada pessoa é valiosa por ser pessoa, mas a determinação de ela ser pessoa exige a mediação de Deus.

Epílogo:
Virtude ou felicidade?
Em favor de uma ética de mínimos

> [...] dado que todo conhecimento e toda escolha tendem a algum bem, digamos qual é o conhecimento a que a política aspira e qual é o supremo entre todos os bens que se podem realizar. Quase todo mundo está de acordo quanto a seu nome, pois tanto a multidão quanto os refinados dizem que é a felicidade e admitem que viver bem e agir bem é o mesmo que ser feliz. Mas duvidam do que é a felicidade, e não a explicam do mesmo modo o vulgo e os sábios (Aristóteles, *Ética a Nicômaco*, I, 4. 1905 a 14-22)[1]

Com essas palavras, pronunciadas no século IV a. C., Aristóteles diagnosticava uma das mais profundas enfermidades de que a humanidade vem padecendo até nossos dias e da qual ainda não se pôde livrar: os homens desejam ser felizes, mas parecem incapazes de discernir em que consiste a felicidade. As correntes mais influentes do pensamento esforçaram-se para preencher de conteúdo um conceito com o qual todos concordam quando ele está vazio. E com isso apenas refletem o que acontece na vida cotidiana, que é sempre – ou deveria ser – o ponto de referência do filósofo.

---

[1] Para um esclarecimento mais acabado da natureza e dos conteúdos da ética de mínimos e de sua relação com as éticas de máximos, cf. Cortina, 1998, cap. VIII; 2001, cap. IX.

Talvez seja essa uma das razões pelas quais algumas das éticas mais relevantes em nosso tempo tenham renunciado ao tema – sempre atraente – da felicidade e se refugiado na vertente mais seca e árida do fenômeno moral, que é a vertente do dever e das normas. Talvez seja essa uma das razões, mas não a única, certamente. Por isso este trabalho, que se moveu fundamentalmente no modesto âmbito das éticas deontológicas, sente-se obrigado a justificar em suas últimas páginas o abandono de um assunto tão vital para a reflexão filosófica, saindo em defesa da ética mínima. Confesso sinceramente: trata-se mais de justificá-lo do que de defendê-lo.

Para isso, aludiremos, mesmo que esquematicamente, ao tempo em que começou a se romper a identificação registrada em nossa citação inicial entre "agir bem" e "ser feliz" e seguir o curso de uma história que teve como resultado o silêncio sobre a vida boa em certas correntes éticas fortemente plantadas na tradição ocidental. Comecemos, então, pelas origens. Voltemos à Grécia.

1. Virtude *versus* felicidade

Na obra aristotélica, "vida boa" e "vida feliz" constituem termos semelhantes, porque é feliz quem vive de acordo com as "excelências" humanas[1]. Uma confiança semelhante fez sua ética merecer o título de "ética da perfeição", exatamente por entender a bondade moral como realização do bem ontológico e psicológico humano e por fazer a felicidade, por sua vez, depender do alcance da perfeição. Vive bem quem se orienta por uma razão prudencial, por uma razão que o ajude a discernir o que convém.

---

[1] Para a sugestiva interpretação das virtudes na ética aristotélica como "excelências" humanas, cf. Montoya & Conill, 1985. O retorno à ética das virtudes a partir de algo parecido com o aristotelismo é propiciado por MacIntyre (2004), ao passo que a felicidade volta a ser objeto da reflexão em trabalhos como os de J. L. Aranguren (1988) e C. Díaz (1987).

Podemos dizer: as várias correntes de filosofia moral na Grécia clássica concordam com a identificação entre "viver bem" e "ser feliz", mesmo que nem todas partilhem o perfeccionismo aristotélico. Porque, em todo caso, a vida prazerosa (ideal dos epicuristas) ou a vida segundo a natureza (aspiração dos estoicos) confundem-se com a vida feliz. Sábio é aquele que domina o saber supremo: o que sabe viver; o que sabe viver bem.

Kant estava em descompasso em sua *Crítica da razão prática* quando colocou em dúvida o caráter analítico do nexo virtude-felicidade naquilo que se refere à concepção global grega (*KpV.*, v, 126 e 127); ou, pelo menos, enfocava anacronicamente os termos de um problema que para ele se revestiam de um significado muito diferente. Mas talvez tenha acertado em dirigir sua crítica concretamente contra a Stoa, porque os estoicos introduziram uma distinção que começou a pôr em risco a imediatidade do nexo existente entre virtude e felicidade.

Com efeito, foram os estoicos aqueles que, antecipando a autonomização kantiana da virtude, se viram obrigados a considerar dois tipos de felicidade: a felicidade "interior", que o sábio alcança por meio da autarquia, e a felicidade exterior, que não depende do homem porque corre por conta do destino, corre por conta da lei natural. Com isso começa a se esboçar a separação entre dois mundos – o moral e o natural –, e desponta o caráter sintético do nexo entre virtude e felicidade. Mediante o próprio esforço, os homens podem alcançar a perfeição que corresponde à sua natureza (viver segundo a razão), mas a felicidade exterior e o bem-estar estão nas mãos do destino.

Para a abordagem dessa contradição é paradigmático o tratado de Sêneca, *De providentia*, que se abre com uma pergunta de longa tradição: "Como Deus suporta que ocorra algum mal aos bons?"; como Iahweh permite – dirá a tradição sapiencial hebraica – o sofrimento do justo? A resposta de Sêneca é taxativa:

Que motivos de queixa podeis ter de mim, vós os que amais a retidão? Rodeei os outros de bens falsos, enganando assim as almas frívolas com a ilusão de um sonho amplo; eu os ataviei com ouro, com prata, com marfim; mas em seu interior são pura miséria [...]. A vós, dei-vos bens certos, permanentes, melhores e maiores quanto mais são estudados e examinados atentamente. Eu vos concedi o desprezo por todo medo, o fatio com toda cobiça; não brilhais exteriormente; vossos bens estão voltados para dentro [...]. Pus interiormente todo bem, vossa felicidade consiste em não precisar da felicidade (Sêneca, 1966, p. 191).

Com essas palavras, abre-se um abismo entre dois modos de conceber a felicidade: entre a satisfação interior produzida pela posse de si e a felicidade que depende do que acontece externamente; um abismo que os primeiros frankfurtianos denunciarão como um produto típico do idealismo, como o produto de uma contradição epocal que deve ser superada em nosso século. Deixemos para ver mais adiante se isso é ou não certo e retornemos às origens greco-romanas da separação entre virtude e felicidade.

Uma nova descoberta veio a turvar ainda mais as relações entre a dimensão virtuosa e a felicitante, porque a Stoa se apresenta como pioneira de um ensinamento que, mais tarde, gozará de inegável aceitação no Ocidente: todos os homens são iguais por participarem de um *logos* comum; todos os homens – livres e escravos – são iguais, porque todos têm Zeus – a razão – como pai. Nesse momento, o problema que irrompe na história, exigindo uma resposta, é o de conciliar o ensinamento da *igualdade universal* com a moral do *prazer*, da *natureza* ou da *perfeição*, em uma sociedade de escassos recursos técnicos.

Na fase pré-igualitária, a que Aristóteles pertence, só uns poucos dispõem do ócio suficiente para se dedicarem ao cultivo da própria excelência. Por isso, a única solução viável para continuar a considerar tais excelências como "propriamente humanas" consiste em atribuir o predicado "homem" só aos homens livres; ou seja, àqueles que se servem do trabalho de não homens (escravos, animais etc.), para estar em disposição de gozar em sua própria virtude. Evidentemente, é impossível a qualquer doutrina que aceite – mesmo que apenas teoricamente – a igualdade de todos os homens considerar moralmente virtuosa a virtude adquirida a esse preço. Essa é, sem dúvida, uma das razões que obrigou a contemplar sob uma perspectiva diferente a conexão entre virtude e felicidade.

A igualdade entre os homens – preconizada pela Stoa –, como participantes do mesmo *logos*, e a igualdade bíblica dos que foram criados à imagem e semelhança divina trouxeram à baila uma dificuldade nova: a de falar sobre a virtude sem fazer referência a um valor indiscutível, o valor de ser homem, sem mais. Esse é o valor primeiro – "sagrado e seguro", diria Feuerbach – contra o qual é ilícito atentar e do qual ninguém está autorizado a prescindir, nem mesmo para o cultivo das próprias excelências.

As tentativas de conciliação foram várias. Por sua vez, as correntes hedonistas que hoje ainda continuam a ser objeto da maior relevância (as várias vertentes do utilitarismo anglo-saxônico) abandonaram a faceta egoísta das origens e viram no sentimento social uma fonte de felicidade. A simpatia e a benevolência inclinam os homens a formular certos juízos imparciais que exprimem a convicção da igualdade.

Apesar de uma das maiores desvantagens do utilitarismo anglo-saxônico ser a de conciliar o critério do máximo de felicidade com a justa distribuição das utilidades, não é menos certo que ele tenha o altruísmo na conta de um dos mais apreciados componentes da felicidade. Na opinião de John Rawls, o utilitarismo apresenta-se como uma "ética de fim dominante", uma vez que subordina todos os propósitos humanos ao alcance do prazer, mas na verdade constitui uma "ética de fim inclusivo", porque a obtenção do prazer humano inclui o alcance de uma pluralidade ordenada de objetivos, entre os quais detém lugar de honra a aquisição da virtude[2]. Dirá John Stuart Mill: a doutrina utilitarista "recomenda e requer o cultivo do amor à virtude na maior medida possível, por ser, acima de todas as outras coisas, importante para a felicidade" (Mill, 1984, p. 95). O juízo "o homem virtuoso é feliz" não constitui um juízo analítico para o utilitarismo, mas a virtude é um componente imprescindível da felicidade.

Pelo contrário, aqueles que entenderam a máxima "viver segundo a natureza" como convite a reforçar as diferenças que ocorrem por natureza entre os homens iniciaram uma polêmica até hoje não resolvida: abriram fogo pela primeira vez contra a moral de "escravos" e "ressentidos" que nasce da afirmação da igualdade.

Por último, os perfeccionistas igualitários viram-se obrigados a empreender um processo que culminaria no Iluminismo e que consistiu em ir separando gradativamente as duas dimensões que compõem o fenômeno moral em sua totalidade – virtude e felicidade –, porque ambos os termos vão adquirindo conotações muito distintas das que tiveram na Grécia clássica.

A vida segundo a virtude se identificará com a vida segundo o dever, porque a satisfação interior de que já falavam os estoicos só se alcança pela independência dos atrativos da natureza externa e pela obediência a uma voz interna, comum a todos os homens. Por seu lado, a felicidade será entendida como conjunto de bens sensíveis que a natureza pode conferir ou negar aos indivíduos, segundo sua sorte e sua constituição empírica particular. Dois tipos de utopia, à primeira vista inconciliáveis, esboçam-se ao final da história:

---

[2] Cf. Rawls, 1978, § 83.

as utopias sociais, urdidas em torno da ideia de sorte, e as utopias jurídicas, respaldadas no conceito de dignidade humana[3]. Uma das causas de sua aparente oposição situa-se, sem dúvida, na dificuldade de conciliar a defesa da igualdade com a moral das excelências em uma sociedade de recursos técnicos escassos: outra, o fato de a "natureza" escapar ao domínio dos homens.

Claro que a ruptura entre a dimensão virtuosa e a felicitante não se produziu em toda a sua crueza até o Iluminismo porque as éticas medievais, renascentistas e modernas não trouxeram novidades espetaculares relativamente às produções gregas. Mas também é verdade que desde a Idade Média, unindo-se com o ensinamento estoico, a lei moral começa a assumir um protagonismo, impensável no perfeccionismo aristotélico. A lei moral, como expressão da vontade de Deus para os homens, promete a felicidade a todos os que a observam e, nesse sentido, lei e felicidade se identificam. Mas nem por isso a lei perde o caráter coativo que nos habituamos a considerar como característico do âmbito moral. Mesmo que só a observância da lei moral proporcione aos homens a felicidade, eles não se dão claramente conta disso, dado seu caráter finito. Portanto, é preciso assegurar que, diante de todo cumprimento da lei, a felicidade virá como consequência, se não neste, no outro mundo. A meu ver, só esse triunfo da vertente jurídica do moral tornou possível um fenômeno tão estranho à experiência da felicidade quanto a casuística: a aplicação da lei aos casos concretos de conflitos.

Se entre os diversos projetos éticos houvesse obtido vitória o agostiniano "ama e faz o que quiseres", talvez hoje entenderíamos o moral desde a abundância do coração e não desde a coação legal. Mas o convite agostiniano ficou em um discreto segundo

---

[3] Cf. Bloch, 1961; GA, 6 (Trad. esp.: Felipe González. Madri, 1980).

plano, como se fosse mais adequado à religião do que à moral. Às religiões podem se permitir o luxo da gratuidade, enquanto a moral – ao que parece – é antes de mais nada um âmbito no qual reina a coação: um âmbito mais jurídico que amoroso.

Obviamente, quando a religião deixou de constituir o esteio da moralidade, uma vez iniciado o processo de *Entzauberung* – de desencantamento –, certeiramente diagnosticado por Weber, a lei, na forma do dever, passou a ocupar o primeiro lugar no campo do moral. Agora, a perfeição não é alcançada pela abundância felicitante do coração, mas pelo esforço quase sobre-humano, pela ascese exercida sobre as tendências que nos inclinam para um "bem-estar" imediato. Desde então, adquirem força as "éticas do dever", as "éticas deontológicas" que, na concepção de Nietzsche, plasmam em uma concepção teórica a moral do camelo, sempre sobrecarregado de pesados fardos.

Teríamos de atribuir a essas éticas ascéticas as contribuições do formalismo kantiano e das éticas que velam primordialmente pela realização da autonomia humana.

Na perspectiva kantiana, a autonomia, que pode caracterizar qualquer ser racional, dota todos os homens de igual valor. Viver segundo esse valor significa "viver bem", adquirir a virtude suprema. Mas isso não implica "ser feliz" analiticamente, porque a felicidade – para utilizar a expressão de Rawls – depende de dois tipos de "loterias", a loteria natural e a social. A felicidade depende daquilo que é dado pela natureza e pela sociedade, ao passo que a virtude permite ao homem se transformar – como sugeria Sêneca – em "artífice de sua própria vida". A felicidade é um ideal de imaginação e não da razão.

Transformar os homens em artífices de sua própria vida é o lema do Iluminismo, tanto em sua versão liberal quanto em sua versão socialista. Mas, nas mãos da razão oitocentista, o juízo "o homem virtuoso é feliz" transformou-se em um juízo sintético. Podemos dizer que se trata de um juízo verdadeiro? Na perspectiva kantiana, a resposta a essa pergunta é afirmativa, porque o sentimento moral descobre a teleologia inscrita na razão que, por meio de Deus ou de uma Natureza entendida como Providência, aponta para um mundo em que se conciliam o fim da natureza e o fim da liberdade, os interesses individuais e os universais, felicidade e virtude. O juízo "o homem virtuoso é feliz" é um juízo sintético *a priori* que possui validade objetiva prática. Nem a mera análise dos conceitos que o integram nem a experiência asseguram sua verdade: apenas a razão sentimental pode afirmá-la[4].

2. Crítica à cisão dos dois lados do fenômeno moral

Como se sabe, foram inúmeras as críticas à separação kantiana dos dois mundos e a sua posterior conciliação.

O próprio Hegel denunciou o vespeiro de contradições encerrado em uma doutrina que defende tanto a autonomia do moral como sua total independência no que se refere ao mundo natural, inumano e humano. O homem, concebido por Aristóteles como uma unidade de intelecto e de desejo, vê-se cindido, e é necessário recorrer a postulados, não redutíveis à consciência, para cumprir as promessas que a razão autônoma se permite arriscar. A razão não pode prometer, mas, mesmo assim, promete.[5]

É claro que a separação entre os dois mundos, entre o interesse moral e os interesses empíricos, foi produzido necessariamente na história. Segundo Hegel, a concepção grega da moral – sobre-

---

[4] Cf. Cortina, 1981b; "La teleología kantiana: naturaleza, libertad, historia" e o cap. 9 deste livro.

[5] Para a crítica de Hegel aos "deslocamentos" kantianos, cf. Hegel, 1966, p. 352-68.

tudo em Platão e Aristóteles – insere-se em uma ordem racional que engloba os fenômenos da natureza e também as ações humanas[6]. Agir de acordo com a razão implicava, então, ajustar-se à estrutura do mundo, que é uma estrutura racional, que constitui uma ordem objetiva. Todavia, essa concepção entra em crise a partir do século XVII, porque a crença em uma ordem racional objetiva se dissolve e, portanto, a razão moral se encontra isenta da obrigação de captá-la. A razão moral transforma-se em razão subjetiva calculadora, que pretende conciliar os interesses antagônicos segundo critérios de utilidade. Kant propõe uma ideia de razão moral diferente, porque o bem não se identifica com o cálculo, e o dever se funda em uma vontade autônoma; mas o critério de atuação tem de ser formal, para poder livrar-se de todo resíduo naturalista. O formalismo – a separação de dois mundos – é o preço a pagar pela autonomia.

Esse ponto de vista moral kantiano é, sem dúvida, um momento necessário, mas tem de ser superado porque o formalismo não permite legitimar nenhum conteúdo concreto da moralidade, e se limita a legitimar o dado[7]. Portanto, é necessário elaborar um conceito de liberdade que nos permita deduzir os conteúdos concretos de atuação e que supere a ideia de que a sociedade é um reflexo de interesses particulares em conflito. A eticidade, que supera o direito formal e a moral, é a verdade de ambos.

Em uma comunidade ética não é difícil reconhecer as virtudes, porque o cidadão "não tem de fazer nada além do que é conhecido, indicado e prescrito pelas circunstâncias" (Hegel, 1975, § 150). Mas, visto que a virtude constitui o reflexo do ético no individual, determinado como tal pela natureza, o costume se mostra como superior, como lei que corresponde ao espírito da liberdade (§ 151). Em

---
[6] Cf. Álvarez, 1982, p. 171-201.
[7] Cf. Hegel, 1975, § 135; Ritter, 1989, p. 143-70.

resumo, o melhor que se pode oferecer a um indivíduo é "torná-lo cidadão de um Estado com boas leis" (§ 153).

Por mais acertadas que sejam as críticas hegelianas à cisão kantiana dos dois mundos, não é demais assinalar que, de algum modo, essa cisão volta a brotar em nossos dias e que a eticidade hegeliana não parece ter constituído uma proposta moral mais convincente em sua globalidade que a do ponto de vista moral.

Todavia, no que se refere ao nosso tema, o século XX se inaugura antes sob o signo do hedonismo, de busca da felicidade e de rejeição da famosa distinção kantiana.

Por sua vez, as correntes consideradas "liberais" na tradição filosófica – as correntes defensoras do hedonismo utilitarista – reafirmam sua convicção de que a felicidade, entendida como prazer, constitui o motor único da vida moral e de que o altruísmo é um fator felicitante. Isso é manifesto nos mais destacados representantes da filosofia moral, mas também na vertente político-econômica do utilitarismo, plasmada nas teorias da escolha social.

Nesse tipo de teoria, a virtude que entra em disputa é a justiça, porque se trata de assessorar aqueles que tomam decisões na vida política sobre como se deveria realizar uma escolha social. Ou, em outros termos, trata-se de assessorá-los sobre como os juízos de bem-estar social são possíveis[8]. O problema chave é, portanto, passar de um conjunto de preferências individuais conhecidas para um modelo de formação de decisões sociais, atendo-se a condições naturais e razoáveis.

Nesse tipo de teoria, o bem-estar é prioritário naquilo que se refere à justiça e constitui o conceito ético mais relevante. Mas a justiça é um elemento imprescindível nos juízos de bem-estar social,

---

[8] Cf. Arrow, 1951. Para uma valiosa informação sobre a teoria da escolha social e uma bibliografia selecionada, cf. Salcedo Megales, 1994.

porque os indivíduos não aceitarão determinadas situações sociais se não as considerarem justas. O esquema do cidadão maximizador não serve para interpretar a realidade, uma vez que as aspirações de cada indivíduo estão entrelaçadas com as expectativas dos demais, o que modifica radicalmente suas próprias expectativas e decisões. A coletividade só aceitará uma determinada situação social se ela se revestir de determinadas condições de racionalidade e justiça.

Para a teoria da escolha social, o valor ético fundamental é certamente o bem-estar social, e o procedimento para chegar a uma decisão racional é bastante diferente do proposto por Hegel ou Kant. Diferentemente de Hegel, a teoria da escolha social procede atomisticamente, subindo da particularidade ao universal, porque o grande problema consiste em passar das preferências individuais à preferência social, dos interesses individuais aos interesses comuns. Diferentemente de Kant e de todas as éticas deontológicas, afirma-se que os interesses heterônomos, que são os interesses dos indivíduos reais, não têm por que ser imorais ou amorais. As éticas deontológicas distinguem os interesses individuais dos interesses morais e, mesmo assim, são os interesses heterônomos que regem as escolhas dos indivíduos empíricos.

Evidentemente, as correntes influenciadas pelo nietzschianismo também se levantam contra as éticas deontológicas – contra uma virtude entendida como cumprimento do dever e das normas. Se a moral é fundamentalmente uma questão de normas, se ela se ocupa de reprimir constantemente nossos desejos, em favor de valores numênicos, capacidades autolegisladoras ou sociedades futuras, mais nos vale abandonar a moral com seu respeito pela igualdade e pelas normas racionais. Definitivamente, a ordem moral imposta pela razão não existe; a vontade é quem cria os valores a partir do caos. Restauremos, pois, o reino da vontade sem coerção.

As correntes filosóficas consideradas "socialistas" também não acolheram com entusiasmo maior a separação dos dois mundos nem a aposta na dimensão normativa, coativa, da ordem moral. Bom exemplo disso são duas propostas baseadas no materialismo histórico, como as de Horkheimer e de Marcuse, mais próximos da eticidade hegeliana que do ponto de vista moral kantiano[9].

Na perspectiva de Horkheimer, não há dúvida de que Kant teria tido uma intuição genial: na época do surgimento do capitalismo, a lei natural que rege a conduta humana não é – como Kant acredita – a dos motivos psicológicos, mas a lei econômica do benefício individual, própria do sistema da livre concorrência. A lei econômica configura no capitalismo as motivações psicológicas dos indivíduos e se transforma em lei natural implacável, determinante da conduta. A revelação de que são duas as leis às quais um homem pode se submeter é um anúncio de que a emancipação é possível. A lei natural prescreve o egoísmo, porque não se pode sobreviver em uma sociedade competitiva seguindo motivações altruístas; mas existe a possibilidade de transcender os imperativos do egoísmo em favor de uma sociedade de homens livres e iguais[10].

Não obstante, o problema que continua irresolvido é se a sociedade burguesa pode oferecer as condições materiais para a realização dessa sociedade mais racional, na qual o interesse do indivíduo coincida com o interesse universal. Na perspectiva dos dialéticos, a resposta é negativa.

Horkheimer pensa que a sociedade burguesa faz os indivíduos se enfrentarem com uma contradição manifesta: torna-os necessariamente egoístas para poder sobreviver, mas lhes assegura que o triunfo da virtude está racionalmente garantido, porque uma Natu-

---

[9] Cf. Horkheimer, 1933; Marcuse, 1967. Ocupei-me mais amplamente disso em Cortina, 1985b.
[10] Cf. Cortina, 1988, p. 140-66; 1989a.

reza ou Providência dirige os mecanismos psicológicos e econômicos egoístas para a reconciliação final. Diante da teleologia da razão burguesa, o materialismo propõe a transformação das condições econômicas e políticas que tornam impensável a realização de uma sociedade racional sem recorrer a uma Natureza ou Providência.

É contraditório prescrever o egoísmo em nível econômico e o altruísmo em nível moral, pedindo aos homens que interiorizem seus anseios de felicidade no homem numênico, referindo a identidade humana à racionalidade universal e prescindindo de sentimentos e desejos. Os homens se habituam, então, a reprimir seus sentimentos e a renunciar a qualquer prazer para o qual não possam oferecer um argumento que aponte para valores superiores. A renúncia ao prazer por um heroísmo abstrato leva ao niilismo, porque se acaba por desprezar a existência concreta e por odiar a felicidade alheia. Por isso, o materialismo aposta na felicidade concreta, que só se alcança na identificação do interesse individual com o universal. Mas essa identificação requer a superação do ponto de vista moral, contando com a política e o direito. O processo é histórico e não pode se realizar apenas interiormente, mas também objetivamente. Nesse sentido, a eticidade supera a moralidade, conservando-a.

Marcuse também considera que a felicidade material é a meta da filosofia materialista. O idealismo, astutamente, refere a felicidade à alma e afasta os homens da felicidade e do prazer. Mas esses conselhos não são desinteressados: o idealismo prefere considerar a felicidade como uma questão interior, porque, na sociedade capitalista, ela não é acessível a todos os homens, já que a anarquia da produção faz da felicidade uma espécie de loteria.

Diz-se, então, que a resignação é fonte de felicidade, mas a resignação prepara os homens para obedecer a qualquer senhor. Por isso é necessário apostar no hedonismo, porque o hedonismo defende os indivíduos à medida que se nega a aceitar a cisão idealista entre razão e sentimento e a identificação do racional com o propriamente humano, com o universal.

Portanto, o materialismo pode assumir o hedonismo, mas não em sua versão cirenaica, satisfeita com o prazer imediato, com o dado, com o positivo; tampouco em sua versão epicurista, que insiste em considerar apenas a sensibilidade como fonte de felicidade, o que significa aceitar o caráter passivo ao qual o processo econômico que o homem não dirige espontaneamente nos habituou.

O *hedonismo transformado* que Marcuse propõe não quer depender de uma loteria exterior: em uma sociedade dirigida por homens livres, as relações não serão regidas pelo processo de valorização do capital, e sim pelas próprias necessidades do homem. Mas as necessidades não são algo dado; são, antes, configuradas pelo sistema. Eis o motivo pelo qual o atual desenvolvimento da técnica abre caminho para uma sociedade do ócio, que permitirá transformar as necessidades próprias da era do trabalho alienado. Os homens poderão desfrutar as coisas sem encará-las como mercadorias e desfrutar as relações com outros homens sem distinção de classe. O *homo ludens* poderá substituir o *homo faber* em uma sociedade na qual prazer e dever se identifiquem, na qual a moral do dever sobra porque aquilo que se deseja coincide com aquilo que se deve. Nas mãos de Marcuse, os dois termos de nosso problema – virtude, entendida como obediência ao dever, e felicidade – identificam-se graças à total transformação social.

3. O triunfo do camelo: ética de mínimos

O artigo de Marcuse de que estamos tratando ("Crítica del hedonismo") foi publicado em 1938. Passados mais de setenta anos, qual é agora o *status quaestionis*? Produziu-se a transformação política e econômica esperada, aquela que, por sua vez, deveria transformar as necessidades humanas? A moral do dever tornou-se supérflua porque os homens desfrutamos de nossas relações mútuas sem submetê-las ao jogo mercantil do cálculo e da estratégia, mas regendo-as segundo o jogo prazenteiro, desinteressado?

A resposta a essas perguntas só pode ser negativa: a revolução esperada não veio nem parece estar para vir. Porque certamente há recursos técnicos suficientes para que todos pudéssemos gozar as excelências humanas, mas recursos técnicos não bastam. Porque caminhamos – e nisso Marcuse tinha razão – para uma sociedade que não faz do trabalho seu centro, mas estamos nos transformando em uma sociedade de desocupados, quando não de ociosos. A felicidade continua, então, nas mãos da loteria, da anarquia.

O juízo "o homem virtuoso é feliz" é sintético *a posteriori* porque a ligação de ambos os termos está à mercê da mais pura casualidade. No sistema no qual nos tocou viver, se um homem virtuoso é feliz, pode-se dizer que ele teve sorte, porque certamente as condições não estão dadas.

Mas o que significam agora "virtude" e "felicidade", depois dessa história tão intrincada?

Classificando o tema de inviável em uma sociedade totalmente desfigurada em seus desejos e aspirações, as éticas de nosso tempo costumam limitar-se ou a calcular juízos de bem-estar social que sejam aceitáveis por todos (o que não muda grande coisa no sistema) ou a ocupar-se com a justificação de normas. As éticas deontológicas, contra tudo o que se podia esperar em princípios e em meados do século xx, estão de novo no auge e renunciam a falar da felicidade.

Tanto Apel quanto Habermas apresentaram algumas das razões de semelhante redução, que poderiam ser resumidas como segue: 1) uma ética *crítico-universalista* não pode nem quer prejulgar dogmaticamente a felicidade dos indivíduos, antes deixa a decisão em suas mãos; 2) uma ética crítico-universalista também não se conforma com o relativismo ao aceitar a pluralidade de formas de vida surgidas dos diferentes ideais de felicidade, porque admite e reforça as diversas ofertas de "vida boa", mas não aceita vários princípios da justiça; em caso de conflito entre formas de vida distintas, elas terão de se submeter às restrições impostas por princípios universais, legitimadores de normas; 3) não são apenas os filósofos que se perguntam pela vida feliz, mas também os psicoterapeutas, os teólogos, os literatos, os criadores de utopias imaginárias[11].

É por isso que os modelos de felicidade não podem se universalizar nem ser exigíveis e, por isso também, transcendem o domínio da ética.

Mas eu acrescentaria a essas razões outras que considero não menos convincentes quando se trata de compreender, e até de justificar, o deontologismo reinante. Quero submetê-las dialogicamente ao juízo do leitor para concluir este trabalho.

Não se pode esconder de ninguém que o *homo ludens* é mais atrativo do que o *homo faber*, a criança que brinca de camelo sobrecarregado de fardos. A ninguém: nem sequer aos partidários de uma ética deontológica. Mas é tempo de construir, não apenas tempo de preferência estética, e para construir em uma sociedade ideologizada, a partir de uma perspectiva felicitante, é preciso encarar algumas questões incontornáveis: o que poderia significar o termo "excelências" em uma sociedade desamorosa e competitiva? Quais seriam as virtudes invejadas por uma sociedade consumista, estratégica e corporativista? Qual seria o ideal de felicidade, o ideal de uma imaginação bombardeada por todo tipo de propaganda?

E, junto a todas essas perguntas de "ética-ficção", abre-se a grande interrogação: um homem, animado por semelhante ideal

---

[11] Cf. Apel, 1989, p. 235-6.

de felicidade, de acordo com semelhantes virtudes, respeitaria o princípio elementar de igualdade e solidariedade, que constitui a mais valorizada das conquistas morais?

É por isso que alguns eticistas nos refugiamos humildemente em uma ética de mínimos e nos limitamos a dizer a nossos ouvintes e leitores: ao decidir as normas que hão de regular a convivência, tenham em conta os interesses de todos os envolvidos em pé de igualdade, e não se conformem com os pactos fáticos, que são previamente manipulados e nos quais nem todos dispõem das mesmas condições materiais e culturais, nem da mesma informação. Porque – para falar como John Rawls – vocês estão convictos da igualdade humana quando falam seriamente sobre a justiça, ou quando executam atos de fala com sentido, para falar como na ética discursiva. Façam, então, do respeito à igualdade uma forma de discurso normativo e de vida.

A felicidade... Todos os homens aspiram à felicidade, mas não a entendem do mesmo modo nem o vulgo nem os sábios, nem os jovens nem os adultos, nem as diferentes sociedades entre si. Talvez porque se trate de um conceito vazio. Talvez porque não seja a filosofia que tenha de se ocupar dela.

Bibliografia

AGRA, Maria José. *J. Rawls: el sentido de justicia en una sociedad democrática*. Santiago de Compostela, Universidad de Santiago de Compostela, 1985.

ALBERDI, Ricardo & BELDA, Rafael. *Introducción crítica al estudio del marxismo*. 2. ed. corrig., Bilbao, Desclée de Brouwer, 1986.

ALBERT, Hans. *Traktat über kritische Vernunft*. Tübingen, Mohr, 1975a. (Ed. arg.: *Tratado sobre la razón crítica*. Trad. Rafael Gutiérrez Girardot. Buenos Aires, Sur, 1973.)

_____. *Transzendentale Täumerien: Karl-Otto Apels Sprachspiele und sein hermeneutischer Gott*. Hamburg, Hoffmann und Campe, 1975b.

_____. *Ética y metaética*. València, Teorema, 1978a.

_____. *Traktat über rationale Praxis*. Tübingen, Mohr, 1978b.

ALEXY, Robert. "Eine Theorie des praktischen Diskurses". Em Oelmüller, Willi (org.). *Normenbegründung*. Paderborn, Schöningh, 1978.

ÁLVAREZ, Mariano. "Fundamentación lógica del dever ser en Hegel". Em ÁLVAREZ, Mariano & FLÓREZ, Cirilo. *Estudios sobre Kant y Hegel*. Salamanca, ice, 1982.

ÁLVAREZ BOLADO, Alfonso. "¿Tentación nacional católica en la Iglesia de hoy?" *Iglesia Viva*. València, n. 94, p. 322-3, 1981.

ÁLVAREZ GÓMES, Mariano. "Hermenéutica y racionalidad según las concepciones de Gadamer, Apel y Habermas". *Aporía*. Madri, n. 4/15-16, p. 5-33, 1982.

ÁLVAREZ TURIENZO, Saturnino. *El hombre y su soledad*. Salamanca, Sígueme, 1983.

AMENGUAL, GABRIEL. *Crítica de la religión y antropología en Ludwig Feuerbach*. Barcelona, Laia, 1980.

_____. (org.). *Estudios sobre la "Filosofía del derecho"* de Hegel. Madri, Centro de Estudios Constitucionales, 1989.

_____. *Presencia elusiva*. Madri, PPC, 1996.

ANTISERI, Dario. *El problema del lenguaje religioso*. Madri, Cristiandad, 1976.

APEL, Karl-Otto. *Transformation der Philosophie*. Frankfurt, Surhkamp, 1973, vol. 2. [Trad. esp.: *La transformación de la filosofía*. Trad. Adela Cortina, Jesús Conill e Joaquín Chamorro. Madri, Taurus, 1985.]

_____. "Das Problem der philosophischen Letztbegründung". Em KANITSCHEIDER, Bernulf (org.). *Sprache und Erkenntnis*. Innsbruck, M. Ridel, 1976.

_____. "The common pressuposition of hermeneutics and ethics". Em BÄRMAK, J. (org.). *Perspectives on metascience*. Goteborg, [s.n.], 1980.

_____. *Estudios éticos*. Barcelona, Alfa, 1986.

_____."Kann der postkantische Standpunkt der Moralität noch einmal in substantielle Sittlichkeit'aufgehoben'werden?". Em APEL, K. O., *Diskurs und Verantwortung*. Frankfurt, Surhkamp, 1988.

_____."Epílogo: ¿Límites de la ética discursiva?". Em CORTINA, Adela. *Razón comunicativa y responsabilidad solidaria*. 2. ed., Salamanca, Sígueme, 1989.

_____. "Falibilismo, teoria consensual da verdade e fundamentação última". Em APEL, K. O. *Teoría de la verdad y ética del discurso*. Barcelona, 1991, p. 37-145.

_____. *Teoría de la verdad y ética del discurso*. Trad. Norberto Smilg. Barcelona, Paidós, 1991.

_____. "¿Se puede fundamentar normativamente la 'Teoría crítica' recurriendo a la Eticidad del mundo de la vida". Em APEL, K. O., *Apel versus Habermas*. Granada, Comares, 2004 (com um estudo introdutório de Norberto Smilg, p. 11-31).

_____ et al. (orgs.). *Ética comunicativa y democracia*. Barcelona, Crítica, 1991.

ARANGUREN, José Luis. *Ética*. Madri, Revista de Occidente,1968a.

_____. *El marxismo como moral*. Madri, Alianza, 1968b.

_____. *Moralidades de hoy de mañana*. Madri, Taurus, 1973.

_____. *Ética de la felicidad y otros lenguajes*. Madri, Tecnos, 1988.

_____. *La ética de Ortega*. Madri, Trotta, 1994 (Obras Completas, 2).

ARROW, Kenneth J. *Social choice and individual values*, Nova York, Wiley, 1951 (Trad. esp.: Madri, 1974).

ATIENZA, Manuel. "La filosofía del derecho en Felipe González Vicén", em ATIENZA, Manuel et al. *El lenguaje del derecho: homenaje a Gerardo R. Carrió*. Buenos Aires, Abeledo Perrot, 1983.

BALLESTEROS, Jesús."La violencia hoy: sus tipos, sus orígenes". Em BALLESTEROS, Jesús et al. *Ética y política en la sociedad democrática*. Madri, Espasa-Calpe, 1981.

_____. *Sobre el sentido del derecho*. Madri, Tecnos, 1984.

BLANCO, Domingo et al. (orgs.). *Discurso y realidad*. Madri, Trotta, 1994.

BLOCH, Ernst. *Naturrecht und menschliche Würde*. Frankfurt, Suhrkamp, 1961.

BONGIE, Laurence L. *David Hume: prophet of the counterrevolution*. Oxford, Oxford University, 1967.

CABADA, M."En torno al ¿Existe Dios? de Hans Küng". *Pensamiento*. Madri, n. 142, vol. 36, p. 211-20, 1980.

CAFFARENA, José G. "El Logos interno de la afirmación cristiana del amor originario". Em CAFFARENA, José G. et al. *Convicción de fe y crítica racional*. Salamanca, Sígueme, 1973.

CAMPS, Victoria. *Pragmática del lenguaje y filosofía analítica*. Barcelona, Península, 1976.

_____. *La imaginación ética*. Barcelona, Seix y Barral, 1983.

CASSIRER, Ernst. *Filosofía de la Ilustración*. México, FCE, 1972.

CASTIÑEIRA, Angel. *Els limits de l'Estat: el cas de R. Nozick*. Barcelona, Centre d'Estudis de Temes Contemporanis, 1994.

CEREZO, P."La reducción antropológica de la teología". Em CEREZO, P. et al. *Convicción de fe y crítica racional*. Salamanca, Sígueme, 1973.

_____. [Nota]. Iglesia Viva. València, n. 118, p. 377-83, 1985.

CHARTSCHEW, A. G. & JAKOWLEW, B. D. *Ethik*. Berlim, [s.n.], 1976.

COLOMER, J. "Sobre la identidad de la izquierda. Laicidad y valores morales". *Sistema*. Madri, n. 65, p. 39-54, 1985.

CONILL, Jesús. *El crepúsculo de la metafísica*. Barcelona, Anthropos, 1988.

_____. *El enigma del animal fantástico*. Madri, Tecnos, 1991.

_____. *El poder de la mentira: Nietzsche y la política de la trasvaloración*. Madri, Tecnos, 1997.

_____ (org.). *Glosario para una sociedad intercultural*. València, Bancaja, 2002.

_____. *Ética hermenéutica*. Madri, Tecnos, 2006.

CONILL, Jesús & CORTINA, Adela. "Pragmática transcendental". Em Dascal, Marcelo (org.). *Filosofía del lenguaje II: pragmática*. Madri, Trotta, 1999.

_____ (orgs.). Diez palabras clave en ética de las profesiones. Estella, Verbo Divino, 2000.

_____."Razón dialógica e ética comunicativa em K. O. Apel". Em CONILL, Jesús et al. *El pensamiento alemán contemporáneo*. Salamanca, San Esteban, 1985.

CONILL, Jesús & GONZÁLVEZ, Vicent (orgs.). *Ética de los medios de comunicación*. Barcelona, Gedisa, 2004.

CORTINA, Adela. "A propósito de un libro sobre relaciones entre ciencia y religión". *Anales Valentinos*. Madri, ano II, n. 5, 1977.

_____. "Hermenéutica como filosofía práctica". Em GADAMER, Hans-George. *La razón en la época de la ciencia*. Barcelona, Alfa, 1981a.

_____. *Dios en la filosofía trascendental de Kant*. Salamanca, Universidad Pontificia, 1981b.

_____. "La hermenéutica crítica en Apel y Habermas: ¿ciencia reconstructiva o hermenéutica trascendental?". *Estudios filosóficos*. Madri, vol. 34, n. 95, p. 83-114, 1985a.

_____. *Crítica y utopía: la escuela de Francfort*. Madri, Cincel, 1985b.

_____. "La calidad moral del princípio ético de universalización". *Sistema*. Madri, n. 77, p. 111-20, 1987.

_____. "Dignidad y no precio. Más Allá del economicismo". Em GUISÁN, Esperanza (org.). *Esplendor y miseria de la ética kantiana*. Barcelona, Anthropos, 1988.

_____. "Estudio preliminar a I. Kant". Em KANT, Immanuel. *La metafísica de las costumbres*. Trad. Adela Cortina e Jesús Conill. Madri, Tecnos, 1989a.

_____. *Razón comunicativa y responsabilidad solidaria*. 2. ed., Salamanca, Sígueme, 1989b.

_____. *Ética sin moral*. Madri, Tecnos, 1990.

_____. *La moral del camaleón*. Madri, Espasa-Calpe, 1991.

_____. *Ética aplicada y democracia radical*. Madri, Tecnos, 1993.

_____. *La ética de la sociedad civil*. Madri, Anaya, 1994.

_____. *Ética civil y religión*. Madri, PPC, 1995a.

_____. *El quehacer ético*. Madri, Santillana, 1995b.

_____. *Ciudadanos del mundo*. Madri, Alianza, 1997.

_____. *Hasta un pueblo de demonios: ética pública y sociedade*. Madri, Taurus, 1998.

_____. *Alianza y contrato: política, ética y religión*. Madri, Trotta, 2001.

_____. *Por una ética del consumo: la ciudadania del consumidor en el mundo global*. Madri, Taurus, 2002.

_____. *Horizontes de economía ética*. Madri, Tecnos, 2004.

_____. *Ética de la razón cordial*. Oviedo, Nobel, 2007.

CORTINA, Adela & GARCÍA-MARZÁ, Domingo (orgs.). *Razón pública y éticas aplicadas*. Madri, Tecnos, 2003.

DÍAZ, Carlos. *Las teorías anarquistas*. Bilbao, Zero, 1976.

_____. *Mounier y la identidad cristiana*. Salamanca, Sígueme, 1978.
_____. "Los cristianos ante el poder". Communio. Madri, n. III, p. 252-64, maio/jun. 1984.
_____. *Corriente arriba*. Madri, Encuentro, 1985.
_____. *Eudaimonia*. Madri, Encuentro, 1987.
_____. *Preguntarse por Dios es razonable*. Madri, Encuentro, 1989.
DÍAZ, Elias. *De la maldad estatal y la soberanía popular*. Madri, Debate, 1984.
_____. *Ética contra política*. Madri, cec, 1990.
DUSSEL, Enrique. *Para una ética de la liberación latinoamericana*. Buenos Aires, Guadalupe, 1973. [Tomos i e ii (México, 1977); tomos IV e V (Bogotá, 1979-1980).]
_____."Ética de la liberación". *Iglesia viva*. Valência, n. 102, p. 591-9, 1982.
_____. *Ética de la liberación en la edad de la globalización y de la exclusión*. Madri, Trotta, 1998.
EICHHORN, Wolfgang. *Wie ist Ethik als Wissenschaft möglich?*, Berlim, [s.n.], 1965.
ELLACURÍA, Ignacio. *El compromiso político de la filosofía en América Latina*. Bogotá, El Buho, 1994.
FRAIJÓ, M. *El sentido de la historia: introducción al pensamiento de W. Pannenberg*. Madri, Cristiandad, 1986.
FRANKENA, William."The naturalistic fallacy". Em FOOT, Philippa. *Theories of ethics*. Oxford, Oxford University, 1968.
GADAMER, Hans-Georg. *Verdad y método*. Salamanca, Sígueme, 1977.
_____. *La razón en la época de la ciencia*. Barcelona, Alfa, 1981.
GARCÍA-MARZÁ, Domingo. *Ética de la justicia*. Madri, Tecnos, 1992.
_____. *Ética empresarial*. Madri, Trotta, 2004.
GINNER, Salvador. "El rapto de la moral". Em Ginner, Salvador. *Ensayos civiles*. Barcelona, Peninsula, 1987.
GÓMEZ-HERAS, José María G. *Religión y modernidad*. Córdoba, Cajasur, 1986.
GONZÁLEZ DE CARDEDAL, Olegario. *España por pensar*. Salamanca, Universidad Pontificia de Salamanca, 1984.
_____. *El poder y la conciencia*. Madri, Espasa Calpe, 1985.
GONZÁLES VICÉN, Felipe."La obediencia al derecho: una anticrítica". *Sistema*. Madri, n. 65, p. 102, mar. 1985.
GRACIA, Diego. *Fundamentos de bioética*. Madri, Eudema, 1991.
GUISÁN, Esperanza. *Los presupuestos de la falacia naturalista*. Santiago de Compostela, Universidad de Santiago de Compostela, 1981.
_____."El utilitarismo". *Iglesia viva*. Valência, n. 102, p. 553-8, 1982.
_____."Justicia como felicidad". *Sistema*. Madri, n. 64, p. 63-82, 1985.

_____. *Razón y pasión en ética*. Barcelona, Anthropos, 1986.
_____ (org.). *Esplendor y miseria de la ética kantiana*. Barcelona, Anthropos, 1988a.
_____."Razones morales para obedecer al derecho". *Anales de la Cátedra Francisco Suárez*. Granada, n. 28, p. 131-53, 1988b.
_____."De la justicia a la felicidad". *Anthropos*. Barcelona, n. 96, p. 27-36, 1989.
GUTIÉRREZ, Gilberto. "La congruencia entre lo justo y lo bueno". *Revista de Filosofía*. Madri, 2a série, vol. 2, p. 33-55, 1970.
HABERMAS, Jürgen. "Vorbereitende Bemerkungen zu einer Theorie des Kommunikativen Kompetenz". Em HABERMAS, Jürgen & LUHMANN, Niklas. *Theorie der Gesellschaft oder Sozialtechnologie?*. Frankfurt, Suhrkamp, 1976.
_____. *La reconstrucción del materialismo histórico*. Madri, Taurus, 1981.
_____. *Conocimiento y interés*. Madri, Taurus, 1982.
_____. *Theorie des kommunikativen Handelns II*. Frankfurt, Suhrkamp, 1983a.
_____. *Moralbewußtsein und kommunikatives Handeln*. Frankfurt, Suhrkamp, 1983b. (Trad. esp.: Trad. Ramón García Cotarelo, Barcelona, Península, 1985.)
_____. *Ciencia y técnica como "ideología"*. Madri, Tecnos, 1984a.
_____. "Über Moralität und Sittlichkeit – Was macht eine Lebensform 'rational'?". Em SCHNÄDELBACH, Herbert. *Rationalität*. Frankfurt, Suhrkamp, 1984b.
_____. *Problemas de legitimación en el capitalismo tardío; La reconstrucción del materialismo histórico; Teoría de la acción comunicativa*. 2 vols. Madri, Taurus, 1987a.
_____."Wie ist Legitimität durch Legalität möglich?". *Kritische Justiz* n. 20, p. 1-6, 1987b.
_____. *La inclusión del otro*. Barcelona, Paidós, 1999.
_____. *Israel o Atenas*. Madri, Trotta, 2001.
_____. *Entre naturalismo y religión*. Barcelona, Paidós, 2006.
HANSON, N. R.; NELSON, B. & FEYERABEND. *Filosofía de la ciência y religión*. Salamanca, Sígueme, 1976.
HARE, R. M. *The language of morals*. Oxford, Oxford University Press, 1964.
_____. *Moral thinking*. Oxford, Oxford University Press, 1981.
HARTMANN, R. "Axiological aspects of deontic logic". Em KANITSCHEIDER, Bernulf (org.). *Sprache und Erkenntnis*. Innsbruck, M. Riedel, 1976. (Trad. esp.: Trad. Norberto Smilg. *Estudios filosóficos*. Madri, n. 102, p. 251-99, 1987.)

HEGEL, G. W. F. *Wissenschaft der Logik II*. Hamburg, Meiner, 1934.
_____. *Fenomenología del espíritu*. Trad. Wescelao Roces. México, FCE, 1966.
_____. *Ciencia de la lógica*. Trad. Augusta e Rodolfo Mondolfo. 3. ed., Buenos Aires, Solar/Hachette, 1974.
_____. *Princípios de la filosofía del derecho*. Trad. Juan Luis Vermal. Buenos Aires, Sudamericana, 1975.
HIERRO, José. *Problemas del análisis del lenguaje moral*. Madri, Tecnos, 1970.
_____."Ética". Em QUINTANILLA, Miguel A. *Diccionario de filosofía contemporánea*. Salamanca, Sígueme, 1976.
HOYOS, Guillermo & VARGAS, Germán. *La teoría de la acción como nuevo paradigma de investigación en ciencias sociales*. Bogotá, Corcas, 1997.
KOHLBERG, Lawrence. *Zur Kognitiven Entwicklung des Kindes*. Frankfurt, Suhrkamp, 1984.
HORKHEIMER, Max."Materialismus und Moral". *Zeitschrift für Sozialforschung*. Frankfurt, n. 2, p. 162-97, 1933.
_____. *Crítica de la razón instrumental*. Buenos Aires, Sur, 1973.
KÜNG, Hans. *¿Existe Dios?*. Madri, Cristiandad, 1979.
HORTAL, Augusto."Cambios en los modelos de legitimación". Em HORTAL, Augusto et al. *Los valores éticos en la nueva sociedad democrática*. Madri, Ebert, 1985.
LACADENA, Juan Ramón. *Genética y bioética*. Madri, Desclée de Brouwer, 2002.
LAÍN ENTRALGO, Pedro. *El País*. Madri, 6 set. 1979.
LAMORE, Charles."Political Liberalism". *Political theory*. Cambridge, vol. 18, n. 3, p. 339-60, 1990.
LEIBNIZ, G. W. *Theodicée: opera philosophica omnia*. Erdmann, 1959.
LENK, K."Kann die sprachanalystische Moralphilosophie neutral sein?". Em ALBERT, Hans & TOPITSCH, Ernst. *Werturteilstreit*. Darmstadt, Wissenschaftliche Buchgesellschaft, 1971.
LORENZEN, Paul. *Normative logic and ethics*. Mannheim/Zurique, Bibliographisches Institut, 1969.
_____."Cientificismo *versus* dialéctica". Em KAMBARTEL, Friedrich. *Filosofía práctica y teoría constructiva de la ciencia*. Buenos Aires, Alfa, 1978.
LOZANO, José Félix. *Códigos éticos para el mundo empresarial*. Madri, Trotta, 2004.
LUCAS, Javier de."La obediencia al derecho". Em LUCAS, Javier de. *Estudios de filosofía del derecho*. La Laguna, Universidad de la Laguna, 1979.
_____."La obediencia al derecho: una anticrítica". *Sistema*. Madri, n. 65, p. 101-5, 1985.

Luño, Pérez. "La fundamentación de los derechos humanos". Em Luño, Pérez. *Derechos humanos, Estado de derecho y Constitución*. Madri, Tecnos, 1986.

Macintyre, Alasdair. *Depois da virtude*. Bauru, Edusc, 2004.

Macpherson, Crawford Brough. *The political theory of possessive individualism: Hobbes to Locke*. Oxford, Oxford University, 1962. [Trad. esp.: *La teoría política del individualismo posesivo de Hobbes a Locke*. Trad. Juan-Ramón Capella, Barcelona, Fontanella, 1970].

Maliandi, Ricardo. *Volver a la razón*. Buenos Aires, Biblos, 1997.

Marcuse, Herbert. "A propósito de la crítica del hedonismo". Em Marcuse, Herbert. *Cultura y Sociedad*. Buenos Aires, Sur, 1967.

Mardones, José María. *Razón comunicativa y teoría crítica*. Bilbao, Universidad del País Vasco, 1985.

Martínez García, J. I. "La recepción de Rawls en España". *Anuario de Filosofía del Derecho*. Madri, vol. III, p. 609-32, 1986.

Martínez Navarro, Emilio. *Solidaridad liberal*. Granada, Comares, 1999.

_____. *Ética y fe cristiana en un mundo plural*. Madri, PPC, 2005.

Marx, Karl. "Zur Kritik der Hegelschen Rechtsphilosophie". Em Marx, Karl. *Die Frühschriften*. Stuttgart, Siegfried Landshut, 1971.

Menéndez Ureña, Enrique. *La teoría crítica de la sociedad de Habermas*. Madri, Tecnos, 1978.

Mill, John Stuart. *El utilitarismo*. Trad. Esperanza Guisán. Madri, Alianza, 1984.

Montoya, José & Conill, Jesús. *Aristóteles: sabiduría y felicidad*. Madri, Cincel, 1985.

Montoro Ballesteros, A. *Razones y límites de la legitimación democrática del derecho*. Murcia, Universidad de Murcia, 1979.

Mosterín, Jesús. "El concepto de racionalidad". *Teorema*. Oviedo, vol. 3, n. 4, p. 455-80, 1973.

Mounier, Emmanuel. *El personalismo*. Buenos Aires, Eudeba, 1962.

Muguerza, Javier. *La razón sin esperanza*. Madri, Taurus, 1977.

_____. "La obediencia al derecho y el imperativo de la disidencia". *Sistema*. Madri, n. 70, p. 27-40, 1986.

_____. *Desde la perplejidad*. Madri, FCE, 1990.

_____. "Teología filosófica y lenguaje religioso". Em Muguerza, Javier et al. *Convicción de fe y crítica racional*. Salamanca, Sígueme, 1973.

Nicolás, Juan-Antonio. "El fundamento imposible en el racionalismo crítico de H. Albert". *Sistema*. Madri, n. 88, p. 117-27, 1989.

PECES-BARBA, Gregorio. *Los valores superiores*. Madri, Tecnos, 1984.
PIAGET, Jean. *El criterio moral en el niño*. Barcelona, Fontanella, 1974.
PIEPER, Anne-Marie. *Ética analítica e liberta pratica*. Roma, Armando, 1976.
POMEAU, René. *La religión de Voltaire*. Paris, Nizet, 1974.
PUNTEL, Lorenz Bruno. *Wahrheitstheorien in der neueren Philosophie*. Darmstadt, Wissenschaftliche Buchegesellschaft, 1978.
TORRES QUEIRUGA, Andrés. *La revelación de Dios en la realización del hombre*. Madri, Cristiandad, 1987.
QUELQUEJEU, Bernard. *"Diversidad de morales y universalidaddel juicio moral"*. Concilium, n. 170, p. 506-14, 1981.
QUINTANILLA, Miguel. *"Las virtudes de la racionalidad instrumental"*. Anthropos. Barcelona, n. 94-5, p. 95-9, 1989.
PINTOR RAMOS, Antonio. *El deísmo religioso de Rousseau*. Salamanca, Universidad Pontificia de Salamanca, 1982.
RAWLS, John. *Teoría de la justicia*. Madri, FCE, 1978. [Ed. bras.: *Uma teoria da justiça*. Trad. Almiro Pisetta e Lenita Maria Rímoli Esteves. São Paulo, Martins Martins Fontes, 2002.]
_____. "Kantian constructivism in moral theory". *Journal of Philosophy*. n. 77, vol. 9, p. 515-572, set. 1980 (inclui: "Rational and full autonomy", p. 515-35; "Representation of freedom and equality", p. 535-54; "Construction and objectivity", p. 554-72).
_____. "Constructivismo kantiano en teoría moral". Em RAWLS, John, *Justicia como equidad*. Trad. Miguel Ángel Rodilla. Madri, Tecnos, 1986.
_____. *Political liberalism*. Nova York, Columbia University, 1993. [Trad. esp.: *El liberalismo político*. Barcelona, Crítica, 1996.]
_____. *John Rawls: collected papers*. Cambridge, Harvard University Press, 1999.
RITTER, J. "Moralidad y eticidad". Em AMENGUAL, Gabriel (org.). *Estudios sobre la filosofía del derecho de Hegel*. Madri, Centro de Estudios Constitucionales, 1989.
RODILLA, Miguel Ángel. "Introducción". Em RAWLS, John. *Justicia como equidad*. Trad. Miguel Ángel Rodilla. Madri, Tecnos, 1986.
RUBIO CARRACEDO, José. *El hombre y la ética*. Barcelona, Anthropos, 1987.
_____. *Ética constructivista y autonomia personal*. Madri, Tecnos, 1992.
RUIZ DE LA PEÑA, Juan Luis. *Las nuevas antropologías*. Santander, Sal Terrae, 1983.
SALCEDO MEGALES, Damián. *Elección social y desigualdad económica*. Barcelona, Anthropos, 1994.

SALMERÓN, Fernando."El socialismo del joven Ortega". Em SALMERÓN, Fernando et al. *José Ortega y Gasset*. Cidade do México, FCE, 1984.
SAVATER, Fernando. *La tarea del héroe*. Madri, Taurus, 1982.
SCHILLEBEECKX, Edward. *Jesús: la historia de un viviente*. Madri, Cristiandad, 1983.
SCHNÄDELBACH, Herbert. *Rationalität*. Frankfurt, Suhrkamp, 1984b.
SCHWEMMER, Oswald & LORENZEN, Paul. *Konstruktive Logik, Ethik und Wissenschaftstheorie*. Meisenheim/Glan, [s.n.], 1975.
SÊNECA. *De la providencia: obras completas*. Trad. Lorenzo Ribes. Madri, Razón y Fe, 1966.
SIURANA, Juan Carlos. *Una brújula para la vida moral*. Granada, Comares, 2003.
_____. *Voluntades anticipadas en bioética*. Madri, Trotta, 2005.
SMART, John Jamieson & WILLIAMS, Bernard. *Utilitarismo: pro y contra*. Madri, Tecnos, 1981.
TAYLOR, Charles. *El multiculturalismo y la política del reconocimiento*, Cidade do México, FCE, 1992.
TUGENDHAT, Ernst."Retraktationen". Em TUGENDHAT, Ernst. *Probleme der Ethik*. Stuttgart, Reclam, 1984.
_____."Zur Entwicklung von moralischen Begründungsstrukturen in modernen Recht". ARSP, Beih, n. 14, p. 1-20, 1989.
VALLESPÍN, Fernando. *Nuevas teorías del contrato social*. Madri, Alianza, 1985.
VALLS PLANA, Ramón. *La dialéctica: un debate histórico*. Barcelona, Montesinos, 1981.
VIDAL, Marciano. *Moral de actitudes*. 2 vols. Madri, PS, 1974.
WARNOCK, G. J. *The object of morality*. Londres, Methuen, 1971.
WEBER, Max."Ciencia como vocación". Em WEBER, Max. *El político y el científico*. Madri, Alianza, 1980.
WELLMER, Albrecht. *Ethik und Dialog*. Frankfurt, Suhrkamp, 1986.
WIMMER, Reiner. *Universalisierung in der Ethik*. Frankfurt, Suhrkamp, 1980.
WITTGENSTEIN, Ludwig. *Philosophische Untersuchungen*. Oxford, Blackwell, 1953.
_____. *The blue and brown books*. Oxford, Blackwell, 1958.
_____. *Über Gewissheit*. Frankfurt, Surhkamp, 1970. [Ed. esp.: Barcelona, 1988.]
ZAPATERO, Virgilio. *Socialismo y ética: textos para un debate*. Madri, Debate, 1980.

Índice de autores

Agra, M. J. 201
Alberdi, R. 58
Albert, H. 79, 89, 95-6, 99, 100-4, 233, 258
Álvarez Bolado, A. 145-6
Álvarez Gómez, M. 39
Álvarez Turienzo, S. 56
Alexy, R. 195
Amengual, G. 166, 232
Antiseri, D. 251
Apel, K. O. 12-5, 39, 48, 72-3, 78, 88, 93-4, 98, 102-4, 129, 133-5, 139, 141, 158, 161, 185-6, 259, 288
Aranguren, J. L. 11, 19, 30, 39, 54, 58, 67, 84, 88, 147, 171, 271
Archangelski 58
Aristóteles 23, 46, 53-4, 65, 102-3, 115, 135, 186, 198, 244, 248, 269, 273, 279

Arrow, K. J. 281
Atienza, M. 181
Ayer, A. J. 89

Ballesteros, J. 181
Belda, R. 58
Bentham, J. 57
Blanco, D. 141
Bloch, E. 14, 30, 275
Bongie, L. L. 215

Camps, V. 11-2, 73
Capella, J. R. 300
Cassirer, E. 210
Castiñeira, A. 156
Cerezo, P. 160, 238
Chacel, R. 11
Chamorro, J. 292
Chartschew, A. G. 58

Chomsky, N. 88
Colomer, J. 176
Comte, A. 93
Conill, J. 23, 39, 54, 73, 79, 102, 115,
    141, 166, 170, 172, 175, 185, 199,
    203, 270, 292, 294-5, 301

Dahrendorf, R. 209
D'Alembert, J. L. R. 210

Dascal, M. 73
Descartes, R. 103
Díaz, C. 42, 79, 166, 232, 271, 296
Díaz, E. 181, 194, 296
Dingler, H. 79
Dostoiévski, F. 150, 164-5
Dussel, E. 42, 45, 63, 140, 296

Eichhorn, W. 86
Ellacuría, I. 63
Engels, F. 57
Epicuro 52

Feuerbach, L. 165-6, 177, 274, 292
Feyerabend, P. 251
Flaubert, G. 167
Flew, A. 251
Foot, Ph. 297
Fraijó, M. 238
Frankena, W. K. 91

Gadamer, H. G. 13, 39, 228, 292, 295
García-Marzá, D. 23-4, 119, 141,
    185
García Morente, M. 11
Ginner, S. 174, 297
Gómez Caffarena, J. M. 14, 234,
    251, 294
Gómez Heras, J. M. G. 215
González de Cardedal, O. 160
González Vicén, F. 191-2
Gozálvez, V. 23
Gracia, D. 23, 67
Guisán, E. 42, 52, 57, 91, 116,
    180-1, 190, 301
Gutiérrez, G. 190
Gutiérrez, R. 291

Habermas, J. 13, 39, 48, 72, 88, 93,
    104, 119-24, 127, 130, 132-3, 135,
    139, 149, 151-2, 161, 185-6, 190,
    195-6, 202, 211-3, 228, 288, 292-3,
    295, 300
Hanson, N. R. 251
Hare, R. M. 49, 77, 89
Hartmann, N. 13
Hartmann, R. S. , 91
Hegel, G. W. F. 19, 32, 38, 40, 68-9,
    76, 86, 104-8, 123, 127, 166, 199,
    203, 213, 234, 237, 259, 266, 279-
    82, 291-2, 298, 302

Heidegger, M. 13, 15, 84
Heller, A. 43, 48, 53
Helvetius, A. 215
Hick, J. 251
Hierro, J. 70-1, 89-90, 299
Hobbes, Th. 45, 176, 300
Hölderlin, F. 15, 47
Holbach, P. H. D. 215
Horkheimer, M. 172-3, 282-3
Hortal, A. 170, 174, 299
Hoyos, G. 141
Hume, D. 215, 293
Huntington, S. P. 24

Jakowlew, B. D. 58, 294

Kambartel, E. 300
Kant, I. 13-4, 23, 32, 41, 43, 47, 66, 72-3, 89-90, 93, 104-5, 116, 118, 135, 142, 156, 172, 176-7, 188-9, 193, 196, 198-9, 203, 209, 217, 218-9, 220-1, 223, 233, 235, 244, 246-7, 254, 271, 280, 282-3, 291, 294
Kanitscheider, B. 91, 102
Kohlberg, L. 121, 127, 186
Küng, H. 235, 252, 293, 299

Lacadena, J. R. 23
Laín Entralgo, P. 155
Lamettrie, J. O. de 215

Leibniz, G. W. 68, 103, 106-8, 216-7
Lenk, H. 71, 300
Lessing, G. E. 220
Locke, J. 23, 176-7, 219, 300
Lorenzen, P. 66, 79, 122, 167
Lozano, J. F. 23
Lucas, J. de 181
Luhmann, N. 209

Mach, E. 93
MacIntyre, A. 115, 271
Macpherson, C. B. 176, 183, 300
Maliandi, R. 141
Mandeville, B. 215
Manzana, J. 234
Maquiavel, N. 45
Marcuse, H. 282-5, 287
Mardones, J. M. 185
Martínez García, J. I. 201, 300
Martínez Navarro, E. 156, 161, 201, 301
Marx, K. 53, 57, 64, 166
Mead, G. H. 117
Menéndez Ureña, E. 119, 301
Mill, J. S. 57, 274-5, 301
Mitchell, B. 251
Mondolfo, R. 106, 108-9, 299
Montoro, A. 181
Montoya, J. 115-6, 180, 270
Mosterín, J. 79
Mounier, E. 79, 296, 301

Muguerza, J. 12, 43, 76-7, 91, 141,
   181, 201, 251, 301
Nelson, B. 251
Newton, I. 106, 210,
Nicolás, J. A. 103
Nietzsche, F. 17, 53-4, 166, 186,
   277, 294
Nozick, R. 294

Oelmüller, W. 291
Ortega y Gasset, J. 11, 13, 30, 58,
   84, 147, 171, 293, 303

Peces-Barba, G. 176, 301
Peirce, Ch. 72, 104, 117
Pérez Luño, A. E. 183, 300
Pérez Tapias, J. A. 183
Piaget, J. 120-1
Pieper, A. M. 86
Pintor-Ramos, A. 221
Platão 86, 108, 279

Pomeau, R. 217
Popper, K. 99
Puntel, L. B. 76

Quelquejeu, B. 126
Quintanilla, M. A. 79, 90

Rawls, J. 26, 48, 54, 56, 129, 156, 158,
   171-2, 179, 181-90, 192-3, 195-
   200, 202-3, 274, 277, 289, 291,
   300, 302

Ribes, L. 303
Ritter, J. 280
Roces, W. 299
Rodilla, M. Á. 201, 302
Rorty, R. 187
Rousseau, J.- J. 23, 118, 156, 176-7,
   194, 217, 221, 223, 302
Rubio Carracedo, J. 121, 201
Ruiz de la Peña, J. L. 232, 303

Sade, marquês de 215
Salcedo Megales, D. 281
Salmerón, F. 58, 303
Savater, F. 166
Scheler, M. 148
Schillebeeckx, E. 228
Schnädelbach, H. 228
Schischkin 58
Schopenhauer, A. 166
Schwarzman 58
Schwemmer, O. 122
Sêneca, L. A. 272-3, 277
Sidgwick, H. 180, 184
Siurana, J. C. 23, 141, 185
Smart, J. J. C. 52
Smilg, N. 293, 299
Sócrates 108
Stirner, M. 165-6

Taylor, Ch. 24, 77
Titarenko 58
Topitsch, E. 300

Torres de Queiruga, A. 238, 302
Tugendhat, E. 170, 172, 196, 203, 303

Vallespín, E. 201
Valls Plana, R. 166
Vargas, G. 141
Vermal, J. L. 299
Vidal, M. 147, 304
Voltaire, F. M. A. 210, 217, 302, 308

Walzer, M. 26
Warnock, G. J. 67

Weber, M. 46, 93-4, 153-4, 170-1, 276
Wellmer, A. 139
Williams, B. 52
Wisdom, J. 251
Wittggenstein, L. 76

Yourcenar, M. 167

Zambrano, M. 11
Zapatero, V. 58
Zubiri, X. 84, 88

Impressão e acabamento
Imprensa da Fé